W0312352

Bill Schul

Wunderbare Tier- und Pflanzengeheimnisse

Bill Schul

Wunderbare Tier- und Pflanzengeheimnisse

Ein ewiger Gesang des Lebens,
der die Beziehung aller Geschöpfe und ihre
Kommunikation mit uns Menschen enthüllt

Ansata-Verlag
Rosenstraße 24
CH-3800 Interlaken
Schweiz
1995

Aus dem Amerikanischen von Annemarie Döring
Lektorat: Elisabeth Hämmerling und Ulrike Ebenritter

Titel der Originalausgabe:
LIFE SONG
In Harmony with all Creation
Published by Stillpoint Publishing, Box 640
Meetinghouse Road, Walpole, NH 03680, USA
Copyright © 1994 by Bill Schul

Deutsche Ausgabe:
Copyright © 1995 by Ansata-Verlag, Interlaken
Alle Rechte vorbehalten
Umschlagbild: Robert Wicki
Gesamtherstellung: Kösel GmbH & Co., Kempten/Allgäu
ISBN 3-7157-0191-9

Inhalt

Widmung

Für alle Menschen, deren Herz groß genug ist, um alle Lebewesen auf diesem Planeten in Liebe zu umfassen, und die begreifen, wie wichtig es ist, unser Leben mit allen Geschöpfen Gottes zu teilen – und besonders für unsere liebe Freundin Rita I.-H., deren Leben und Wirken in diesem Sinne ausgerichtet ist.

Vorwort

Die physische Ebene bietet dem Geist Gelegenheit, durch Myriaden von Lebensformen die verschiedensten Eigenschaften zum Ausdruck zu bringen. All diese Formen sind wichtig, denn in ihnen spiegelt sich das göttliche Wesen wider. Alle Individuen einer Art, vom Bakterium bis hin zum Wal, verdienen unsere Achtung als Manifestationen einer unendlichen Schöpferkraft.

Im Reigen des Lebens auf unserem Planeten Erde haben die Menschen schon mit den verschiedensten Lebensformen und Philosophien herumexperimentiert und sind dabei bis an die äußersten Grenzen ihrer Fähigkeit gegangen, Dinge zu erschaffen und zu zerstören. Die moderne westliche Industriegesellschaft hat ihr Spiel um materiellen Gewinn und Kontrolle oder «Eroberung» der Natur inzwischen bis zum Äußersten getrieben. Wir leugnen die Spiritualität allen Lebens um uns herum und haben dadurch Krankheit und Zerstörung über unser Ökosystem und seine Lebewesen – auch über unsere eigene Art – gebracht. Wir haben die Philosophie der menschlichen Herrschaft über die Erde so erfolgreich in die Tat umgesetzt, daß wir jetzt selbst daran zugrunde gehen.

Die menschliche Gesellschaft scheint von einer angeborenen Trägheit zu sein, die die Einsicht, daß wir von Grund auf etwas ändern müssen, erst dann zuläßt, wenn es schon fast zu spät ist. Rationale Voraussicht der Konsequenzen unseres Handelns scheint nicht zu den typisch menschlichen Eigenschaften zu gehören, sondern eher eine seltene Gabe einiger weniger Leute zu sein, die meist auf taube Ohren stoßen. Aber zum Glück sehen inzwischen immer mehr Menschen ein, daß wir uns um eine andere Lebenseinstellung bemühen müssen, um eine Philosophie, die alle Lebensformen als wichtig und bedeutsam für unser Wohlergehen erachtet, und um eine Weltsicht, die uns als Teil der Natur versteht und nicht als von ihr getrennte oder über ihr stehende Geschöpfe.

Viele Menschen sehnen sich nach einer Wiederherstellung der spirituellen Einheit, nach der Erkenntnis, daß alle Lebewesen nicht nur wichtig für unser Wohl sind, sondern daß wir auf eine heilige, essentielle Art und Weise ein Teil von ihnen sind. Wir besinnen uns auf die Lebensweise der amerikanischen Urvölker, die lange noch im Einklang mit der Natur standen und leider später durch den Ansturm der westlichen Siedler dezimiert wurden. Wir beschwören tief in unserem Inneren verborgene Erinnerungen an andere Orte und Zeiten herauf, als die Menschen noch Ehrfurcht vor allem Leben hatten und spürten, wie wichtig diese enge Verbundenheit für ihr physisches, emotionales und spirituelles Schicksal war.

Viele Menschen versuchen sich diese alte Fähigkeit, alle Lebewesen zu verstehen, jetzt wieder zu erwerben. Sie bemühen sich, das Lied dieser Geschöpfe genauso gut zu verstehen wie ein vertrautes Gespräch mit einem alten Freund. Wesen von anderen Sternen kommunizieren schon seit Jahrhunderten von Geist zu Geist und von Herz zu Herz mit Tieren, Pflanzen und den Elementen der Erde – mit dem Ergebnis, daß andere Tier- und Pflanzenarten auf außergewöhnliche Art und Weise mit uns Menschen kooperierten, Mitgefühl für uns empfanden und eine erstaunliche Intelligenz bewiesen. Das hat eine Saite tief im Inneren unserer Seele zum Klingen gebracht. Die meisten Menschen wurden dazu erzogen, jener direkten Kommunikation zu entsagen, die in unserer Kindheit, als unser Herz noch offen war, eine Selbstverständlichkeit für uns war. Man erklärte ihnen, das seien nur kindische, unvernünftige Höhenflüge ihrer Phantasie. Wir sehnen uns danach, die Wunde unserer Trennung vom Ganzen der Schöpfung zu heilen.

Wir sind der Entfremdung und der psychischen Barrieren überdrüssig, die Verzweiflung, Krankheit und ein tiefes Unbehagen über diese Welt bringen. Wir möchten wieder frei sein wie die Kinder – der Erde, unseren Mitmenschen und uns selbst nahe. Wir sehnen uns danach, zur Ganzheit zurückzufinden.

Dieses Buch soll Hoffnung geben. Seine Beispiele für die Kommunikation zwischen Lebewesen verschiedener Arten und die positiven Resultate, die sie allen Beteiligten bringt, inspirieren uns dazu, in uns hineinzuschauen und den immer noch glimmenden Funken jener Verbundenheit zu entdecken, der uns den Weg zum Verständnis anderer Geschöpfe zeigen kann. Die Entdeckungen unserer Mitmenschen spornen uns dazu an, selbst den Sprung zu wagen und die Kluft zu überbrücken, die durch unsere Sozialisation zwischen uns und den anderen Lebewesen entstanden ist. Unser Lohn wird Freude, Harmonie und Weisheit sein.

Penelope Smith
Expertin für die Kommunikation mit Tieren

Dank

Ich möchte allen Menschen herzlich danken, die sich an den Recherchen zu diesem Buch beteiligt haben, die Forscher zum Thema der Kommunikation zwischen Menschen und Tieren interviewten oder denen es gelang, ein wenig tiefer in die Geheimnisse der Pflanzenwelt einzudringen. Mein Dank gilt auch allen großen und kleinen Lebewesen, mit denen ich mein Leben teilen darf, und den Menschen in meinem Bekanntenkreis, deren Gabe der Kommunikation mit verschiedenen Ausdrucksformen des Lebens meine eigene Existenz so sehr bereichert.

Auch meinen Verlegern Errol Sowers und Meredith Young-Sowers möchte ich an dieser Stelle dafür danken, daß sie an dieses Buch geglaubt haben, und meinen Lektoren Dorothy Seymour und Ann Weil Richards bin ich dankbar für ihren kritischen Scharfblick, der sehr zur Verbesserung des Manuskripts beigetragen hat.

Ganz besonders aber danke ich Kent und Terry Comfort für die vielen Stunden, die sie am Computer gearbeitet haben, und für ihre ständige Ermutigung bei meiner Arbeit an diesem Projekt.

Einführung

Wenn ich an die vielen Stunden zurückdenke, in denen ich als kleiner Junge mit meinem Schäferhund Curly durch die Wälder streifte und am Possey Creek entlangwanderte, frage ich mich, wie mein Leben wohl ohne diesen Hund ausgesehen hätte. Und wenn ich mich daran erinnere, mit welcher Begeisterung ich als Kind die Samenkataloge studierte, die jedes Frühjahr in ganzen Stapeln in unser Haus geflattert kamen, versuche ich mir vorzustellen, wie mein Leben verlaufen wäre, wenn ich nicht auf einer Farm aufgewachsen wäre. Und ich frage mich: Wie würde ich das Leben heute beschreiben, wenn ich nicht so viele Lehrer gehabt hätte – menschliche und auch andere?

Natürlich lassen sich solche Fragen nicht beantworten, aber ich bin dankbar dafür, daß mich diese Lehrer begleitet haben. Ich bin sicher, daß sie meinen Lebensweg bereichert haben. Ebenso sicher bin ich, daß der Wert der Reise, die noch vor mir liegt, zum großen Teil davon abhängt, wie gut meine Mitreisenden und ich einander zuhören.

In unserem sich ständig ausdehnenden Universum spielen vielleicht alle Ausdrucksformen des Lebens, vom Grashalm bis hin zum Adler, der hoch oben in den Lüften schwebt, eine Rolle, die wir erst noch ergründen müssen. Vielleicht ist unsere eigene Stimme nicht die einzige, der zuzuhören sich lohnt. Möglicherweise sind die Stimmen anderer Lebensformen ebenso wertvoll.

Früher, bei den Urvölkern, waren die Menschen auf alle Ausdrucksformen des Lebens eingestimmt: Tiere, Vögel, Insekten, Bäume, Wind. Diese Völker begriffen die Schöpfung als Einheit, in der alle Lebensformen untrennbar miteinander verbunden sind. Sie konnten sich der universalen Lebenskraft öffnen, die jedem Wesen und jedem Ding innewohnt. Für sie war das Leben ein allumfassendes Ganzes, in dem es nichts Sinnloses oder Unwichtiges gab und aus dem nichts ausgeklammert werden konnte. Da sie diese Einheit empfanden, zogen sie keine Grenzen zwischen Mineral- und Pflanzenreich oder zwischen Pflanze und Mensch, auch nicht zwischen dem Menschen und dem Großen Geist, in dem alles Leben existierte. Für sie waren alle Lebewesen Partner in einem gemeinsamen Unterfangen. Jedes Geschöpf einer jeden Art leistete seinen ganz speziellen Beitrag zum Wohl des Ganzen – einen Beitrag, zu dem nur dieses einzige Lebewesen in der Lage war. Alle Geschöpfe lebten füreinander.

Vielleicht können wir auch heute wieder eine solche Ebene der Kommunikation erreichen. Wenn uns das gelänge, würden wir ein neues Verständnis für unsere Umwelt entwickeln und unsere Mitgeschöpfe anders behandeln. Dies könnte zur Lösung vieler Probleme führen und unser Leben verändern.

1.
Mit Tieren reden

Die meisten Menschen sprechen mit Tieren. Kinder plaudern mit ihren Haustieren und sind fest davon überzeugt, daß ihre Katzen, Hunde, Wellensittiche und Goldfische jedes Wort verstehen. Auch wenn wir älter werden, reden wir immer noch mit unseren Freunden aus der Tierwelt und halten ihnen zugute, daß sie die Probleme, die sie mit unserer Sprache haben, durch ihre Liebe und Treue reichlich aufwiegen. Jedenfalls sind Tiere geduldige und unvoreingenommene Zuhörer.

Doch obwohl wir zu Tieren sprechen, hören die wenigsten Menschen ihnen auch zu. Darin liegt der Unterschied zwischen einem normalen Haustierbesitzer und jemandem, der eine tiefe, auf Gegenseitigkeit beruhende Beziehung zu einem Tier aufbaut. Nur aus einer solchen Beziehung kann eine Kommunikation der Arten miteinander entstehen.

Ich kenne Menschen, die stumme Zwiegespräche mit Tieren führen und ihnen tatsächlich ihre Ideen vermitteln. Die meisten dieser Menschen sind Indianer – wahrscheinlich, weil Urvölker auch in unserer heutigen Zeit noch auf die Natur eingestimmt sind.

Zu den Männern, die diese Kommunikation am besten beherrschten, gehörten Mojave Dan und Fred Kimball. Dan und Fred konnten die Gedanken von Tieren lesen und anderen Menschen mitteilen.

Mojave Dan war ein Wüstenbewohner, der das Zuhören gelernt

hatte. Er lebte nicht allein; seine Familie bestand aus einer ganzen Schar von Eseln, Hunden und verschiedenen wilden Tieren, die eine Zeitlang bei ihm blieben und dann wieder weiterzogen. Seine Familie streifte durch die Wüste; Mojave Dan stellte irgendwo sein Zelt und seine Ausrüstung auf und blieb so lange dort, bis ihn wieder die Unruhe packte. Er suchte Gold, aber immer nur so viel, daß er von dem Geld seinen Lebensunterhalt bestreiten konnte.

Mojave Dan las keine Bücher, Zeitschriften oder Zeitungen. Er hörte auch nie Radio, sah nie fern und stellte seinen Mitmenschen nur ganz selten einmal eine Frage. Trotzdem war er immer über fast alles, was ihn interessierte, erstaunlich gut informiert. In seinem Buch *Die große Gemeinschaft der Schöpfung* sagt J. Allen Boone, Dan beziehe seine Informationen von seinen Hunden und Eseln, von wilden Tieren, Schlangen, Insekten, Vögeln – eigentlich von fast allem, was seinen Weg kreuzte. «Das eigentliche Rätsel», sagt Boone, «war nicht so sehr Dans Fähigkeit, den Tieren wortlos seine Gedanken zu übermitteln, sondern seine Gabe, sie zu verstehen, wenn sie zu ihm sprachen.»

Boone hat Mojave Dan nie dazu bewegen können, ihm zu verraten, wie dieser Gedankenaustausch mit anderen Lebewesen zustande kam. Dan erwiderte immer nur, über so vertrauliche Dinge könne man nicht sprechen; solche Fähigkeiten könne man sich nur durch persönliches Bemühen und echte Demut und Bescheidenheit erwerben.

Aber einmal gelang es Boone doch, Mojave Dan ausfindig zu machen und ihn über seine eigene Beziehung zu einem Deutschen Schäferhund namens Strongheart zu befragen. Stunde um Stunde verging, und der Wüstenbewohner antwortete nicht auf Boones Frage. Boone und Mojave Dan machten sich etwas zu essen, wuschen das Geschirr, legten sich auf den Rücken und blickten stumm zu den Sternen am Nachthimmel empor. Schließlich sagte Mojave Dan, als richte er seine Gedanken an die Sterne: «Über Hunde gibt es Fakten und Meinungen. Die Hunde wissen die Fakten; wir Menschen haben nur die Meinungen. Wenn du Fakten über einen Hund wissen willst, mußt du sie dir direkt von dem

Hund holen. Wenn du Meinungen hören willst, dann frag einen Menschen.» Mit diesen Worten rollte Dan sich auf die Seite und schlief ein.

Fred Kimball hört Tieren schon seit über fünfzig Jahren zu. Mit Hilfe seiner Gabe hat er mittlerweile Tausende verlorengegangener Haustiere wiedergefunden, Krankheiten diagnostiziert, bei denen die Tierärzte vor einem Rätsel standen, und ergründet, welcher seelische und emotionale Streß Tiere depressiv werden, plötzlich verrückt spielen, davonlaufen oder einfach das Futter verweigern läßt. Genau wie Mojave Dan holt Kimball sich seine Antworten direkt von den Tieren.

Wie gefragt Kimball ist, wird einem klar, wenn man versucht, ihn in seinem Haus in Idyllwild (Kalifornien) zu erreichen. Ein Anrufbeantworter nimmt die Telefonate entgegen. Vor kurzem hat Kimball mir erzählt, er bekomme mittlerweile so viele Anrufe von Haustierbesitzern, daß er beschlossen hat, sie alle auf Band aufzunehmen und der Reihe nach zu beantworten.

Kimball ist vor allem durch die Treffsicherheit bekannt geworden, mit der er verlorengegangene Tiere wiederfindet und ergründet, was sie für Probleme haben. Ich selbst habe schon zweimal seine Hilfe in Anspruch genommen. Als ich ihn zum erstenmal anrief, schlug er mir vor, seine Fähigkeiten zu testen, indem ich ihn mein eigenes Haustier beschreiben ließ. Ich war einverstanden.

Ohne meine Hündin gesehen oder mich um eine Beschreibung von ihr gebeten zu haben, stellte Kimball fest: «Sie haben einen dicken kleinen Hund.»

Ich bestätigte ihm, daß das stimmte – eine überfütterte Bassethündin. Daraufhin erklärte Fred mir, Sady beobachte alles in ihrer Umgebung sehr genau. Sie habe ihm gerade mitgeteilt, daß ich hinkte und sie sich große Sorgen deswegen mache. «Das stimmt nicht», wollte ich schon sagen; aber dann fiel mir ein, daß ich tatsächlich den einen Fuß etwas nachzog, seit ich in einen Nagel getreten war.

«Sady sagt auch, daß bei Ihnen noch ein älterer Mann lebt, der Probleme mit dem Nacken hat.»

Diese Äußerung verblüffte mich. Sie bezog sich ganz offensichtlich auf meinen Vater, mit dem ich schon seit mehreren Wochen regelmäßig zum Chiropraktiker fuhr, weil er Schmerzen im Nacken hatte. Sady gab Kimball noch ein paar Informationen, die genau stimmten, zum Beispiel, daß ich sie ausgeschimpft hatte, weil sie einen Kuchen vom Küchentisch stiebitzt hatte. Man hätte einwenden können, daß Kimball einfach meine Gedanken las; aber Sady verriet ihm auch, wo sie eines ihrer Spielzeuge versteckt hatte (unter dem Teppich in ihrer Hundehütte), und als ich hinterher nachsah, fand ich es tatsächlich dort. Das hatte ich vorher nicht gewußt.

Einige Zeit später rief ich Kimball noch einmal an, denn eines Abends war Sady nicht von einem ihrer Streifzüge durch die Felder und Wälder in der Umgebung unseres Hauses zurückgekehrt. Wir suchten überall nach ihr, konnten sie aber nirgends finden. Als Sady bei Anbruch der Dunkelheit immer noch nicht nach Hause kam, waren wir überzeugt, daß ihr etwas passiert war. Vielleicht hatte sie auch jemand gestohlen. So lange war sie noch nie weg gewesen. Als ich Kimball anrief und ihm erzählte, was passiert war, schwieg er einen Augenblick. Nach etwa einer Minute erklärte er mir, Sady befinde sich auf einem Feld nördlich von drei weißen kleinen Gebäuden. Sie sei sehr müde und werde nach Hause kommen, sobald sie sich ausgeruht habe. Wir fuhren eine Zeitlang kreuz und quer durch die Gegend, fanden aber keine kleinen weißen Gebäude.

Am nächsten Morgen nahmen wir unsere Suche wieder auf. Als wir die drei weißen Benzintanks unseres Nachbarn sahen, wurde uns klar, daß das die drei «Gebäude» sein mußten, von denen Sady Kimball erzählt hatte. Dort, knappe hundert Meter nördlich von den Tanks, fanden wir Sady. Sie war tot. Offenbar hatte sie einen Herzschlag erlitten, als sie durch die Felder gelaufen war. Sie lag so friedlich da, als schlafe sie.

Zwar akzeptieren wir mittlerweile, daß es telepathische Kommunikation zwischen Menschen gibt, aber wenn jemand auch nur andeutet, daß ein Zweibeiner ein Gespräch mit einem Vierbeiner geführt haben soll, ziehen die meisten Leute ungläubig die Augenbrauen hoch. Aus irgendeinem Grund können wir uns leichter vorstellen, daß Tiere unsere Gedanken lesen, als umgekehrt. Viele Tierfreunde erzählen, ihr Hund oder ihre Katze wisse immer schon im voraus, wann sie einen Waldspaziergang planten oder für ein paar Tage verreisen müßten. Wir staunen zwar über diese Fähigkeiten, zweifeln aber nicht an ihnen. Und doch – ohne uns darüber im klaren zu sein, wie widersinnig das ist – wollen wir uns nicht eingestehen, daß das Tier doch irgendwie für solche Wahrnehmungsleistungen ausgerüstet sein muß.

Fred Kimball geht schon lange davon aus, daß Tiere ein Bewußtsein haben, und aufgrund dieser Überzeugung konnte er zahlreiche lebhafte Dialoge mit allen möglichen behaarten und gefiederten Gesprächspartnern in den verschiedensten Ländern der Welt führen. Fred stimmt sich auf die Gedanken der Tiere ein, sagt ihnen, daß er gern mit ihnen sprechen würde, und wenn sie es tun (manchmal haben sie auch keine Lust dazu), erzählen sie ihm von ihren Vorlieben und Abneigungen und von den Menschen und anderen Tieren, die in ihrem Leben eine Rolle spielen.

Manchmal beschweren sie sich aber auch oder übermitteln Kimball irgendeine Bitte. Ein Pferd zum Beispiel befand sich in ärztlicher Behandlung, weil es auf der Hinterhand lahmte. Doch obwohl seine Besitzer mehrere hervorragende Tierärzte konsultierten, wurde das Leiden immer schlimmer. Da baten sie Kimball, das Pferd zu fragen, was ihm fehle.

«Ich habe mir an einem Brett in meinem Stall einen Holzsplitter in die Wirbelsäule gerammt», teilte das Pferd dem Medium mit. Diese Information leitete Kimball an den Tierarzt weiter, der die Wirbelsäule des Pferdes daraufhin genau untersuchte und den Splitter fand und entfernte. Das Pferd wurde wieder gesund.

Man könnte Kimball als eine Art «Haustierberater» bezeichnen. Er ist als Medium in ganz Amerika bekannt, ist schon oft in Fernseh- und Rundfunksendungen aufgetreten und wurde von vielen Zeitungen interviewt. Er hält auch Vorträge in den USA und anderen Ländern.

Und was ist sonst noch außergewöhnlich an Fred Kimball? Hat er die meiste Zeit seines Lebens in einer Höhle oder einem Baumhaus zugebracht und gelernt, zu heulen wie ein Wolf oder zu zwitschern wie ein Vogel? Nein, er brauchte nicht bei den Tieren in der Wildnis zu leben oder ihre Laute zu imitieren. Er kommuniziert auf der Ebene mentaler Bilder mit ihnen; Worte sind überflüssig.

Als Kind konnte Kimball seltsamerweise noch nicht hellhören. Doch im Alter von neun Jahren begann er sich für Hypnose zu interessieren und trat auch eine Zeitlang als Hypnotiseur auf Jahrmärkten auf. Als er 39 Jahre alt war, gab er die Hypnose wieder auf, aber er sagt, sie habe ihm geholfen, seine übersinnlichen Fähigkeiten zu entwickeln.

Als Kimball zum erstenmal Botschaften von Tieren empfing, war er schon über vierzig. Er stand gerade an Deck eines Tankers Wache und beobachtete eine Möwe, die an der Bugseite über das Schiff flog. Anmutig schwebte der Vogel gen Himmel. Dann machte er kehrt und flatterte in Richtung Steuerbord. Als er sich dem Matrosen näherte, rief er ihm zu: «Hallo, Fred!»

«Als ich das hörte, hatte ich das Gefühl, schon zu lange auf See gewesen zu sein», erzählte mir Kimball, und ein Lächeln huschte über seine kantigen Gesichtszüge. «Im ersten Augenblick war ich ganz sicher, daß mich jemand beim Namen gerufen hatte. Ich sah mich um. Aber es war niemand da. Dann hörte ich den Gruß zum zweitenmal. Da rief mir eindeutig jemand etwas zu! Wieder schaute ich mich um. Aber ich war tatsächlich allein, und als der anmutige Vogel über mich hinwegflog, wurde mir allmählich klar, daß ich die Gedankenwellen der Möwe empfangen hatte.»

Eine Zeitlang arbeitete Kimball mit dem inzwischen verstorbenen Dr. Nandor Fodor zusammen, einem der bedeutendsten Psychiater New Yorks, der schon sehr früh begonnen hatte, sich mit dem Gebiet der außersinnlichen Wahrnehmung zu beschäftigen. In diese Zeit fiel Freds erstes Zwiegespräch mit einem Tier. Zwischen seinen Sitzungen bei Dr. Fodor verbrachte Kimball viel Zeit im Zoo des Central Park und beobachtete die Tiere, ihr Verhalten und ihre Bewegungen. Eines Tages stand er vor einem Löwenkäfig. Das Tier stürmte wie wild in seinem Käfig auf und ab. Kimball spürte, daß mit ihm etwas nicht stimmte.

«Ich versuchte mich auf die Gedankenwellen des Löwen einzustimmen und fragte ihn, woran er gerade denke.

‹An Sex!› antwortete der Löwe.

Daraufhin ging ich zu dem Pfleger und fragte ihn, warum dieser Löwe denn so sexbesessen sei. ‹Das ist doch kein Wunder›, antwortete der Pfleger. ‹Die Löwin im Nachbarkäfig ist brünstig.›»

Kimball sagt, daß es nicht einfach ist, mit Tieren zu kommunizieren, denn ihr Vokabular ist sehr begrenzt. Sie verständigen sich durch geistige Bilder. Die Tiere übermitteln Kimball Bilder, die er dann wiederum vor seinem inneren Auge sieht und interpretiert. Er kleidet seine Fragen in einfache Worte und hat ein mentales Bild dessen vor Augen, was er von dem Tier wissen will. Das Tier sendet ihm ein geistiges Bild zurück; Kimball übersetzt es in Worte und leitet die Information dann an den Besitzer oder Dresseur des Tiers weiter.

Doch manchmal hat Kimball auch den Eindruck, daß ihm deutliche Worte übermittelt werden. «Wenn du einen schrecklichen Autounfall sähst», erklärt er, «überall Blut und verstümmelte Leichen, dann würdest du vielleicht sagen: ‹Wie entsetzlich› oder so etwas Ähnliches. Mit anderen Worten: Ich empfange einen deutlichen emotionalen Eindruck, der sich leicht in einfache Worte übersetzen läßt.»

Kimball ist so völlig auf Tiere eingestellt, daß er einmal ganz durcheinandergeriet, als ein anderes Medium sich auf ihn einstimmte: «Ich dachte, da redet ein Hund mit mir», grinste er.

Einmal rief eine Frau Kimball an und bat ihn, die Gedanken ihres Hundes zu lesen, der plötzlich wieder angefangen hatte, sein Geschäft auf dem Teppich zu verrichten, obwohl er vorher schon längst stubenrein gewesen war. Der Hund erzählte Kimball, die Frau habe sich gerade von ihrem Ehemann scheiden lassen. Aber der Hund liebte seinen Herrn und gab der Frau die Schuld an der Scheidung. «Sie hat ihn rausgeworfen», erklärte er Kimball, «und deshalb setze ich jetzt meine Haufen hier auf den Teppich.» Er fügte hinzu, daß er die Frau hasse und nicht mehr bei ihr leben wolle.

Kimball fragte die Frau, ob sie gerade eine Scheidung hinter sich habe. Etwas verblüfft bejahte sie die Frage. Da übermittelte er ihr die Botschaft des Hundes und schlug ihr vor, ein anderes Zuhause für ihn zu finden, da das Tier nicht vorhabe, sein Verhalten zu ändern.

Ein anderes Mal interviewte Kimball ein paar Affen, die der Schauspielerin Mae West gehörten. Einer der Affen erzählte Kimball von einem Besucher, der sie beim Spiel beobachtet hatte. «Ich habe ihn mit Wasser bespritzt!» sagte er schadenfroh. Fred glaubte, daß der Affe meinte, er habe den Wasserschlauch auf den Besucher gerichtet. Doch später erklärte ihm die Schauspielerin, der Affe habe seinen Schwanz um einen Eimer Wasser geschlungen, der in der Nähe stand, ihn in den Käfig gezogen und dem verärgerten Gast ins Gesicht geschüttet.

Eines Abends war Kimball mit sechzehn Leuten, die sich für seine Arbeit interessierten, bei der Psychologin Dr. Gina Cerminara eingeladen. Einige hatten ihre Haustiere mitgebracht, damit er ihre Gedanken lesen konnte. Die Tiere mußten so lange im Auto bleiben, bis sie an der Reihe waren.

Zuerst versuchte Kimball mit einem Deutschen Schäferhund namens Jack zu sprechen, der – so sagte Frau Cerminara – wegen der vielen Menschen ganz aufgeregt war und sich gar nicht beruhigen konnte. Die einzige Botschaft, die Kimball dem Hund entlocken konnte, lautete, daß er in einem halben Jahr sterben würde. Später bestätigten Jacks Besitzer ihm, daß der Hund tatsächlich innerhalb der vorhergesagten Frist eingegangen war.

Duchess, ebenfalls eine Deutsche Schäferhündin, erzählte Kimball, daß sie gerne in dem weißen Kombiwagen der Familie mitfuhr, links vom Fahrersitz ihre Nase aus dem Fenster streckte und dem Fahrer dabei den Kopf auf den Nacken legte. Sie hing sehr an ihrem Herrchen, aber die Kinder waren ihr eine Last. Die Besitzer bestätigten, daß das alles stimmte.

Ein kleiner Mischlingshund erzählte Kimball, wo er wohnte,

beschrieb die Umgebung ganz genau und erwähnte, daß er gern auf der Ledercouch in dem Raum neben dem Badezimmer schlief. Außerdem erzählte der Hund, daß ein kleines Mädchen, das zur Familie gehörte, jedesmal, wenn es unglücklich war, ins Badezimmer ging, sich unter das Waschbecken kauerte und herzzerbrechend weinte. Der Hund wurde dann immer ganz traurig. Erstaunt bestätigte der Besitzer des Mischlings, daß das alles stimmte.

Kimball unterhielt sich auch mit einem Pudel, der sich vernachlässigt und ungeliebt fühlte, und einer Katze, die die meisten Vorträge der Theosophischen Gesellschaft mithörte, die im Nachbarhaus stattfanden. Es schien ein ziemlich erfolgreicher Abend gewesen zu sein. Die Psychologin erklärte, Kimballs Arbeit zeige, daß Hellhören auch die Kommunikation mit anderen Arten ermögliche und nicht nur einen Gedankenaustausch zwischen Menschen.

Ich habe schon öfter von Kimballs Fähigkeiten Gebrauch gemacht. Er hat für mich Krankheiten von Pferden diagnostiziert und verirrte Hunde wiedergefunden. Kimball hat weder mich enttäuscht noch meine Freunde, die seine Dienste in Anspruch nahmen.

Das Faszinierende daran sind die Informationen, die Kimball uns über die innere Welt der Tiere vermittelt. Viele Menschen, die eine enge Beziehung zu ihren Tieren haben, wüßten gern, was diese Tiere fühlen und denken, glauben aber, daß Haustiere einem Menschen keine solchen Informationen übermitteln können. Doch das liegt vielleicht nicht nur an den Grenzen der Tiere, sondern auch an unseren eigenen. Kimballs Arbeit verhilft uns zu der Erkenntnis, daß es überall, wo Leben ist, auch Bewußtsein gibt. Aufgrund ihrer Erfahrungen ist Frau Dr. Cerminara überzeugt davon, daß Tiere ein sensibles psychisches Bewußtsein haben, ähnlich wie unser eigenes, und daß sie «ein scharfes Urteilsvermögen besitzen, über das wir normalerweise nur nicht nachdenken, weil es sich nicht in menschlichen Worten äußert».

Vor einigen Jahren begegnete Kimball in Silver City (New Mexico) einem außergewöhnlichen Hund. Kimball wartete gerade auf einen Freund, der im St.-John's-Bergwerk arbeitete, und setzte sich auf eine Kabelrolle. Da fiel ihm ein großer, goldbrauner Hund auf, der auf ihn zugelaufen kam. Kimball sah in der Aura rund um den Kopf des Hundes viel Rot und erkannte das als Zeichen für irgendein Leiden, das mit dem Kopf zu tun hatte. Er tätschelte den Hund. «Du bist sicher ein guter Kämpfer», sagte er zu ihm. Der Hund entgegnete, das sei er früher tatsächlich einmal gewesen. Dann drehte er sich um und verschwand in einem nahegelegenen Tunnel. Ein paar Sekunden später hörte Kimball den Hund kurz aufbellen und sah vor seinem geistigen Auge, wie er kopfüber in einen Schacht fiel, mit dem Kopf auf dem Boden aufschlug und regungslos liegenblieb.

Rasch holte Kimball den Aufseher. Es stellte sich heraus, daß der Hund in einen neu eröffneten Stollen des Bergwerks gelaufen und in einen über zehn Meter tiefen Schacht gefallen war. Der Aufseher erklärte Kimball, daß der Hund blind war (daher die rote Aura), und Kimball wurde klar, daß das Tier sich einzig und allein mit Hilfe seines Geruchssinns orientierte. Da dieser Stollen des Bergwerks neu war, hatte der Hund nichts von dem Schacht wissen können.

Die Bergarbeiter hoben den bewußtlosen Hund aus dem Schacht und überlegten, daß es wohl am gnädigsten wäre, ihn zu erschießen. Aber Kimball, der geistig auf das Tier eingestimmt war, fragte es: «Wirst du sterben?»

«Nur wenn ihr mich tötet», kam die Antwort. Kimball leitete die Botschaft des Hundes an die Bergarbeiter weiter, und sie beschlossen, ihn gesundzupflegen. Nach kurzer Zeit war der blinde Hund wieder genesen.

Kimball hält Deutsche Schäferhunde für die intelligentesten, mutigsten Hunde, die es gibt. «Diese großen Hunde haben das Gefühl, alle Lebewesen töten zu können, und fürchten sich vor niemandem. Intelligenz ist nicht das Privileg einer bestimmten Rasse oder Art», sagt Kimball, «aber aus irgendeinem Grund sind mir unter den Deutschen Schäferhunden mehr intelligente Tiere begegnet als bei anderen Hunderassen. Kleine Hunde sind unsicher. Sie sagen oft zu mir: ‹Jedesmal, wenn ich vor die Tür gehe, setze ich mein Leben aufs Spiel.›» Kimball hat das Gefühl, daß die Nervosität und Reizbarkeit kleiner Hunde zum großen Teil auf diese Angst zurückzuführen ist.

Er beurteilt die Intelligenz eines Tiers anhand seiner Fähigkeit, geistige Bilder zu erschaffen. Im Gegensatz zu vielen anderen Forschern hält er Hunde nicht für farbenblind. «Intelligente Hunde können Farben ziemlich gut wiedergeben», behauptet er. «Weniger intelligente Tiere haben kein so ausgeprägtes Farbbewußtsein.»

Katzen sind verschlossener und weniger mitteilsam als Hunde, sagt Kimball. Eines der intelligentesten Geschöpfe, mit dem er je gesprochen hat, war eine vierzehn Jahre alte Ente namens Mrs. Quacker. Die Ente beschrieb ihm ausführlich die gesundheitlichen Probleme ihres Besitzers, und dessen Frau bestätigte die Diagnose.

Tiere haben im allgemeinen keinen großen Wortschatz, meint Kimball. Eine Hündin erzählte ihm beispielsweise, daß sie gerne «stinkende Katzen» jagte – das war ihre Bezeichnung für Stinktiere.

«Tiere geben größtenteils das wieder, was sie an den Menschen in ihrer Umgebung beobachten», erklärt der Hellhörer. «Bei einer meiner Vorführungen in Hollywood unterhielt ich mich mit einem Hamster, der so leise sprach, daß ich ihn kaum verstehen konnte. Ich fragte ihn, warum er nicht lauter rede, und da sagte das kleine Tier: ‹Die alte Frau in dem Haus, wo ich wohne, verbietet allen, laut zu sprechen. Sie ist geräuschempfindlich.› Es stellte sich heraus, daß die alte Frau, die der Hamster meinte, die Großmutter der Familie war.» Die Frau saß nämlich an jenem Tag im Publikum und war ziemlich verblüfft, daß der Hamster es wagte, so unverblümt seine Meinung über sie zu sagen. Aber sie gab zu, daß er die Wahrheit gesprochen hatte.

Eine siebenjährige Cockerspanielhündin namens Gypsy erzählte Kimball, sie sei in einem dunkelgrünen Auto zu dieser Versammlung gekommen. Sie beschrieb das Haus, in dem sie wohnte, und zählte die Namen der Familienmitglieder auf. Nur bei der Beschreibung der Freundin eines der Söhne kam sie durcheinander: Sie glaubte, das Mädchen wohne in dem Haus, weil es so oft den Kühlschrank aufmachte! Gypsy erzählte Kimball auch, daß sie sich das Bein gebrochen hatte und daß es mit Draht geschient worden war.

Zweimal gelang es Kimball, im Harmony Park einen Ziesel aus seinem Bau zu locken und zu füttern; doch als ein neugieriger kleiner Junge ihm zu nahe kam, entschuldigte das Tier sich: «Ich traue diesem Jungen nicht» und verschwand wieder in seinem Loch.

Schlangen, Leoparden, Schweine, Eidechsen, Tiger – sie alle haben diesem Menschen, der ihre Sprache versteht, schon ihre Schwingungen gesandt. Einmal stimmte Kimball sich sogar auf eine Dose Regenwürmer ein. «Sie sagten, sie kämen von der rechten Seite des Gebäudes und seien zu fünft in der Dose. Als ich sie dann zählte, stellte sich heraus, daß das tatsächlich stimmte.»

Kürzlich fiel Fred bei einem Ausflug in die Berge ein Hirschgeweih auf, das an einer Hauswand hing. Er hatte das Gefühl, daß der Hirsch ihn anlächelte, also konzentrierte er sich auf ihn. «Zuerst war ich traurig darüber, daß das arme Tier erschossen worden war, aber dann erschien vor meinem geistigen Auge plötzlich das Bild einer Jagdgesellschaft, die sich im Gebirge verirrt hatte. Ich nahm Verbindung mit dem Hirsch auf und erfuhr, daß das Tier geschossen worden war, um Nahrung für eine Gruppe hungernder Menschen zu liefern, die in einem alten Bergwerkstunnel in den Rocky Mountains in Colorado lebten. Der Hirsch gab mir zu verstehen, daß er das Gefühl hatte, sein Leben für einen guten Zweck geopfert zu haben.»

Kimball entdeckte auch, daß seine Gabe ihm Möglichkeiten eröffnete, um die ihn wahrscheinlich viele Menschen beneiden würden. Nachdem er sich mit den Pferden auf einem Rennplatz unterhalten hatte, erriet er vierzehn der siebzehn Sieger. Doch zum Glück für die Veranstalter von Rennen zieht er keinen Profit aus seinem außergewöhnlichen Talent.

Obwohl Kimball lieber persönlich Kontakt mit den Tieren aufnimmt, kann er auch auf telepathischem Weg mit Menschen und Tieren kommunizieren. Diese Fähigkeit setzt er ein, wenn ihn Leute aus weiter Ferne anrufen und bitten, die Gedanken ihrer

Tiere zu lesen. Meistens geht es dabei um irgendeine Krankheit oder darum, daß ein Tier verlorengegangen ist. In diesem Fall versucht Kimball sich auf das Tier einzustimmen, und sobald er Kontakt zu ihm gefunden hat, bittet er es, ihm seine Umgebung zu beschreiben. Mit Hilfe dieser Methode kann er den Aufenthaltsort des Tiers manchmal so gut identifizieren, daß es hinterher tatsächlich gefunden wird.

Als ich mit einem Freund über Kimballs erstaunliche Fähigkeiten sprach, bekam ich zur Antwort: «Er tut, als sei er ein großer Meister, aber er ist nicht der einzige Mensch, der mit Tieren sprechen kann.»

«Das weiß ich», erwiderte ich. «Wahrscheinlich tun wir das alle bis zu einem gewissen Grad.»

Da erzählte mein Freund mir von einer Frau, die sehr stark auf Tiere eingestimmt ist: Beatrice Lydecker. «Sie ist eine bekannte Persönlichkeit und geht ganz ähnlich vor wie Kimball. Sie ist auch schon in etlichen Fernsehsendungen aufgetreten», berichtete mein Freund.

Als ich Kimball nach ihr fragte, sagte er: «Ja, Beatrice Lydecker ist eine gute Freundin von mir. Sie kann wirklich gut mit Tieren kommunizieren.»

Kimball erklärte, Beatrice Lydecker habe ihn in einer Talk-Show im Fernsehen gesehen, und das habe ihr Interesse an der Kommunikation mit Tieren geweckt. Sie las das Lehrbuch, das er zu diesem Thema geschrieben hatte, und studierte eine Zeitlang bei ihm. Er staunte über ihr rasches Lernvermögen. «Sie ist zweifellos auf die Natur eingestimmt», sagt er.

In ihrer Jugend wollte Beatrice Lydecker Waisenkinder betreuen. Eines Tages, als sie in Kalifornien Unterricht gab, fiel ihr ein großer Deutscher Schäferhund auf, der in einem Hof eingesperrt war. Sie hatte das Gefühl, daß das Tier ihr etwas mitteilen wollte. Sie ging auf den Hund zu und wußte plötzlich, was er dachte und fühlte. Er erzählte ihr, wie traurig er darüber war, daß man ihn so oft allein ließ. Beatrice fand heraus, wer der Besitzer des Hundes war, und erfuhr, daß er vor ein paar Monaten eine Verletzung erlitten und sich den Hund gekauft hatte, um während seiner Genesung Gesellschaft zu haben. Als er dann wieder gesund war und zur Arbeit gehen konnte, ließ er den Hund den ganzen Tag allein, und da begann das Tier sich einsam zu fühlen.

Von da an empfing Beatrice Lydecker immer wieder Botschaften von Tieren. Diese Erfahrung, die für sie völlig unerwartet kam, beunruhigte sie, und sie sprach mit Freunden aus ihrer interkonfessionellen Gebetsgruppe über ihre Bedenken. Aber die anderen hielten ihre Fähigkeit für eine Gabe Gottes und ermutigten sie, sich von diesem Talent leiten zu lassen, wohin es sie auch führen möge.

Eines Tages traf sie auf einen Dobermann, der ein großes Gebrauchtwagengelände bewachte. Er hatte in der Nachbarschaft den Ruf einer bösartigen Bestie. Beatrice Lydecker ging mehrmals an diesem Platz vorbei, und jedesmal hörte sie deutlich, wie jemand ihren Namen rief. Es schien ihr wie ein Hilferuf zu klingen. Immer, wenn sie ihn hörte, schaute sie sich um, aber es war nur der Hund zu sehen. Schließlich wurde ihr klar, daß es der Dobermann sein mußte, der nach ihr rief. Sie näherte sich ihm, und er ließ sich von ihr liebkosen. Noch heute erinnert sie sich daran, wie merkwürdig die Passanten sie damals anschauten, denn selbst als sie den Kopf und den Rücken des Hundes streichelte, knurrte er die anderen Menschen, die am Zaun vorbeigingen, immer noch an.

Die Einsamkeit habe ihn dazu getrieben, nach ihr zu rufen, erklärte er ihr. Er sehnte sich so sehr nach liebevoller Zuwendung. Der Nimbus des gefährlichen Tiers, der ihn allen Menschen entfremdete, war ihm verhaßt.

Beatrices Talent trieb sie auch dazu, sich ein paar Freunden anzuvertrauen, die das Geheimnis dann wiederum anderen Bekannten mitteilten. Bald beriet die junge Frau alle möglichen Haustierbesitzer. Sie ging wieder an die Universität und studierte Anatomie, Chemie, Zoologie und Psychologie. Seitdem hat sie mit vielen Tieren kommuniziert, von der Eidechse bis hin zum Leoparden.

Ihre Erfahrungen mit Tieren halfen ihr auch, einen wichtigen

Beitrag zum besseren Verständnis des Menschen zu leisten. Genau wie Patricia St. John, die nicht nur mit Delphinen, sondern auch mit Menschen arbeitet, kommuniziert Beatrice Lydecker inzwischen mit Kranken, die nicht sprechen können: mit zurückgebliebenen, autistischen Kindern, Schlaganfallpatienten und Menschen, die an einer Gehirnlähmung leiden.

Einmal therapierte Beatrice Lydecker ein zweijähriges Kind, das in einer Anstalt lebte und noch nie die Existenz eines anderen Lebewesens wahrgenommen hatte. Der Junge lebte völlig von der Welt abgekapselt und hatte noch nie auf irgendeine Zuwendung seiner Pfleger reagiert. Doch Beatrice nahm Kontakt mit ihm auf und fand heraus, daß das Kind an einem schweren emotionalen und physischen Trauma litt, das von seiner Geburt herrührte. Der Junge sehnte sich danach, in die Sicherheit und Geborgenheit des Mutterleibs zurückzukehren. In den Armen gewiegt zu werden war das einzige, was ihm Freude zu machen schien.

Frau Lydecker erfuhr, daß die Mutter des Jungen, ein dreizehnjähriges Mädchen, das Baby nicht haben wollte und eine schwere Geburt durchgemacht hatte. (Hinterher bestätigten die Ärzte diese Informationen.) Das Pflegepersonal begann das Kind in den Armen zu wiegen, und noch ehe Beatrice Lydecker die Anstalt verließ, krabbelte das Kind auf einen Pfleger zu, der es in den Arm nehmen wollte.

«Im Prinzip verständigen sich alle Lebewesen auf die gleiche Art und Weise», erklärte Beatrice mir. «Es ist eine subjektive Kommunikation, wie wir sie alle als Kinder beherrschten. Doch sobald wir wachsen und anfangen, uns der menschlichen Sprache zu bedienen, geht uns diese Fähigkeit verloren. Subjektive Kommunikation ermöglicht es einem, zu sagen, was man wirklich empfindet.»

Frau Lydecker sagt, diese Art der Kommunikation sei so etwas Ähnliches wie ein Traum, «nur daß man dabei hellwach ist. Es erreichen einen geistige Bilder, in denen man das Leben sieht, hört, schmeckt und erfährt. Jedes Tier kann unsere Gedanken lesen», behauptet sie. «Der Gedanke liegt in den Bildern, und diese Bilder sehen die Tiere; deshalb läuft jemand, der damit rechnet, von einem

Hund gebissen zu werden, ziemlich große Gefahr, daß sein geistiges Bild tatsächlich Realität wird. Haustiere sehen auch Bilder von ihren Besitzern vor ihrem inneren Auge, selbst wenn diese Bilder keinen direkten Bezug zu dem Tier haben.» Sie erzählte mir von einem Deutschen Schäferhund, der sich angewöhnt hatte, Papiertücher zu zerreißen. Das Herrchen des Schäferhundes war gestorben, und das Medium erfuhr, daß der Hund auf diese Weise versuchte, am Kummer seiner Besitzerin Anteil zu nehmen. Räumliche Entfernung scheint wenig Einfluß auf die Kommunikation zwischen Menschen und ihren Haustieren zu haben. Laut Beatrice Lydecker empfangen Tiere selbst dann noch Bilder von ihren Besitzern, wenn sie Tausende von Kilometern entfernt sind. Solche Bilder verraten ihnen zum Beispiel, ob ihr Besitzer in Gefahr ist oder vorhat, bald wieder nach Hause zu kommen. Deshalb sollten Haustierhalter, die ihr Tier während des Urlaubs in eine Pension geben und sich dann die ganze Zeit Sorgen um sie machen, sich nicht wundern, wenn sie bei der Heimkehr feststellen, daß ihr Tier tatsächlich krank gewesen ist oder nicht fressen wollte.

Beatrice Lydecker, die manchmal scherzhaft als «reisende Tier-Psychoanalytikerin» bezeichnet wird, fährt in einem Lieferwagen mit drei Deutschen Schäferhunden und zwei Katzen durch das Land. Manchmal plaudert sie nur zwanglos mit den Tieren, oft führt sie aber auch tiefschürfende Gespräche mit ihnen. Ihr dreizehn Jahre alter kleiner Spitz erzählte ihr einmal, er sei seiner ersten Besitzerin – Julie oder Judy, sie hat den Namen nicht genau verstanden – in Las Vegas verlorengegangen. Aber es sei nicht schlimm, daß Beatrice Lydecker den Hund behalten habe, denn er sei erst kurze Zeit bei seiner vorherigen Besitzerin gewesen, und deshalb habe sie noch keine enge Beziehung zu ihm gehabt.

Genau wie wir Menschen sind auch Tiere nicht immer zu Gesprächen aufgelegt. Einmal starrte Beatrice Lydeckers Deutsche Schäferhündin Princess gedankenverloren aus dem Fenster. Beatrice vermutete, daß dem Hund irgend etwas Wichtiges durch den Kopf ging, und begann sich auf ihn einzustimmen, doch ein paar Sekunden später schaute Princess sie an und vermittelte ihr klar und deutlich, sie solle sich gefälligst um ihre eigenen Angelegenheiten kümmern. Und Roy Rogers' Pferd, Trigger junior, warf Beatrice nur einen Blick zu und wandte sich ab.

Aber die Kälber auf den Rodeos erzählten ihr, daß ihnen das wilde Rodeoleben Spaß mache; nur den Kerl mit dem «heißen Stock» könnten sie nicht ausstehen. (Offensichtlich meinten sie den Mann mit dem elektrischen Stock, mit dem die Kälber in die Arena getrieben werden.)

Secretariat, das Rennpferd, das vor ein paar Jahren Schlagzeilen machte, erzählte Beatrice Lydecker, wie es seinen früheren Stallknecht, die aufregende Atmosphäre bei den Rennen und einfach ganz allgemein die Freude vermißte, die das Laufen ihm bereitet hatte. Der Hengst sagte, es langweile ihn, immer nur auf der Weide zu faulenzen und als Zuchthengst benutzt zu werden. Beatrice Lydecker erklärt, daß Tiere Sex nicht besonders aufregend finden; für sie ist der Geschlechtsverkehr ein rein physischer Akt.

Die meisten Haustiere sind überfüttert und erleben zuwenig Aufregendes; sie werden viel zu sehr verhätschelt, und oft langweilen sie sich. «Aber Haustierbesitzer sind ungeheuer verbohrt», meint Beatrice Lydecker. «Ich habe die Erfahrung gemacht, daß manche Tiere ihren Herrn nicht ausstehen können. In solchen Fällen versuche ich dem Besitzer taktvoll nahezulegen, daß das Tier vielleicht ein anderes Zuhause braucht. Ich erinnere mich noch an eine Sitzung, bei der der Besitzer immer wieder sagte: ‹Aber er ist doch schon seit drei Jahren bei uns. Der arme Kerl würde sich nie in einem neuen Zuhause einleben.› Und dabei flehte der Hund mich die ganze Zeit an: ‹Schaff mir bloß diese Leute vom Hals!›»

Beatrice Lydecker hilft auch vielen Besitzern, verlorengegangene Haustiere ausfindig zu machen, und hat sogar schon Tiere gefunden, die weit von ihrer Heimat weggelaufen waren. Sie stimmt sich auf das verirrte Tier ein und läßt sich von ihm seine Umgebung beschreiben – unter anderem Häuser, Autos und manchmal sogar Namen. Das dicke Sammelalbum, in dem sie ihre Arbeit dokumentiert, quillt vor lauter Dankesbriefen von Haustierbesitzern schon fast über. Viele schreiben: «Mir ist zwar immer noch schleierhaft, wie Sie das geschafft haben, aber ...»

Wie können wir ergründen, auf welche Weise Mojave Dan, Fred Kimball und Beatrice Lydecker mit Tieren sprechen? Ist das wirklich so merkwürdig, oder haben wir einfach nur verlernt, direkt mit anderen Lebensformen zu kommunizieren, und bilden uns ein, Worte seien die einzige Möglichkeit? Kann es denn nicht sein, daß alle Lebensformen, ob klein oder groß, ihren Platz in einem allumfassenden Bewußtsein haben?

Es wird uns weniger schwerfallen, an die Kommunikation zwischen den Arten zu glauben, wenn wir die Möglichkeit erwägen, daß alle Lebewesen Gedanken Gottes sind und es ihm überhaupt keine Probleme bereitet, sie zu verstehen. Je deutlicher wir unseren Platz innerhalb dieser Allmacht erkennen, desto besser werden wir die anderen Bewohner dieses Planeten begreifen.

2.
Was Pflanzen uns zu sagen haben

Die meisten Menschen sehen in Pflanzen keine Gesprächspartner, sondern weisen ihnen eine rein praktische und nutzbringende Rolle zu. Wir schätzen einen gepflegten Garten, den altvertrauten Baum, der uns Schatten spendet, und das saftige Grün selbstgezogenen Gemüses und sind der Pflanzenwelt mehr oder weniger dankbar dafür, daß sie unser ästhetisches Empfinden und unser Bedürfnis nach Nahrung befriedigt.

Nur bei einigen wenigen Menschen geht die Liebe zu Pflanzen tiefer. Sie streicheln sie, sprechen zu ihnen, singen ihnen etwas vor und meditieren gemeinsam mit ihnen. Sie schildern ihnen ihre Gedanken und Empfindungen und lauschen aufmerksam und intensiv auf ihre Reaktionen. Diese Menschen glauben, daß die Welt uns allen gehört und wir sie miteinander teilen müssen. Jede Art muß den anderen ihre Gaben und Talente zur Verfügung stellen. Sie sehen Pflanzen und Menschen nicht als von der Erdfamilie getrennte Wesen, sondern als Geschöpfe mit ganz bestimmten Eigenschaften, die mit anderen Arten in Wechselbeziehung treten können. Für solche Menschen stehen alle Lebensformen miteinander in Verbindung und sind Ausdruck des einen, allumfassenden Bewußtseins.

Wenn du etwas über ein Pferd erfahren willst, frag das Pferd, hat Fred Kimball gesagt. Andere Menschen, beispielsweise George Washington Carver, Derald G. Langham und Luther Burbank, hätten uns etwas ganz Ähnliches geraten: nämlich daß wir unsere

Fragen über das Pflanzenreich direkt an eine oder mehrere Pflanzen richten sollten. Sie haben das getan, und die Antworten, die ihnen offensichtlich zuteil wurden, machten sie zu legendären Pflanzenforschern, die andere Wissenschaftler ihrer Zeit verblüfft und in Erstaunen versetzt haben.

Schon als kleiner Junge besaß George Washington Carver ein geradezu unheimliches Wissen über alle Lebewesen. Die Farmer in der Kleinstadt Diamond Grove im Staat Missouri beobachteten, wie der schmächtige schwarze Junge stundenlang durch das Land streifte, Pflanzen untersuchte und verschiedene Kräuter mit nach Hause brachte, um kranke Tiere zu heilen. Ganz allein bepflanzte er einen Garten auf einem abgelegenen Stück Schwemmland und baute sich aus Holzabfällen und anderem Altmaterial ein Gewächshaus im Wald. Wenn man ihn fragte, was er denn die ganze Zeit dort mache, antwortete Carver: «Ich gehe in mein Gartenkrankenhaus und pflege Hunderte von kranken Pflanzen.»

Den Farmersfrauen blieb sein Talent nicht lange verborgen. Sie brachten ihm ihre kranken Zimmerpflanzen und baten ihn, sie zum Blühen zu bringen. Carver setzte die Pflanzen vorsichtig in Blechdosen mit Erde, die er selbst zusammengemischt hatte, und sang ihnen etwas vor. Nachts deckte er sie behutsam zu, und tagsüber stellte er sie zum «Spielen» hinaus an die Sonne. Wenn er die prächtig gedeihenden und blühenden Pflanzen dann zu ihren Besitzern zurückbrachte, wurde er oft gefragt, wie um alles in der Welt er denn solche Wunder vollbringen könne. «Alle Blumen sprechen mit mir», antwortete Carver bescheiden, «und auch Hunderte von anderen Lebewesen im Wald. Was ich über sie weiß, lerne ich, indem ich einfach alle Geschöpfe beobachte und liebhabe.»

Carvers Eltern hatten nicht genügend Geld, um ihm eine Schulausbildung zu bezahlen. Doch eines Tages entdeckte er zufällig eine alte Fibel. Sie eröffnete ihm eine ganz neue Dimension: die Welt der Bücher. Der Junge verschlang die Fibel. Bis zu seinem zehnten Lebensjahr war das seine einzige Ausbildung. Dann hörte er von einer Schule in einem nahegelegenen Städtchen und bat, am Unterricht teilnehmen zu dürfen. Er verdiente sich seinen Lebensunterhalt mit Hausarbeit und anderen Gelegenheitsjobs und schlief, wo immer er ein Plätzchen finden konnte, um seine müden Glieder auszustrecken. Innerhalb eines Jahres hatte er alles gelernt, was der Lehrer an dieser Schule ihm beibringen konnte. Da fuhr er per Anhalter nach Fort Scott in Kansas, wo er sieben Jahre lang als Koch, Tellerwäscher, Hausmeister und Wäscher arbeitete, bis er endlich das ersehnte Abitur in der Tasche hatte.

Während seines Studiums am Simpson College in Indianola (Iowa) wohnte Carver in einem Holzschuppen und hielt sich mit Mühe und Not über Wasser, indem er die Wäsche anderer Leute wusch. In seinem vierten Studienjahr wechselte er ans Iowa State College in Ames über, wo er einen akademischen Grad in Naturwissenschaften erwarb. Schließlich machte er seinen Magister.

Da er an der Universität so gut abgeschnitten hatte, stellte der Staat Iowa ihn an einer Fakultät des Colleges in Ames an, und bald leitete Carver das bakteriologische Labor, ein Gewächshaus und die Abteilung für systematische Botanik.

Eines Tages entdeckte Dr. Booker T. Washington, der berühmte schwarze Bildungspolitiker, Carver und bot ihm eine Stellung am Tuskegee-Institut an, einer der ersten Bildungsstätten für Schwarze, wo er allerdings nur Aussicht auf ein geringes Gehalt und äußerst bescheidene Arbeitsmittel hatte. Ehe Carver sich entschied, wollte er erst einmal ganz allein in den Wald gehen und die Sache mit Gott besprechen. Als er wiederkam, stand seine Entscheidung fest.

Carvers Ankunft in Tuskegee war typisch für diesen eigenartigen Mann: Als die Vertreter des Begrüßungskomitees zum Bahnhof kamen, um ihn abzuholen, war der Zug schon wieder abgefahren, und auf dem Bahnsteig war niemand zu sehen. Da die Mitglieder des Begrüßungskomitees Carver auch unterwegs nicht begegnet waren, fragten sie sich, ob er vielleicht den Zug verpaßt habe – bis einer von ihnen eine schmächtige Gestalt entdeckte, die über die Gleise wanderte und abwechselnd nach links und rechts huschte, um irgendwelche unbekannten Pflanzen zu untersuchen.

Am Tuskegee-Institut betraute man Carver mit der Leitung eines landwirtschaftlichen Fachbereichs; aber es gab kein Labor, wo er seinen Unterricht hätte abhalten können. Er begann seine Laufbahn an diesem Institut mit einem hölzernen Experimentiertisch, dessen Geräte er selbst zusammengebastelt hatte. Carver funktionierte Radkappen zu Tiegeln um und fertigte Bechergläser aus Flaschen. Andere Utensilien holte er sich von Schrotthaufen.

Nachdem er sich auf diese Weise ein Labor zusammengestellt hatte, in dem er seine Schüler unterrichten konnte, richtete er als nächstes ein Labor ein, wo der ganze Süden der Vereinigten Staaten in die Schule gehen konnte.

Die Südstaaten hatten nur eine einzige Kulturpflanze, die ihnen viel Geld einbrachte: Baumwolle. Doch selbst als der Baumwollanbau die Farmer nicht mehr ernähren konnte, weil der Baumwollkapselkäfer zu große Schäden anrichtete und die Märkte schrumpften, hielten die meisten nach wie vor daran fest. Nachdem Carver ein paar Wochen in den Südstaaten gelebt hatte, stellte er fest, daß die Monokultur den Boden auslaugte. Um dieser Ausbeutung des Landes durch Tausende von Pächtern entgegenzuwirken, beschloß er, eine Experimentierstation einzurichten. Er rief ein Privatlabor ins Leben, das er «Gottes kleine Werkstatt» nannte und wo er stundenlang saß und mit den Pflanzen redete.

Carver experimentierte viele Jahre lang, um einen Weg zu finden, wie man die Bewohner Alabamas von ihrer Baumwollmanie abbringen konnte. Seine Untersuchungen ergaben, daß Erdnüsse in dem ausgelaugten Boden gut gedeihen würden. Von seinen Chemiestudien her wußte er, daß die Erdnuß genausoviel Eiweiß enthält wie ein Beefsteak und ebenso viele Kohlehydrate wie Kartoffeln. Eines Nachts, als er darüber nachdachte, was man mit Erdnüssen alles anfangen konnte, richtete er den Blick auf eine seiner Pflanzen und fragte sie: «Wozu hat Gott dich geschaffen?» Fast auf Anhieb erhielt er die Antwort: «Es gibt drei Anhaltspunkte, an denen du dich orientieren kannst: Verträglichkeit, Temperatur und Druck.»

Carver schloß sich in seinem Labor ein. Eine schlaflose Woche lang zerlegte er die Erdnuß in ihre chemischen Bestandteile und setzte sie verschiedenen Temperaturen und Druckverhältnissen aus.

Er stellte fest, daß die Nuß zu einem Drittel aus sieben verschiedenen Ölen bestand. Er analysierte und synthetisierte, nahm auseinander und setzte wieder zusammen, und am Ende der Woche hatte er vierundzwanzig neue Produkte entwickelt.

Diese Erzeugnisse präsentierte Carver den Farmern in der Hoffnung, sie davon überzeugen zu können, Erdnüsse statt Baumwolle anzupflanzen, was ihnen, wie er sagte, viel mehr Geld einbringen würde. Er schlug ihnen vor, abwechselnd Erdnüsse und Süßkartoffeln anzubauen, aus denen sich ebenfalls eine Fülle verschiedener Produkte herstellen lasse.

Da Carvers wundersame Erkenntnisse auf dem Gebiet der Botanik einer völlig unerklärlichen Quelle entsprangen, waren und blieben seine Methoden den Naturwissenschaftlern ein Rätsel. Besucher, die Carver inmitten seines Sammelsuriums von Pflanzen, verschiedenen Erdmischungen, Gefäßen und Insekten an seinem Experimentiertisch arbeiten sahen, staunten darüber, welch einfache Antworten er ihnen auf ihre ständigen Bitten gab, er möge ihnen doch endlich sein Geheimnis offenbaren.

Einem verblüfften Reporter einer naturwissenschaftlichen Zeitschrift erklärte er: «Die Geheimnisse liegen in den Pflanzen. Man muß sie nur genug lieben, um sie ihnen zu entlocken.»

«Aber warum gibt es so wenige Menschen, die Ihre Fähigkeiten besitzen?» fragte der Mann. «Wer außer Ihnen kann das denn noch?»

«Jeder kann es», antwortete Carver. «Man muß nur daran glauben.»

«Ich suche nie nach Methoden», sagte er einmal. «Ich entdecke die Methode in dem Augenblick, in dem mir die Inspiration kommt, etwas Neues zu schaffen. Ich lebe im Wald. Ich sammle Pflanzen und höre zu, was Gott mir zu sagen hat. Nach meinem morgendlichen Zwiegespräch mit Gott gehe ich einfach in mein Labor und führe alles aus, was Er mir für diesen Tag aufgetragen hat.»

Ein anderes Mal erklärte er: «Wenn ich diese Blume anfasse, berühre ich in Wirklichkeit nicht nur die Blume, sondern die

Unendlichkeit. Diese kleine Blume existierte schon lange, bevor es Menschen auf dieser Erde gab. Und sie wird noch Jahrtausende, ja, Jahrmillionen existieren ... Wie spreche ich mit so einer kleinen Blume? Durch sie rede ich mit dem Unendlichen. Und was ist das Unendliche? Es ist jene stumme kleine Kraft. Es ist nicht der äußere, physische Kontakt. Nein, das ist es nicht. Das Unendliche beschränkt sich nicht auf unsere sichtbare Welt. Es liegt nicht im Erdbeben, im Wind oder im Feuer. Es ist jene kleine, stumme Stimme, die die Feen beschwört. Es gibt Dinge, oft ganz kleine Dinge – zum Beispiel die Erdnuß, das Klümpchen Tonerde oder die Blume –, die einen nach innen schauen lassen. Und dann sieht man in die Seele der Dinge hinein.»

Es gibt noch einen anderen Pflanzenspezialisten, der sich die Antworten von den Pflanzen selbst holte – einen Mann, den manche Menschen als den «Schöpfer der modernen Landwirtschaft in Venezuela» bezeichnen, während andere ihn den «Vater der genetischen Pflanzenzucht» nennen. Der Pflanzengenetiker Dr. Derald G. Langham lehrte Genetik an der Universidad Central de Venezuela, als der Zweite Weltkrieg ausbrach. Er kehrte in die Vereinigten Staaten zurück, um sich zum Militärdienst zu melden, doch statt dessen bat ihn die Regierung der USA, in Venezuela zu bleiben und diesem Land zu helfen, im Getreideanbau autark zu werden.

Langham löste diese schwierige Aufgabe, indem er sich auf seine Erlebnisse als Kind besann. Er war auf einer Farm in Iowa aufgewachsen und hatte schon als kleiner Junge eine interessante Entdeckung gemacht: Wenn er in den Wald ging, sich unter einen großen Baum setzte und sich ganz ruhig verhielt, dann vergaßen die Tiere des Waldes bald, daß er da war. Und dann konnte er die Augen schließen und ihre Energien spüren, ohne sie zu sehen. In Venezuela versuchte er nun das gleiche mit den Getreidesorten, die er züchtete. Er wanderte durch die Getreidefelder und sagte zu ihnen: «Ich muß wissen, wer von euch die Fähigkeit besitzt, Trockenheit, heftigen Winden und starken Regenfällen zu trotzen.» Das funktionierte tatsächlich, und bald konnte er neue Standardtests und Verfahren für die Herstellung von Gen-Pools entwickeln.

«Ich konnte mit den Pflanzen kommunizieren», erklärte Langham, «denn ich stellte fest, daß das Energiefeld, das sie umgab, meinem eigenen ähnelte. Durch diese enge Verbundenheit mit den Pflanzen war ich in der Lage, ihre Sprache zu verstehen.»

Luther Burbank, ein weiterer Forscher, der auch direkt mit Pflanzen kommunizierte, läutete eine neue Ära des Gartenbaus ein. Seine Vorhaben hielten andere Pflanzenforscher für Utopie. Er beobachtete und berührte seine Pflanzen und hörte ihnen zu. Aus diesem engen Kontakt bezog er seine Inspirationen.

Selbst in der nüchternen *Encyclopedia Americana* steht, daß Burbanks wichtigster Erfolgsfaktor sein angeborener Einklang mit der Natur war. Hinzu kam seine praktische Botanikausbildung, die er sich im Laufe von fünfzig Jahren in unermüdlichen Studien und Experimenten erwarb. Diese Studien halfen ihm, «Wechselbeziehungen und Entwicklungen des Pflanzenwachstums zu verstehen, die anscheinend für niemand anderen erkennbar waren».

Burbanks Hellsichtigkeit, die ihm in der Presse den Beinamen «Magier des Gartenbaus» eintrug, brachte die anderen Botaniker, denen die wundersamen Resultate seiner unkonventionellen Methoden unbegreiflich waren, zur Weißglut. Ebenso fassungslos, aber gleichzeitig fasziniert von Burbanks Entdeckungen war Hugo de Vries, ein Professor aus Amsterdam, der später dadurch berühmt wurde, daß er mit seinen Mutationstheorien Darwins Lebenswerk fortsetzte. De Vries, selbst ein Visionär, beschäftigte sich eingehend mit Burbanks Forschungsergebnissen, denn sie erschienen ihm unfaßbar.

Im Jahr 1892 stieß de Vries zufällig auf eine Ausgabe von Burbanks zweiundfünfzig Seiten dickem Gartenkatalog «Neue Obst- und Blumenkreationen». Er war in Santa Rosa (Kalifornien) erschienen und hatte in den USA großes Aufsehen erregt. Während andere Pflanzenkataloge der damaligen Zeit immer nur ein paar Neuzüchtungen enthielten, gab es unter Burbanks Kreationen keine einzige Pflanze, die vorher bereits bekannt gewesen war! Der

«Magier» offerierte seinen Kunden eine ganz neue Pflanzenwelt. Das mußte der holländische Wissenschaftler unbedingt mit eigenen Augen sehen.

Die neuntausend Kilometer weite Reise lohnte sich. De Vries entdeckte in Burbanks Vorgarten unter anderem einen vierzehn Jahre alten Walnußbaum, viel größer als die persische Sorte, die viermal so alt war, und eine chilenische Araukarie mit zwanzig Pfund schweren Zapfen. Später berichtete de Vries, am meisten habe ihn verblüfft, daß es in Burbanks kleinem Haus, wo der Züchter arbeitete, weder ein Labor noch eine Bibliothek gab. Burbank machte sich die Notizen für seine Arbeit auf Papierfetzen von braunen Einkaufstüten und auf der Rückseite von Briefumschlägen.

Der Pflanzenzüchter erklärte ihm, bei seiner Arbeit gehe es im Grunde nur «um Konzentration und darum, alles Unwichtige so rasch wie möglich auszuschalten». Und was sein Labor angehe: Er brauche sich keine Notizen zu machen, denn seine Pflanzen sagten ihm genau, was er tun solle.

De Vries war nicht der einzige, den das verblüffte. Hunderte von amerikanischen Naturwissenschaftlern besuchten die Gärten des «Magiers» in Santa Rosa. Manche irritierte es, daß Burbank nach herkömmlichen Kriterien unwissenschaftlich arbeitete, und bezeichneten ihn deshalb als Scharlatan. Burbank bemühte sich gar nicht erst, diese Ansicht zu entkräften, sondern fällte im Jahr 1901 auf dem Blumenkongreß in San Francisco folgendes Urteil über seine Botanikerkollegen:

«Früher bestand die Arbeit der Botaniker hauptsächlich darin, getrocknete, verschrumpelte Pflanzenmumien zu studieren und zu klassifizieren, deren Seelen sich schon längst verflüchtigt hatten. Sie hielten ihre Klassifikationen für das Feststehendste und Unveränderlichste der Welt. Inzwischen wissen wir, daß Pflanzen formbar sind wie Ton in den Händen des Töpfers oder Farbe auf der Leinwand eines Künstlers. Sie lassen sich mühelos zu schöneren Formen und Farben modellieren, als ein Maler oder Bildhauer sie jemals hervorbringen wird.»

Doch de Vries war nicht so engstirnig wie die anderen Wissenschaftler. Er akzeptierte Burbank als «Naturgenie», dessen Arbeit «unsere höchste Bewunderung verdient».

Burbank war allen ein Rätsel, und er ist es auch heute noch. Er war im Jahr 1849 in einem Dorf in Massachussetts zur Welt gekommen. Seine Ausbildung als kleiner Junge bestand darin, daß er die Werke von Henry Thoreau und anderen Naturforschern wie Louis Agassiz und Alexander von Humboldt las. Auch Charles Darwins Werk *Das Variieren der Tiere und Pflanzen im Zustande der Domestikation* beeindruckte ihn tief.

Burbanks aufmerksame Blicke registrierten, was wohl den meisten Gärtnern entgangen wäre. Er entdeckte z. B. an einer seiner Kartoffelpflanzen eine Samenkapsel. Diese Pflanze bildet sehr selten Samen; normalerweise vermehrt man sie, indem man ihre Knollen in Stücke schneidet, von denen jedes einen oder mehrere Keime enthalten muß. Burbank wußte, daß sich die Kartoffeln aus Samen nicht artenrein vermehren ließen – das Ergebnis würden Kreuzungen sein, gute oder schlechte, kleine oder große. Doch dieser Unsicherheitsfaktor bot ihm die Chance, eine «Wunderkartoffel» zu züchten. Diese Vision wurde zum Wendepunkt in Burbanks jungem Leben, denn aus einem der dreiundzwanzig Samen, die die Kapsel enthielt, ging eine Pflanze hervor, deren Nachkommen das Doppelte der bisherigen durchschnittlichen Kartoffelernte erbrachten. Diese Kartoffel war groß, glatt und eignete sich hervorragend zum Backen, und sie hatte keine rote, sondern eine cremefarbene Schale.

Ein Samenhändler aus Massachussetts, der behauptete, das sei die beste Kartoffel, die er je gegessen habe, zahlte Burbank 150 Dollar dafür und nannte sie «Burbank». Heute beherrscht sie den Kartoffelmarkt der Vereinigten Staaten.

Im Jahr 1882 wagte Burbank sich an eine Aufgabe heran, die andere Züchter in seiner Gegend für undurchführbar hielten. Das war sein zweiter Schritt auf dem Weg zur lebenden Legende. Eine neue Pflaumensorte, die man Zwetschge nannte, erfreute sich in den kalifornischen Obstplantagen damals wachsender Beliebtheit, denn sie brachte viel Geld ein. Im März jenes Jahres fragte ein Bankier aus Petaluma Burbank, ob er ihm für eine neue Pflanzung im Dezember zwanzigtausend junge Zwetschgenbäume liefern könne. Er erklärte Burbank, kein anderer Gärtner wage es, sich dieser Herausforderung zu stellen. Alle behaupteten, dazu brauche man mindestens zwei Jahre.

Da fiel Burbank ein, daß Mandeln – die ebenfalls zur Gattung Prunus gehören – viel schneller keimen als die harten Pflaumenkerne. Nun beschleunigte er noch die Keimung, indem er die ovalen Zwetschgenkerne in warmes Wasser legte – ein Trick, den er in Massachusetts auch schon bei Maiskörnern angewandt hatte. Doch obwohl er dadurch viel Zeit gewann, waren die Sämlinge erst im Juni soweit, daß man sie veredeln konnte. Der Zeitdruck war ein Problem. Burbank bekam einen Vorschuß von dem Bankier und engagierte alle verfügbaren Gärtnereigehilfen in seiner Gegend. Seine Leute arbeiteten rund um die Uhr. Als sie fertig waren, blieben Burbanks kleinen Sämlingen gerade noch vier Monate Zeit, um eine Höhe von ungefähr anderthalb Metern zu erreichen, so daß sie an die Kunden geliefert werden konnten. Offenbar wurden seine Gebete erhört, denn bis Weihnachten konnte er dem dankbaren Bankier tatsächlich 19500 Bäume liefern. Damit hatte er sich einen Namen als Züchter gemacht.

Burbank züchtete im Lauf der nächsten Jahre noch erstaunlich viele Pflaumen- und Zwetschgensorten und brachte sie auf den Markt. Auf seiner Angebotsliste standen nicht weniger als fünfzig verschiedene Sorten, und einige – vor allem die Pflaumensorten Gold, Wickson, Apple, October, Chalco, America, Climax, Formosa, Bartlett, Santa Rosa und Beauty und die Zwetschgen Splendor, Sugar, Giant und Standard – gehören noch heute zu den bekanntesten und beliebtesten Sorten.

Eines von Burbanks interessantesten Experimenten aber wardie erfolgreiche Züchtung einer ganzen Serie neuer stachelloser Riesenkakteen mit eßbaren Früchten, die gleichzeitig auch noch Futter für Tiere lieferten. Burbank erzählte Paramahansa Yogananda, während seiner jahrelangen Kreuzungsversuche habe er sich anfangs mit der Pinzette Tausende von Kaktusstacheln aus den Fingern ziehen müssen. «Während meiner Experimente mit den Kakteen», erklärte er, «redete ich oft mit ihnen, um eine Schwingung der Liebe zu erzeugen.»

Mit der Kraft seiner Liebe hegte und pflegte Burbank die Pflanzen ganz behutsam, so daß sie besser gediehen und mehr Früchte trugen als andere, erzählte Manly Palmer Hall, Gründer und Vorsitzender der Philosophical Research Society. «Burbank erklärte mir, er habe bei all seinen Experimenten die Pflanzen ins Vertrauen gezogen, sie um Hilfe gebeten und ihnen versichert, daß er ihr kleines Leben liebte und achtete.»

Nach einem Besuch bei Burbank schrieb die blinde und taube Autorin Helen Keller in «Outlook for the Blind» über ihn: «Er besitzt die seltenste Gabe: den aufnahmebereiten Geist eines Kindes. Wenn die Pflanzen mit ihm sprechen, hört er zu. Nur ein weises Kind kann die Sprache der Bäume und Blumen verstehen.»

Burbank war hundertprozentig überzeugt von seiner Beziehung zu den Pflanzen. Er zweifelte nie daran, daß er wirklich mit dem Pflanzenreich kommunizieren konnte, und erklärte Manly Hall, Pflanzen seien intelligent und könnten sich mit Menschen verständigen. «Sie haben eindeutig mit ihm gesprochen», behauptet Hall in seinem Buch *The Inner Lives of Minerals, Plants and Animals.* «Bei den meisten seiner Experimente war er auf ihre Kooperation angewiesen. Er forderte die Sträucher zur Mithilfe auf, indem er niederkniete und ihnen den Sinn seines Experiments erklärte.»

Pflanzen sind zu mehr als zwanzig verschiedenen Sinneswahrnehmungen in der Lage, aber da diese Wahrnehmungen ganz anders sind als unsere, registrieren wir sie nicht, erklärte Burbank. «Er war sich nicht sicher», erwähnt Hall, «ob die Sträucher und Blumen seine Worte tatsächlich verstanden, aber er war überzeugt davon, daß sie schon irgendwie auf telepathischem Weg begriffen, was er meinte.»

Ein Artikel, den Burbank im Jahr 1906 für die Zeitschrift *Century* schrieb, beweist seinen festen Glauben an das Bewußtsein von Pflanzen: «Es gibt auf der ganzen Welt kein eigensinnigeres Geschöpf, das sich schwerer von etwas abbringen läßt, als eine Pflanze, die einmal in ganz bestimmten Gewohnheiten festgefahren ist. Man darf nicht vergessen, daß diese Pflanze sich ihre Individualität über Jahrhunderte hinweg bewahrt hat; vielleicht läßt ihre Existenz sich sogar durch ganze Zeitalter zurückverfolgen, bis hin zu den Fossilien. Da ist es doch eigentlich logisch, daß die Pflanze in all diesen Jahrhunderten ständiger Wiederholung einen Willen – falls man das so nennen will – von beispielloser Hartnäckigkeit entwickelt hat.»

Als das große Erdbeben im Jahr 1906 San Francisco verwüstete und von Santa Rosa nur einen Trümmerhaufen übrigließ, bekam in Burbanks großem Gewächshaus in der Nähe des Stadtzentrums nicht eine Glasscheibe auch nur einen einzigen Sprung. Offensichtlich war Burbank darüber nicht so erstaunt wie die anderen Bewohner der Stadt. Er war der Meinung (die er allerdings wohlweislich für sich behielt), daß sein Gewächshaus vielleicht durch seine Kommunikation mit den Kräften der Natur und seinen erfolgreichen Umgang mit Pflanzen vor dem Unglück bewahrt worden war.

Die Erkenntnis, daß alle Lebensformen miteinander in Verbindung stehen und daß der Mensch eng mit dem Pflanzenreich verwandt ist, mag für George Washington Carver, Derald Langham und Luther Burbank selbstverständlich gewesen sein. Doch die konventioneller denkenden Wissenschaftler empfinden so etwas als verwirrend. Kommunikation mit Pflanzen paßt einfach nicht in ihr begrenztes Naturverständnis. Und doch kann es nur durch die Visionen dieser Genies unter den Pflanzenforschern gelingen, unsere Landwirtschaft grundlegend zu verändern.

3.

Franz von Assisi, der heilige Bruder aller Geschöpfe Gottes

Obwohl Heilige, die Freundschaft mit Tieren schlossen, zu den rührendsten Kapiteln in der Geschichte des Christentums gehören, sind die meisten von ihnen ziemlich rasch in Vergessenheit geraten. Es scheint, als sei Franz von Assisi der einzige Heilige, den Angehörige aller Glaubensrichtungen kennen und akzeptieren. Seine Statue steht in Tausenden von Vorstadtgärten, und die Besitzer erzählen Geschichten von ihm: wie der Heilige sogar die Mäuse liebte, die ihn in seiner Zelle plagten, wie er einen Fisch vor dem sicheren Tod im Kochtopf errettete, und der Fisch dann später an der Küste auf ihn wartete und neben seinem Boot herschwamm. Einige der Legenden um diesen Heiligen mögen wohl wirklich wahr sein. Denn genau wie sein Herr und Schöpfer liebte der heilige Franziskus die Welt so sehr, daß er selbst für ihre kleinsten Bewohner Mitgefühl empfand.

Auch heute noch spielt der heilige Franz von Assisi im Leben vieler Menschen eine wichtige Rolle. Nur ein Mensch von seiner spirituellen Reife konnte alle Lebewesen so vorbehaltlos lieben und mit ihnen kommunizieren. Seiner Ansicht nach mußte man alle Geschöpfe liebhaben und für sie sorgen, denn sie alle waren Manifestationen Gottes. Bis zum heutigen Tag sehen die Menschen in Franz von Assisi nicht nur den Heiligen, der zu den Tieren redete, sondern auch den lebendigen Beweis, daß eine solche alle Geschöpfe und Dinge umfassende Liebe auf unserer Welt durchaus möglich ist.

Auch in meinem Leben und dem Leben meiner Frau und vieler unserer Freunde hat der heilige Franz eine bedeutende Rolle gespielt. Unsere Erlebnisse an einem ganz bestimmten Ort in den Rocky Mountains in Colorado, zu dem wir seit fünfundzwanzig Jahren alljährlich zurückkehren, um in der Abgeschiedenheit der Natur nach spiritueller Erneuerung zu suchen, werden vielleicht jenen Lesern weiterhelfen, die ebenfalls Erfahrungen mit der Dimension des heiligen Franziskus gemacht haben (oder gern machen würden) – einer Dimension, die für uns auch heute noch sehr lebendig ist.

In einem Fichtenwäldchen im Deer Creek Canyon südwestlich von Denver liegt ein Garten des heiligen Franziskus. Autofahrer, die die unbefestigte Straße zu einer der immer zahlreicheren Baustellen hinauffahren, übersehen ihn leicht. Der zufällige Betrachter würde von dem Anwesen wahrscheinlich nur einen Hügel mit einem Holzhaus und vielleicht auch noch eine halb hinter Bäumen versteckte Kapelle wahrnehmen.

Doch für diejenigen von uns, die sich jeden Sommer auf der Suche nach Einsamkeit, Meditation und ruhigen, spontanen Gesprächen in diesen Garten zurückziehen, spielt er eine wichtige Rolle. Er wird zum Mittelpunkt und vielleicht auch zum Symbol all dessen, was wir hier gemeinsam erleben. Auch wenn wir nicht da sind, steht er uns in unserer Erinnerung lebhaft vor Augen.

Das Anwesen, das wir «The Restorium» oder «Spruce Tree House» (Fichtenhaus) nennen, wurde von einer Lehrerin namens Laurel Chivington begründet, die Bücher unter dem Namen Elizabeth Keyes schrieb. Hier finden Seminare, Zeremonien, Hochzeiten, Taufen, Vorträge und Unterricht statt, doch im Laufe der Jahre diente es zunehmend auch als Refugium für Menschen aus allen Gesellschaftsschichten und Berufen und mit den unterschiedlichsten Lebensphilosophien. All diese Menschen strebten – so ist zumindest anzunehmen – nach einer klareren, unverfälschteren Sicht der Dinge.

Alle Schüler von Mrs. Chivington hatten das Gefühl, daß der heilige Franz von Assisi auf diesem Anwesen lebte, denn seine

Anwesenheit kam uns nicht nur durch Gedenkfeiern, Vorträge und Erinnerungen an sein Leben immer wieder zum Bewußtsein, sondern auch durch unsere enge Verbundenheit miteinander und mit den Bäumen, dem Himmel und den kleinen Lebewesen, die manchmal über unseren Köpfen schwebten oder in der Nähe durchs Gebüsch huschten. Wir hatten das Gefühl, Gäste des Heiligen zu sein. Kein anderer Gastgeber hätte uns stärker den Eindruck vermitteln können, willkommen zu sein. Und das schien auch für die Eichhörnchen, Backenhörnchen, Lerchen und Kolibris zu gelten, von denen es hier wimmelte, und für die Hirsche, Rehe, streunenden Hunde und Katzen. Irgendwie wußten sie, daß das ein Ort war, an dem sie besonderen Schutz genossen.

Der Legende nach war dieses Gelände einmal eine heilige Stätte der Indianer gewesen, wo die Schamanen ihre Heilungen vollbrachten. Aber diese Legende erklärt nicht, warum es uns immer so vorkam, als halte jemand unsichtbare schützende Hände über dieses Grundstück. Laurel und den anderen Menschen, die sich öfters hier aufhielten, war es wichtig, diesem Zufluchtsort seine spirituelle Atmosphäre zu bewahren; doch einmal vermietete sie eine Hütte an ein Paar, das ständig trank und sich stritt. Nach einer lautstarken Auseinandersetzung zwischen den beiden versagten eines Nachts plötzlich alle Geräte in dem Häuschen den Dienst. Der Elektriker, den wir riefen, konnte keinen Defekt feststellen, und ein paar Stunden später funktionierten die Geräte auch wieder. Doch ein paar Tage später wiederholte sich dieser unerklärliche Zwischenfall. Die beiden Streithähne beschwerten sich zwar, blieben aber trotzdem da – bis zu ihrem nächtlichen Erlebnis mit dem Puma, den uns wohl ein spiritueller Beschützer zu Hilfe geschickt haben muß. Als die beiden wieder einmal am Küchentisch saßen, tranken und sich gegenseitig anschrien, landete plötzlich mit einem markerschütternden Schrei ein Puma über ihnen auf dem Dach. Das gab ihnen den Rest. Bei Morgengrauen verließen sie die Hütte.

Ein anderes Mal fiel eine große Horde von Motorradfahrern in den Deer Creek Canyon ein, die keinen großen Respekt vor dem Eigentum der Bewohner zu haben schienen. Es wurden immer mehr, und nach und nach breitete sich die Invasion im ganzen Canyon aus – bis anderthalb Kilometer vor dem Restorium. Da verwandelte plötzlich ein Wolkenbruch das Gelände in Schlamm und Pfützen. Die Straße wurde unter solchen Wassermassen begraben, daß man sie nicht mehr befahren konnte. Innerhalb von zwei Tagen hatte die ganze Bande den Canyon wieder verlassen. Spirituelle Intervention? Wir werden es wohl nie erfahren, aber so überschwemmt war der Canyon vorher noch niemals gewesen, und so etwas ist seitdem auch nicht wieder passiert.

Der heilige Franziskus behandelte alle Tiere wie seinesgleichen, ob es nun ein Kaninchen, eine Zikade, eine Turteltaube oder ein Esel war. Wenn diese Tiere Geschöpfe Gottes waren, dann waren sie selbstverständlich seine Brüder und Schwestern. Die Blumen auf dem Feld, das Gras, die Bäume, die Regenwürmer – alle waren seine Geschwister. Niemand konnte einen Pflanzenstiel abschneiden oder ein Insekt zertreten, ohne daß der heilige Franz seine warnende Stimme erhob. Und wenn ich im Deer Creek Canyon im Garten sitze, den Rücken an einen Baumstamm gelehnt, und zusehe, wie zwei Erdhörnchen einander rund um den Schrein jagen, den wir vor vielen Jahren für den heiligen Franziskus gebaut haben, halte ich es durchaus für möglich, daß niemand, der eine Woche hier verbringt, jemals wieder absichtlich einem Tier ein Leid zufügen wird.

Einige der Legenden, die sich um den heiligen Franziskus ranken, klingen vielleicht sehr unwahrscheinlich, zum Beispiel die Geschichte von dem Grashüpfer, der Franz eines Winters mitten in der Nacht half, seinen Gottesdienst zu singen, und dabei winzige Spuren im Schnee hinterließ, um die Mönche zu beschämen, die zu faul gewesen waren, ihrem Bruder zu helfen. Oder sie kommen einem vor wie eine Fügung des Zufalls, beispielsweise die Überlieferung, daß an dem Abend seines Todes ein Schwarm trauernder Lerchen über seinem Haus kreiste und ihm ein Abschiedslied sang.

Genau wie alle anderen Tiere verloren die Lerchen in Franziskus einen großen Freund. Denn dieser Heilige hatte so ein tiefes Mitleid mit den geschundenen Tieren jener Zeit, mit den gepeitschten Pferden, in Käfigen eingesperrten Vögeln und hungernden Hunden, daß er bei den reichen Bürgern, den Statthaltern und schließlich sogar beim Kaiser persönlich vorsprach und für ein Gesetz plädierte, das die Tiere vor Mißhandlungen schützen sollte. Bauern sollten gezwungen werden, ihr Vieh gut zu behandeln. Die Stadtverwaltungen und Gilden sollten einen Teil der Zeit, die sie bisher auf das Eintreiben von Steuern verwendet hatten, dafür opfern, Brotkrumen für die Vögel auf den eisbedeckten Straßen auszustreuen. Der heilige Franz forderte auch den Bau von Tierheimen, wo herrenlose Hunde und Katzen Unterschlupf und Nahrung finden sollten, und wetterte gegen die Unsitte, Lerchen in Käfigen zu halten. Zwar wurden die meisten seiner Wünsche nicht erfüllt, doch bis zum heutigen Tage füttern die Menschen in Assisi zur Zeit des Angelusläutens die Vögel auf dem Marktplatz.

Der heilige Franz war zwar der bekannteste Heilige, der sich der Tiere annahm, aber nicht der einzige. Der Wüstenvater Gerasimus verband einem Löwen, der mit einem Dorn in der Pfote am Ufer des Jordan entlanghumpelte, seine Wunden. Und Walaricus fütterte regelmäßig Vögel und ermahnte alle seine Besucher: «Laßt diese Unschuldigen in Frieden essen.»

So bedürftig diese Heiligen selbst auch sein mochten, sie kümmerten sich stets um die Armen in menschlicher und tierischer Gestalt. Aldemar zum Beispiel bot in einem seiner Schränke einem Bienenschwarm Unterschlupf. Und Martin de Porres, eine Art peruanischer heiliger Franziskus, soll angeblich sogar die Ratten und Mäuse geliebt haben, die die Mönchsgewänder anfraßen. Er entschuldigte ihr destruktives Verhalten damit, daß «die armen kleinen Tiere unterernährt waren». Martin unterhielt eine Art Ein-Mann-Gesellschaft zur Verhinderung von Grausamkeiten an Tieren; er hatte im Haus seiner Schwester ein Hundehospital eingerichtet. (Vermutlich war auch sie so etwas wie eine Heilige.)

Der gütige alte William Firmatus, ein französischer Einsiedler, der im elften Jahrhundert lebte, hatte angeblich eine so große Macht über Tiere, daß die Bauern ihn baten, den Kaninchen und

Ziegen zu sagen, sie mögen ihre Felder nicht kahlfressen. Und William Firmatus tat es wirklich. Er versammelte alle Tiere um sich – die Ziegen suchten in seinen Taschen nach Futter, die Vögel kuschelten sich in die Falten seiner Kutte – und bat sie, beim Fressen in den Gärten und auf den Feldern maßvoller zu sein. Meistens hörten die Tiere auf seine Bitten, aber wenn er mit freundlichen Worten nichts erreichen konnte, griff er zu drastischeren Maßnahmen. Einmal verwüstete ein wilder Eber das Land, was um das Jahr 1090 in der Bretagne nichts Ungewöhnliches war. Firmatus machte den Eber ausfindig, packte ihn am Ohr, führte ihn zu einer Zelle, sperrte ihn ein und befahl ihm, die ganze Nacht zu fasten. Als er ihn am nächsten Morgen wieder freiließ, soll der Eber wirklich von seinen räuberischen Gelüsten geheilt gewesen sein.

Aber nicht immer beschützten die Heiligen die Tiere; manchmal war es auch umgekehrt. Als Don Giovanni Bosco, jener entschlossene Verteidiger jugendlicher Straffälliger, im Begriff war, die Kongregation der Salesianer zu gründen, schloß sich ihm Grigio, ein großer grauer Mischlingshund, an und wurde sein treuer Beschützer. Niemand schien zu wissen, wo Grigio herkam, ebensowenig wie man die Herkunft der heimatlosen Kinder kannte, die Don Giovanni um sich versammelte. Grigio war einfach eines Tages aufgetaucht, als der Heilige in Not war, und hatte einen Straßenräuber abgewehrt, der offenbar nicht wußte, wie bettelarm Don Giovanni war, denn er gab ja alles seinen verwaisten Kindern. Von diesem Augenblick an blieb der Hund immer in Reichweite, um den Heiligen zu verteidigen, wenn irgendeine Gefahr drohte. Grigio wehrte alle Feinde ab, und bald stellte sich heraus, daß er ein verläßlicherer Beschützer war als die italienische Polizei. Einmal warnte er Don Giovanni sogar vor einem Überfall. Doch nachdem der Heilige die Regierung davon überzeugt hatte, daß man ihm tatsächlich die Leitung des Heims für Jungen anvertrauen konnte, als er all seine Pläne erfolgreich in die Tat umsetzen konnte und die Kongregation der Salesianer keines Schutzes mehr bedurfte, da kehrte der Hund nur noch ein einziges Mal wieder, und zwar zum Abendessen im Refektorium. Er rieb seinen Kopf an der Kutte des Heiligen und gab ihm die Pfote. Dann verschwand er und wurde nie wieder gesehen.

Solche Geschichten bleiben uns im Gedächtnis haften wie ein geliebtes Musikstück, denn die meisten von uns besinnen sich gern auf die Kommunikation zwischen Menschen und anderen Lebewesen. Vielleicht kommen uns diese Geschichten gar nicht mehr so rätselhaft vor, wenn wir uns bewußtmachen, daß früher viele Mönche ein sehr stilles, zurückgezogenes Leben führten. Sie hatten es gelernt, sich in der Wildnis leise und behutsam zu bewegen. Ist es da so verwunderlich, daß Kaninchen und Rehe, ja sogar Bären und Wölfe sich mit ihnen anfreundeten? Was ist eigentlich so erstaunlich an Finbarr? Er molk einfach eine Hirschkuh, als Kuhmilch knapp war. Und eigentlich ist es doch auch gar nicht so unvorstellbar, daß Theon von Thebaud nachts durch die Wüste wanderte und «die wilden Geschöpfe der Wüste neben ihm herliefen».

Der heilige Franz von Assisi war kein Naturfreund im üblichen Sinn. Denn damit meint man in der Regel, daß jemand diese materielle Welt als angenehmen Aufenthaltsort empfindet. In der literarischen Epoche der Romantik malte man sich aus, wie Einsiedler in den Ruinen einer abgeschiedenen Kapelle Zuflucht fanden oder in der Harmonie feierlicher dunkler Wälder und eines stummen Sternenhimmels Frieden suchten und dabei über den Sinn des Lebens nachdachten. In einem solchen Kontext liebt man die Natur als angenehme Hintergrundkulisse. Aber für den heiligen Franziskus stand nichts im Hintergrund. Alles hatte seine eigene Persönlichkeit und Daseinsberechtigung. Alles lebte und besaß seine ureigene Lebenskraft und Bestimmung. Für ihn unterschieden sich sämtliche Lebensformen voneinander, und er empfand sie alle als faszinierend und aufregend. Sie waren nicht aus einem Guß wie ein Bild, sondern ständig in Aktion wie Schauspieler in einem Theaterstück. Das Leben war nichts, was man beobachtete, sondern etwas, was man erfuhr. Der heilige Franz wollte mit allen Formen dieses Lebens in Verbindung stehen und kommunizieren.

Manchmal sagen wir, jemand sehe den Wald vor lauter Bäumen

nicht. Aber der heilige Franz wollte den Wald gar nicht sehen. Er wollte jeden einzelnen Baum, jede Blume, jeden Vogel, jedes Kaninchen und jeden Menschen als individuelles, heiliges Geschöpf wahrnehmen, als ein Kind Gottes. In dieser Hinsicht war er als Dichter das Gegenteil des sentimentalen Pantheisten. Der heilige Franz bezeichnete die Natur nicht als seine Mutter; er nannte ein ganz bestimmtes Kaninchen oder Eichhörnchen (nicht *alle* Kaninchen und Eichhörnchen) Bruder und Schwester. Für ihn waren sie individuelle Geschöpfe, Lebewesen, denen der Schöpfer ganz bestimmte Aufenthaltsorte und Rollen auf dieser Erde zugedacht hatte und mit denen man kommunizieren und sein Leben teilen konnte.

Einmal mußte Franz von Assisi sich entscheiden, ob er ein zurückgezogenes Leben des Gebets führen oder aber seine Mission weiterverfolgen und anderen Lebewesen helfen wollte. Nachdem er zu dem Entschluß gelangt war, daß er sein Leben in den Dienst an seinen Mitgeschöpfen stellen mußte, ging er auf die Straße und predigte allen, die bereit waren, ihm zuzuhören. Unterwegs kam ihm die Einheit zum Bewußtsein, die sich wie ein Band durch alles Leben auf dieser Erde zog, und da überkam ihn ein überwältigendes Gefühl der Liebe. Er fühlte sich allen Dingen unter der Sonne nahe: der Erde und den Wolken, den Blättern und den Grashalmen. Die Vögel schienen die Freude zu spüren, die seine Seele erfüllte. Sie flogen vom Boden auf und von den Bäumen herunter, scharten sich um ihn und fingen an zu zwitschern. Er stand in ihrer Mitte, und sie versammelten sich im Kreis um ihn herum und ließen sich überall nieder – auf der Straße, in den Bäumen und Sträuchern –, als wollten sie ein großes Konzert veranstalten. Da hob der Heilige den Kopf, denn er begriff, daß er seinen gefiederten Brüdern und Schwestern eine Predigt halten sollte. Er riet ihnen, Gott für alle Wohltaten zu danken, die Er ihnen erwiesen hatte, und niemals undankbar zu sein. Da sperrten die Vögel den Schnabel auf, schlugen mit den Flügeln, neigten ehrerbietig ihre kleinen Köpfe und sangen ihr Lied. Der heilige Franz hob die Arme und sang mit. Dann segnete er seine Brüder und Schwestern, und die Vogelschar flatterte in alle vier Himmelsrichtungen davon. Einer der Biographen des Heiligen behauptet, die Wirkung der Predigt, die er an jenem Tage gehalten habe, gehe über jedes menschliche Verständnis von Sprache hinaus und habe eine allumfassende Kommunikation zwischen allen Lebewesen eingeläutet. Deshalb wurde diese Predigt auch von Menschen und Tieren gleichermaßen verstanden.

Kurze Zeit später kam der heilige Franziskus in die kleine Stadt Alviano und bereitete sich auf die Predigt vor, die er vor den versammelten Bewohnern dieser Stadt halten sollte. Der Abend dämmerte schon, und Hunderte von Schwalben kreisten über dem Platz, der von ihrem ununterbrochenen Zwitschern widerhallte. In angespannter Stille wartete die Menschenmenge auf die Predigt. Nach und nach kamen immer mehr Schwalben herbeigeflogen, zogen immer engere Kreise und erfüllten den ganzen Platz mit ihren Rufen, so daß man sein eigenes Wort nicht mehr verstehen konnte.

Der Heilige wartete eine Weile und beobachtete die Schwalben stumm. Schließlich richtete er mit sanfter Stimme das Wort an sie: «Meine Brüder und Schwestern, ihr lieben Schwalben, jetzt bin ich an der Reihe. Ihr habt genug gesprochen.» Da verstummten die Schwalben sofort. Sie ließen sich auf den Simsen und Dächern der Häuser nieder, senkten ehrerbietig die Köpfe und hörten sich schweigend die Predigt an, so wie die Menschen unten auf dem Platz. Als der heilige Franz geendet hatte und die Menschen ein jubelndes Loblied sangen, stimmten die Schwalben mit freudigem Gezwitscher darin ein. Alle Beteiligten akzeptierten, daß diese Kommunikation tatsächlich stattgefunden hatte, und das bestärkte ihren Erfolg.

Die Bewohner von Alviano, die diesen außergewöhnlichen Zwischenfall miterlebt hatten, riefen: «Ein Wunder! Ein Wunder! Ein Heiliger!»

Die Glocken im Kirchturm begannen zu läuten. Wer hatte sie in Gang gesetzt? Sämtliche Bewohner von Alviano waren auf dem Marktplatz versammelt. Niemand hatte den Platz in der

Zwischenzeit verlassen. Während die Glocken wie von selbst läuteten, verschmolzen die Stimmen der Menschen und das Gezwitscher der Schwalben zu einem einzigen lauten, jubelnden Loblied. Viele Menschen baten den heiligen Franz, sie in den Kreis seiner Jünger aufzunehmen. Sie waren bereit, ihre Schlösser, ihre Häuser und ihre Freunde aufzugeben, um ihm in Armut, Demut und Liebe zu folgen.

Das Wunder, das der heilige Franz bei den Vögeln gewirkt hatte, kennzeichnet den Beginn eines neuen Zeitalters in der Kulturgeschichte des Westens. Denn damit durchbrach die Stimme Gottes die Isolation der menschlichen Welt und drang auch in die Welt der Natur ein. Auch der Kunst und Poesie und schließlich sogar der Naturwissenschaft gelang es, die Grenzen der menschlichen Gedanken und Gefühle zu überwinden. Die mittelalterliche Starrheit und Typisierung, mit der die Heiligen auf den byzantinischen Gemälden dargestellt wurden, verschwanden. Seit der künstlerischen Darstellung der Legende vom heiligen Franz und den Vögeln wurden Mensch und Natur viel natürlicher wiedergegeben; jetzt sahen die Menschen aus, als lebten sie und bewegten sich. Die Kommunikation der Arten war zu einem heiligen Abendmahl geworden.

Vor der Zeit des heiligen Franziskus hatte die mittelalterliche Frömmigkeit sich zu übersinnlichen Spekulationen verstiegen und war in Gefahr gewesen, in theologischen Spitzfindigkeiten zu ersticken. Franziskus öffnete uns die Fenster zur Natur und den Blick dafür, daß man Gott in allen seinen Schöpfungen verehren muß. Und genau wie der Künstler nun mit reinem Gewissen die Natur betrachten und sich seine Inspiration aus ihr holen konnte, ohne damit seinen Glauben zu verraten, konnten auch die mittelalterlichen Gelehrten jetzt ihren Wissensdurst befriedigen, die Natur studieren und ihre Gesetze ergründen.

Dieser entscheidende Wendepunkt in der Geschichte des westlichen Denkens führte zu einer Aussöhnung zwischen der christlichen Weltsicht und der Liebe zur Natur – zwei Anschauungen, die lange Zeit unvereinbar gewesen waren. Diese Aussöhnung wurde erst durch Franziskus' liebende Nachfolge Christi ermöglicht. Seine Predigt vor den Vögeln war der erste Segen, den diese Einheit empfing. Sie führte zur Geburt eines neuen christlichen Glaubens, bereichert durch ein ganz neues Verständnis für Schönheit und Natur. Durch das Vorbild und die Botschaft des heiligen Franziskus rückte die ursprüngliche, der Freude und der Schönheit zugewandte christliche Lebensweise, die über tausend Jahre lang in Vergessenheit geraten war, wieder ins Blickfeld.

Dieser Heilige hat seine Liebe zu allen Geschöpfen Gottes wirklich gelebt. Als er von einem Bettelzug zurückkehrte – reich beladen mit allen möglichen Nahrungsmitteln und anderen Almosen –, stieß er auf einen Holzfäller, der mit der Axt auf einen Baum einhieb. «Hacke nicht den ganzen Baum klein, Bruder. Gib ihm eine Chance, wieder zu wachsen», sagte der heilige Franz, und zur Belohnung bot er dem Mann von seinem Essen an. Er bestand auch immer darauf, daß der Bruder Gärtner in seinem Gemüsegarten ein Plätzchen für die Blumen reservierte, damit sie mit ihrer Schönheit die Größe Gottes bezeugen konnten.

Ein anderes Mal entdeckte er ein Kaninchen, das sich in einer Schlinge gefangen hatte. Sofort ließ er alles stehen und liegen und eilte Bruder Hase zu Hilfe, als handle es sich um ein menschliches Wesen in Not. Eines Frühjahrs – im Jahr davor hatte es kaum geregnet – ging es den Bienen sehr schlecht; sie hatten so gut wie gar keine Futtervorräte mehr. Da wanderte der heilige Franziskus von Haus zu Haus, bettelte um Honig und süßen Wein und legte diese Gaben für «seine Schwestern, die Bienen» in einen hohlen Baumstamm. In Siena half er den Turteltauben beim Nestbau und sorgte dafür, daß ihre Jungen jeden Tag genug zu essen bekamen. Von seinen eigenen Mahlzeiten ließ er immer ein paar Brocken für die Vögel und anderen Tiere übrig.

Eines Winters saß er mit einigen seiner Brüder beim Weihnachtsmahl am Straßenrand. Da ließ sich in einer Baumgruppe in der Nähe eine Schar Krähen nieder. «Unsere schwarzen Schwestern wollen unser Mahl mit uns teilen», sagte der heilige Franz. «Schnell, Leo, setz ihnen etwas vor!» Da brachte Leo einen Laib

Brot herbei und trat den Schnee fest, damit die Vögel ihn als Tisch benutzen konnten, und der heilige Franz zerteilte das Brot in kleine Krumen. Und die Krähen flogen von den Bäumen herab und holten sich das Brot. Spatzen und Hunderte anderer Vögel kamen ebenfalls herbeigeflattert und taten sich an den Krumen gütlich. Voller Freude sah der heilige Franz dem Festmahl zu. «Wenn ich jemals eine Audienz beim Kaiser bekäme», sagte er, «würde ich ihn bitten, eine Verordnung zu erlassen, daß jeder Mensch an Weihnachten als Geschenk für die Vögel eine bestimmte Menge Körner in seiner Umgebung ausstreuen muß.»

Einmal begegnete Franziskus einem Bauern, der mit zwei Schafen zum Markt ging, um sie schlachten zu lassen. Um den Schafen das Leben zu retten, kaufte er sie dem Bauern ab und gab ihm seinen Mantel dafür. Er nahm die Tiere mit und beschloß, sie zu beschützen. Ein anderes Mal entdeckte er auf dem Weg in eine Stadt, in der er predigen wollte, eine häßliche Raupe. Er hob sie auf, damit niemand auf sie trete, setzte sie in ein Grasbüschel und sprach zu ihr: «Eines Tages wirst du ein schöner Schmetterling sein, Schwester Raupe, genau wie unsere Seele sich irgendwann einmal aus unserem häßlichen, sündigen Körper befreien und schön und schwerelos zum Himmel emporfliegen wird.»

Genau wie Männer und Frauen aller Gesellschaftsschichten sich von der Macht seiner Liebe angezogen fühlten und ihr bisheriges Leben aufgaben, um ihm zu folgen, so erlagen auch die Tiere dem Zauber seiner allumfassenden Brüderlichkeit. In der Nähe von Siena verließ eine ganze Schafherde ihre Weide und folgte dem heiligen Franz. In Assisi begleitete ihn ein kleines Lamm auf Schritt und Tritt, ging mit in die Kapelle und lauschte gemeinsam mit den anderen Klosterbrüdern der Messe. Ein Fasan, den der Heilige geschenkt bekommen hatte, kehrte freiwillig zu ihm zurück, nachdem Franziskus ihn freigelassen hatte. Und in einem Olivenbaum in der Nähe der Zelle, in der er eine Zeitlang einsam und abgeschieden lebte, saß eine Zikade. «Komm her, Schwester Zikade», sagte der Heilige zu ihr, «und lobe den Herrn, unseren Schöpfer, mit einem freudigen Lied.» Immer wenn er die Zikade rief, kam sie, setzte sich auf seine Hand und stimmte leise in seine Loblieder ein.

Der Heilige beflügelte mit seinen Worten und seiner Persönlichkeit nicht nur die Phantasie von Dichtern und Künstlern. Nein, ihre unwiderstehliche Macht beeinflußte auch unzählige einfache Menschen. Durch seinen Einfluß veränderten sich ihre Gedanken und Gefühle und ihr Verhalten so sehr, daß letztlich die ganze Gesellschaftsstruktur des Mittelalters eine grundlegende Wandlung erfuhr.

Seine Spontaneität und Natürlichkeit, seine Liebe und sein vorbehaltloses Eintreten für alle Ausdrucksformen des Schöpfers sicherten dem heiligen Franz seine Gefolgschaft. Er war kein Pantheist, in dessen Vorstellung die ganze Schöpfung mit seinem eigenen Ich verschmolz. Eine solche Philosophie hätte das gewöhnliche Volk nicht verstanden. Aber daß ein Mensch, der alles Leben mit so großer, selbstloser Leidenschaft liebte, mit einer Blume, einem Vogel, einem Kaninchen und einem Baum sprach wie mit seinen eigenen Brüdern und Schwestern; daß er sich nicht mit einer abstrakten Vorstellung von Pflanzen und Tieren begnügte, sondern ein warmes, brüderliches Gefühl für eine ganz bestimmte Butterblume oder Lerche hegte – dieses aufrichtige Empfinden verstanden alle Menschen.

Die Kommunikation zwischen dem heiligen Franziskus und den Geschöpfen der Erde trug dazu bei, daß die Menschheit diese anderen Lebensformen fortan stärker wertschätzte und gleichzeitig auch die Rolle des Menschen innerhalb der Natur besser begriff.

Als der heilige Franz die Schwalben auf dem Marktplatz von Alviano zum Schweigen brachte, war er kein Magier, der die Tiere mit seinen Worten verzauberte. Ein Magier hätte vielleicht Bewunderung geweckt, aber nicht die Herzen der Menschen gerührt, die seine Predigt hörten. Und mit Sicherheit hätte er nicht die Bewohner eines ganzen Dorfes dazu bewegen können, ihm zu folgen. Diese wundersame innere Wandlung konnte nur ein Mensch bewirken, der als Bruder Mensch zur Schwester Schwalbe sprach, weil er in seiner überströmenden Liebe zu den Schwalben und allen anderen Lebewesen das Leben selbst liebte. Seine schlichte, natürliche Vertrautheit mit allen Geschöpfen Gottes rührte die Bewohner von Alviano und gab ihnen die Gewißheit, daß dieser Mensch tatsächlich ein Gesandter Gottes war und Gott selbst ihm seine Kräfte und Fähigkeiten geschenkt hatte.

Vielleicht hat noch kein anderer Mensch die Vögel und die anderen kleinen Lebewesen des Waldes so wichtig genommen und so gut verstanden wie der heilige Franz. Doch sein Vermächtnis lebt weiter in den Herzen und Seelen jener Menschen und Interessengruppen, die für den Schutz unserer Natur und Umwelt kämpfen und dabei oft große persönliche Opfer bringen. Vielleicht weilt ein Teil seiner Persönlichkeit immer noch unter uns und spornt diese Naturschützer in den Regenwäldern und Sümpfen und auf den Ozeanen an. Und vielleicht lebt sein Geist auch in jenen Menschen weiter, die unseren kleinen Brüdern und Schwestern die Hand entgegenstrecken in dem festen Glauben, daß Kommunikation zwischen den Arten kein unerfüllbarer Traum ist – im Gegenteil: daß diese Vision sich erfüllen *muß*, wenn die Spezies Mensch vor Isolation und unser Planet vor der Ausrottung ganzer Arten bewahrt werden soll.

4.
Mutter Wind, Bruder Wolf

Die amerikanischen Ureinwohner, die immer noch an ihren alten Traditionen festhalten, praktizieren eine harmonische Einstimmung auf die Erde und ihre Bewohner, die wir entweder längst vergessen oder überhaupt nie gekannt haben. Für sie ist die Kommunikation mit anderen Geschöpfen kein Fachgebiet, mit dem man sich beschäftigt, sondern ein Bestandteil ihres täglichen Lebens. Die Erde mit ihren Prärien, Wäldern und Bergen ist Kirche und Schule der Indianer. Ihr hören sie zu, und sie können in ihr lesen wie in einem Buch.

Diese Fähigkeit der amerikanischen Ureinwohner erlebten wir vor ein paar Jahren am Rande der Flint-Hills-Prärie bei einer Konferenz über die bewußte Kontrolle innerer Zustände, die von der Menninger Foundation gesponsert wurde. Während dieser einwöchigen Konferenz, an der neunzig Menschen teilnahmen, wurden wir in die Lehren von Rolling Thunder, dem Medizinmann der Shoshonen, eingeführt. Einige von uns verbrachten auch außerhalb des regulären Unterrichtsplans möglichst viel Zeit mit ihm. Er sprach sehr oft darüber, wie wichtig es sei, mit anderen Geschöpfen zu kommunizieren, und was für einen Nutzen wir aus der Interaktion mit anderen intelligenten Lebewesen gewinnen könnten. Unsere Diskussionen und seine Vorführungen konzentrierten sich hauptsächlich auf Tiere und Pflanzen, die in dieser Region heimisch waren. Doch am letzten Tag der Konferenz stellten wir fest, daß Rolling Thunder mit allen Manifestationen des Lebens kommunizieren konnte, sogar mit dem Wind.

Rolling Thunder bot uns die Möglichkeit an, an einer indianischen Sonnenaufgangszeremonie teilzunehmen. Er forderte uns auf, bei Morgengrauen auf den Gipfel des Hügels zu steigen; dort werde er sich mit uns treffen. Wir versammelten uns also oben auf dem Hügel bei Council Grove (Kansas), der einen Ausblick auf den See bot. Es war noch dunkel. Der Frühlingswind, der über den See wehte (es war Anfang April), war kühl. Fröstelnd drängten wir uns enger zusammen.

Kurze Zeit, nachdem wir uns auf dem Gipfel versammelt hatten, trat Rolling Thunder aus dem Schatten der Wälder. Er trug ein Bündel trockener Zweige auf den Schultern. Ohne ein Wort zu sagen, legte er das Holz ein paar Meter vor uns auf den Boden und bereitete alles für ein rituelles Feuer vor. Als der erste Sonnenstrahl den Horizont erhellte, begann er mit seinem Ritual. Doch als der Augenblick gekommen war, um das Feuer anzuzünden, blies der Wind zu heftig.

Schweigend stand Rolling Thunder da und blickte gen Süden, in die Richtung, aus der der Wind kam. Nach einer Weile hob er die rechte Hand und hielt sie dem Wind entgegen. Da legte sich die Brise. Rolling Thunder kniete nieder und entfachte das Feuer. Als die Flammen durch die Zweige züngelten, erhob der Medizinmann sich wieder. Er blickte nach Süden, nickte leicht mit dem Kopf, und wieder begann der heftige Südwind über den Hügel zu blasen. Ohne ein Wort der Erklärung wandte Rolling Thunder sein Gesicht wieder in Richtung Osten und fuhr mit der Zeremonie fort.

Ich sehe heute noch vor mir, wie wir im Licht der Morgendämmerung dastanden. Dunkel hoben die Bäume am Ufer des Sees sich vom rosaroten Morgenhimmel ab. Wir warfen einander verstohlene Blicke zu, als trauten wir unseren Augen nicht. Hier und da durchbrachen flüsternde Stimmen die Stille. Wahrscheinlich zerbrachen wir uns alle den Kopf über die Bedeutung dessen, was wir da erlebt hatten. Aber was konnten wir schon sagen, was für Fragen konnten wir stellen?

Als das Sonnenaufgangsritual beendet war, kehrten wir wieder zu unserer Hütte zurück, um zu frühstücken – jeder für sich allein, denn wir scheuten uns, Worte über ein Ereignis zu verlieren, das sich jedes sprachlichen Ausdrucks entzog.

Das war nicht das erste Erlebnis, das uns zeigte, welch enge Beziehung Rolling Thunder zu den Elementen hatte. Vor zwei Tagen hatte der Medizinmann der Shoshonen eine Heilung vollbracht. Einer der jungen Wissenschaftler in unserem Lager hatte sich bei einem Fußballspiel eine schwere Verletzung am Bein zugezogen. Aber da ihm diese Konferenz so wichtig war, hatte er beschlossen, trotzdem daran teilzunehmen. Inzwischen hatte die Wunde sich allerdings entzündet, und er hatte den ganzen Tag über mit Fieber im Bett gelegen. Am Spätnachmittag bat er Rolling Thunder, ihn zu heilen.

Am Abend versammelten wir uns in dem kleinen Vortragsraum. Vorn saß der verletzte Mann in sich zusammengesunken auf einem Stuhl, während der Medizinmann seine Vorbereitungen für die Heilungszeremonie traf. Rolling Thunder zündete seine Pfeife an, zog viermal daran und blickte dabei nacheinander nach Osten, Norden, Süden und Westen. Dazu sprach er folgende Worte:

> *«An den Osten, wo die Sonne aufgeht.*
> *An den Norden, wo die Kälte herkommt.*
> *An den Süden, wo das Licht herkommt.*
> *An den Westen, wo die Sonne untergeht.*
> *An Vater Sonne.*
> *An Mutter Erde.»*

Dann reichte er seinem Patienten die Pfeife und ließ ihn ebenfalls viermal daran ziehen. Der Medizinmann sprach mit dem jungen Mann über seine Verletzung und fragte ihn, warum er geheilt werden wolle. Nachdem er alles erfragt hatte, was er wissen mußte, stellte er sich dem Mann gegenüber, sah ihn an und stimmte einen mehrere Minuten langen hohen, klagenden Gesang an. Anfangs kam das Lied eindeutig aus dem Munde des Medizinmanns, doch dann schien es den ganzen Raum zu erfüllen, ohne aus irgendeiner bestimmten Richtung zu kommen.

Abrupt endete das Lied wieder, und Rolling Thunder forderte seinen Patienten auf, sich hinzulegen. Nach ein paar Sekunden preßte er seinen Mund auf die Wunde und gab ein saugendes Geräusch von sich. Diesen Vorgang wiederholte er noch mehrere Male und spuckte das, was er aus der Wunde gesaugt hatte, in eine Schale, in die er vorher ein Stück rohes Fleisch gelegt hatte. Nachdem er die ganze Entzündung aus der Wunde herausgesaugt hatte, spie er in seine Hände, rieb sie aneinander und legte sie auf die Wunde. Er setzte den Kranken auf einen Stuhl, nahm eine Feder zur Hand und machte damit ein paar schwungvolle, ausladende Bewegungen rund um den Körper des jungen Mannes. Hin und wieder wandte er sich der Schale zu und schwenkte seine Feder vor ihr hin und her. Nach dieser Heilungszeremonie verließ Rolling Thunder den Raum und forderte uns auf, den Inhalt der Schale zu verbrennen.

Hinterher wurde der Kranke sofort von mehreren Ärzten untersucht. Alle stellten fest, daß das Bein wieder seine normale Farbe angenommen hatte. Die Schwellung war zurückgegangen, und das Fleisch rund um die Wunde fühlte sich nicht mehr hart an, sondern weich und elastisch. Der Patient erklärte, er habe keine Schmerzen mehr. Wir alle hatten mit eigenen Augen gesehen, daß der Medizinmann tatsächlich in der Lage war, mit etwas Nichtmenschlichem zu kommunizieren.

Während der fünftägigen Konferenz sprach Rolling Thunder mit uns über die Traditionen der amerikanischen Ureinwohner, über die Ausbildung und Disziplin, die man braucht, um ein Medizinmann oder eine Medizinfrau zu werden, und über den Gebrauch von Kräutern. Er machte uns klar, wie wichtig es ist, mit den Pflanzen zu kommunizieren, die man als Nahrungsmittel oder Arznei verwenden möchte. Und er erklärte uns, Medizinmänner und -frauen erhielten ihre Fähigkeiten von bestimmten Tieren und Reptilien, indem sie sie mit bloßen Händen töteten. Auf diese Weise nähmen sie die Kräfte und Fähigkeiten dieser Tiere – sogar das Gift der Klapperschlange – in sich auf. Danach jedoch würden sie diese Tiere nie wieder töten. Wenn man ein Tier erlegt, weil man es als Nahrung oder für Kleidungsstücke braucht, muß man es um Verzeihung bitten, sagte Rolling Thunder. Das sei sehr wichtig. Und dann müsse jeder Teil des toten Tiers verwertet und einem sinnvollen Zweck zugeführt werden.

«Ich will euch ein paar Ratschläge mit auf den Weg geben», sagte er. «Ihr könnt mit folgender Übung beginnen: Nehmt ein Glas Wasser, betet darüber und macht Medizin daraus. Bei den Indianern kommt es oft vor, daß sie ein Fieber oder irgendeine andere Krankheit heilen möchten und gerade keine Medizin bei sich haben. Dann nehmen sie ein Glas Wasser und beten am Morgen bei Sonnenaufgang darüber. Denn bei Sonnenaufgang sind die Schwingungen – das, was ihr als Schwingungen in der Erde bezeichnet; wir nennen es die Kraft des Großen Geistes – am stärksten und bringen neues Leben hervor. Wenn die Sonne am Horizont aufsteigt, fangen wir an zu beten. Sobald die ganze Sonnenkugel am Himmel zu sehen ist, beenden wir unser Gebet. Laßt die Strahlen der Sonne auf dieses Wasser fallen, dann könnt ihr Medizin daraus machen, falls ihr welche braucht.»

Bei einem Jahrestreffen der Teilnehmer dieser Konferenz vermittelte Mad Bear, Medizinmann der Irokesen, uns ein paar Jahre später eine sehr wichtige Botschaft über das Gebet. Es war am zweiten Tag des Jahrestreffens. Wir hatten schon viele faszinierende Vorführungen von bedeutenden Lehrern gesehen, und die geistigen Anregungen, die wir erhielten, hatten uns alle in einen Zustand der Euphorie versetzt. Doch am Morgen des dritten Tages hatte Mad Bear offensichtlich genug.

«Ich bin beeindruckt von eurer Intelligenz und den Forschungsarbeiten, denen ihr zweifellos viele Jahre eures Lebens gewidmet habt», erklärte er uns vor der Verlesung des Morgenprotokolls. «Doch es macht mich traurig», fuhr er fort, «daß wir so von unserer eigenen Bedeutung durchdrungen und hypnotisiert sind, daß wir es versäumt haben, jenem Leben, das uns all dies ermöglichte, unseren Dank auszusprechen: dem Essen, das für uns zubereitet worden ist, den Pflanzen und Tieren, die unser Leben für uns hingegeben haben, damit wir weiter existieren können, der Luft, die wir atmen, dem Gras, das unsere Schritte abpolstert, den Vögeln, die uns ein Lied singen, den Bäumen, die uns Schatten spenden – und dem Großen Geist, der uns erschaffen hat.» Er hielt inne und warf einen prüfenden Blick auf unsere stummen, betretenen Gesichter. «Sind wir Menschen denn so überlegene Geschöpfe, daß die Kommunikation mit anderen Bewohnern dieser Erde uns nichts geben kann? Ist es wirklich zuviel verlangt, wenn wir uns jeden Morgen ein paar Minuten Zeit nehmen, um zum Großen Geist zu beten und ihm unseren Dank auszusprechen, ehe wir uns anderen Dingen zuwenden?» Beschämt über unsere Gefühllosigkeit und unsere falschen Prioritäten schüttelten wir den Kopf und murmelten zustimmende Worte. Von da an beteten wir jeden Morgen, und auch bei den anderen Konferenzen in den letzten Jahren ist das Beten nie wieder in Vergessenheit geraten.

Die Council-Grove-Konferenzen waren nicht meine erste Begegnung mit außergewöhnlichen Indianern. Im Süden von Kansas, wo ich aufgewachsen bin, lebten viele Cherokee- und Chilloco-Indianer, und mit einigen waren wir befreundet. Sie besaßen Farmen in unserer Nachbarschaft, und natürlich waren auch viele Ehen zwischen Indianern und Weißen geschlossen worden. Deshalb kamen wir schon als Kinder mit den Sitten und Glaubensvorstellungen der amerikanischen Ureinwohner in Berührung, und vieles davon fand Eingang in unsere eigene Lebensanschauung. Doch wenn ich zurückblicke, scheint mir, daß die Achtung vor unseren Mitgeschöpfen, die die Indianer uns lehrten, noch viel wichtiger war. Sie hielten Zwiesprache mit ihren Hunden, ihren Pferden – mit allen Lebewesen in ihrer Umgebung. Diese enge Beziehung zur Natur erlebten wir mit, und einigen von uns hat sie sich unauslöschlich ins Gedächtnis eingegraben.

Genau wie bei allen anderen Völkern gab es auch unter den Indianern Menschen, denen man besonderes Geschick und besondere Fähigkeiten im Umgang mit der Natur zuschrieb. Doch ich glaube, in ihrer ganzen Tiefe erfaßte ich die indianische Naturerfahrung erst, als ich mich während eines Sommers in South Dakota mit einem jungen Sioux-Mädchen, Lois Flying Cloud, anfreundete.

Während der Sommersemesterferien half ich zusammen mit zwei Freunden bei der Weizenernte mit. Wir reisten überallhin, wo gerade Weizen geerntet wurde, von Oklahoma bis nach Kanada. Unterwegs lernten wir ein paar Männer kennen, und einer davon machte mich mit Lois Flying Cloud bekannt. Es war bei einem Picknick in einem Park, das von der Kirche veranstaltet wurde. Da es so heiß war – genau das richtige Wetter zum Faulenzen –, erschien es mir verlockender, im Schatten zu liegen und zu plaudern, als mich zu irgendwelchen anderen Aktivitäten aufzuraffen. Wenn ich mich noch richtig erinnere, weckte irgendeine Bemerkung von Lois über die Bäume, die uns Schatten spendeten, mein Interesse. Allmählich neigte sich der Nachmittag dem Ende zu. Die Schatten wurden immer länger, einige Mitglieder unserer Gruppe wurden unruhig und brachen auf. Aber ich bemerkte es kaum, denn plötzlich veränderte sich mein Bewußtsein. Dieses junge Indianermädchen erweiterte meinen Horizont. Sie öffnete mir den Blick für die Erde, den Himmel, den Wind, die Geschöpfe, die sich bewegten, und die Lebewesen, die stumm im Boden wurzelten, aber dennoch einen Pulsschlag und ein Bewußtsein besaßen. Das Faszinierende daran war, daß Lois diese Lebewesen nicht als Beobachterin wahrnahm, sondern ein Teil von ihnen war. Das war der erste einer Reihe von wunderbaren Tagen, die ich mit meiner Lehrerin Lois Flying Cloud verlebte.

Manchmal traf ich mich abends mit ihr, wenn ich von der Arbeit auf den Feldern heimkam. Sie arbeitete als Sekretärin bei einer der Kirchen und sparte auf ein Kunststudium. Da sie oft abends arbeiten mußte, saß ich in ihrem Büro und las, bis sie fertig war. Dann gingen wir irgendwohin, um miteinander zu reden. Aber der Sonntag gehörte uns: ein mittägliches Picknick, eine Wanderung durch die Hügel und die Wunder immer neuer Entdeckungen.

Lois hatte Glück gehabt. Die Familie, in der sie aufgewachsen war, hatte begriffen, daß man sich mit der Kultur der Weißen arrangieren mußte. Doch gleichzeitig bedeuteten die mystischen Erkenntnisse ihres Volkes ihr sehr viel, und deshalb gab sie sie an ihre Kinder weiter. Lois Flying Cloud war eine Mystikerin.

«Höre auf den Wind», ermahnte sie mich immer wieder, «denn er streicht über die Seelen aller Lebewesen und bringt uns von allem, was er unterwegs berührt, ein kleines Stückchen mit: Düfte, Staub, Pollen und noch viel mehr. Die leisen Klänge, die der Wind an unser Ohr trägt, verändern sich kaum hörbar, je nachdem, über was er gerade weht.»

Sie forderte mich auf, die Augen zu schließen, nahm mich bei der Hand und führte mich an die verschiedensten Orte. Und dann mußte ich am Rauschen des Windes erkennen, in welcher Umgebung wir uns befanden: Waren es Bäume, Felsen, Hügel oder Gras? Sie umkreiste mich in einer Entfernung von ungefähr dreißig Metern, und ich saß mit geschlossenen Augen da und zeigte mit dem Finger in die Richtung, in der ich sie vermutete. Manchmal erriet ich ihren Standort, und wenn sie sich dann wieder neben mich setzte, lachten wir gemeinsam darüber, wie schwierig es war, einen Weißen auf die Natur «einzustimmen». Wenn wir die Rollen vertauschten und ich sie herumführte, schien sie mit geschlossenen Augen mehr wahrzunehmen als ich mit offenen. «Über uns fliegt ein großer Vogel», sagte sie zum Beispiel. Ich schaute hoch und sah tatsächlich hoch oben am Himmel einen Falken schweben.

Als wir später faul im Gras lagen und in den Himmel hineinblinzelten, fragte ich sie: «Woher wußtest du, daß der Vogel da war, Lois? Du kannst ihn doch unmöglich gehört haben.»

Sie schwieg eine Zeitlang, drehte sich auf den Bauch und blickte unverwandt ins Gras, als beobachte sie dort irgend etwas. Dann sagte sie langsam: «Als ich selbst – als Lois Flying Cloud – kann ich den Falken nicht sehen oder hören, denn da ist er etwas von mir Getrenntes. Doch ich löse mich von allem und bin nicht mehr in diesem Körper gefangen. Ich strecke die Arme aus, und alles, was vorher nicht ich war, wird ich. Das ist mit Worten schwer zu beschreiben.» Sie fuhr mit den Fingern durch das Gras und liebkoste es wie das Haar eines Geliebten.

«Wenn mein Geist auf den Schwingen des Windes dahinreitet und mit allem verschmilzt, dann bin ich kein Mädchen mehr, das einen Falken sieht. Dann bin ich ebensosehr ein Falke, der ein Mädchen sieht. Wo höre ich auf, und wo fängt dieser am Himmel schwebende Vogel an? Ich weiß es nicht... Ich weiß nur, daß er ein Teil meiner Existenz ist. Er ist da. Ich erfahre ihn in meinem eigenen Inneren. Du würdest vielleicht sagen, daß der Falke und ich auf telepathischem Weg miteinander kommunizieren. Das kann sein, aber ich spreche zu dem Hügel und dem Gras, die auch der Falke kennt, und wir alle sind eins. Wir atmen den Großen Wind und werden von ihm geatmet.»

Lois erklärte mir, daß die Indianer versuchen, im Rhythmus dessen zu leben, was sie den Großen Geist nennen, das vereinte Bewußtsein von allem, was existiert. Man muß alle Lebensformen als Teil seines eigenen Ichs achten und lieben, und zwar nicht nur in dem Wissen, daß wir das Leben auf diesem Planeten miteinander teilen, sondern auch in dem Glauben, daß es letzten Endes gar keine Trennung gibt.

Auf einem unserer Sonntagsausflüge streckte Lois einem roten Eichhörnchen etwas Brot hin, und das Eichhörnchen nahm es ihr aus der Hand. Anschließend huschte es nicht etwa davon, sondern setzte sich in Lois' Nähe auf die Hinterbacken und knabberte an dem Brot. An diesem Tag hatten wir unser Mittagessen in einem Pappelwäldchen eingenommen, das an eine Wiese und einen kleinen Bach angrenzte. Ich hatte in der Ferne einen eigenartigen Busch entdeckt und war hinübergegangen, um ihn mir genauer anzusehen. Als ich zurückkam, sah ich, wie Lois das Eichhörnchen fütterte. Ich wartete, bis das kleine Geschöpf die Hoffnung auf weiteres Futter aufgegeben hatte und davonhüpfte. Erst dann trat ich näher.

«Du hast einen Freund gefunden», sagte ich.

«O ja, und er hat mir mehr gegeben, als er genommen hat.»

«Du meinst, mehr Freundschaft?»

«Ja, das auch. Aber er hat mir auch Futter angeboten.» Als Lois meinen verwirrten Gesichtsausdruck sah, setzte sie hinzu: «Ehe das

Eichhörnchen zu mir kam, um von dem Brot zu fressen, knabberte es an den Blättern dieser Pflanze dort drüben. Das ist eine Nesselart. Das Eichhörnchen wollte mir damit sagen, daß ich diese Pflanze essen kann.»

Ich dachte einen Augenblick darüber nach. «Hast du denn schon einmal eine Pflanze probiert, die ein Tier dir anbot?» fragte ich sie dann.

«O ja, schon oft», sagte Lois, ohne zu zögern. «Sonst würden sie mir das nicht verraten. Die Indianer haben das meiste, was sie über ihre Nahrung wissen, von den Tieren gelernt.»

Sie sprach von der Schönheit und Weisheit des Eichhörnchens, des Nachtfalters, des Raben – aller Geschöpfe, mit denen wir uns diese Erde teilen. Sie bezeichnete sie alle als Manifestationen des Großen Geistes. «Aber das eigentlich Wunderbare ist in unseren Augen, daß das Allumfassende Sein sich in Form eines Fuchses oder eines Luchses ausdrücken kann...» Lois Flying Cloud fuhr sich mit der Hand durch das lange schwarze Haar; ein durch das Laub fallender Sonnenstrahl verfing sich darin und ließ es funkeln wie schwarze Diamanten. Das junge Gesicht, das es einrahmte, war von klassischer Schönheit. Lois bemühte sich, mich an dem Vermächtnis ihres Volkes teilhaben zu lassen.

«Wir lassen uns von der äußeren Gestalt eines Pferdes oder einer Eule blenden», sagte sie. «Wir halten ihre Intelligenz und Bedeutung für begrenzt und vergessen, daß sie allesamt Ausdrucksformen des Allwissenden sind. Wenn jedes kleine Geschöpf ein Ausdruck des Großen Geistes ist, warum hören wir ihm dann nicht zu? Warum bilden wir uns ein, daß Gott aus der Substanz Seines Wesens alle möglichen Lebewesen geschaffen hat und sich dann doch darauf beschränkt, nur im Menschen zu existieren? Wie könnte Er das tun? Wie kann der Allwissende den Falken in dem Augenblick lieben, in dem Er ihn erschafft, und für ihn sorgen, solange er am Himmel schwebt – aber in dem Augenblick, in dem sein Körper tot und regungslos am Boden liegt, soll Ihm das Tier plötzlich gleichgültig sein? Weshalb sollte Gott so etwas tun?»

Ich saß neben ihr im Gras, blickte unverwandt zu den Hügeln

hinüber, hörte zu und dachte über ihre Worte nach. «Es gibt viele Geheimnisse, die wir nicht verstehen», sagte ich.

«Geheimnisse, ja, die wird es immer geben, Bill. Aber wären es weniger Geheimnisse, wenn wir eines Tages feststellen sollten, daß all diese Geschöpfe in Wirklichkeit in unserem eigenen Inneren existieren und nicht da draußen?»

Ein Schweigen senkte sich zwischen uns, aber es war kein trennendes, sondern ein verbindendes Schweigen, das mehr sagte als alle Worte. Stumm blieben wir nebeneinander sitzen, bis die ersten Glühwürmchen uns daran erinnerten, daß der Tag vorüber war. Da verließen wir Hand in Hand den Pappelwald, wanderten über die Wiese, an den Büffelsuhlen vorbei und den Viehpfad entlang zurück in die Stadt.

«Ich wette, wenn unsere vierbeinigen Freunde sich anstrengten, würden ihnen schon irgendwelche Tests einfallen, die beweisen, daß sie intelligenter sind als wir», sagte Lois, als wir die letzte Etappe unseres Weges erreicht hatten. Sie kicherte. Dann lachten wir beide, und irgendwie schien es ganz in Ordnung zu sein, daß unser Tag jetzt zu Ende war.

Die entscheidende Botschaft des indianischen Medizinmannes und der indianischen Medizinfrau lautet, daß das Wesen des Menschen mit dem Wesen des Universums identisch ist und daß wir aus der Natur vieles über uns selbst lernen können. «Technologie und Materialismus der modernen westlichen Gesellschaft führten zur unnatürlichsten Lebensweise, die der Mensch je ausprobiert hat», sagte Rolling Thunder. «Die Menschen dieser Gesellschaft sind am weitesten von den Bäumen, Vögeln, Insekten, Tieren, wachsenden Pflanzen und dem Wetter entfernt. Deshalb sind sie auch ihrem eigenen inneren Wesen am meisten entfremdet. Unnatürliche Dinge sind diesem modernen Denken so selbstverständlich geworden – da ist es eigentlich gar kein Wunder, daß ihm natürliche Dinge seltsam vorkommen und es ihm schwerfällt, sie zu begreifen.»

Doug Boyd, der ein Jahr lang als Schüler Rolling Thunders in Nevada lebte und danach ein Buch über ihn schrieb, hat mir erzählt, daß es ihn immer wieder beeindruckte, wie dieser Medizinmann mit Pflanzen und Tieren, ja sogar mit dem Wetter kommunizieren konnte. Einmal suchten sie gemeinsam nach Kräutern, um eine Medizin daraus zuzubereiten. Da wurden sie von einem schweren Gewitter überrascht und wurden naß bis auf die Knochen. «Laß uns zu meiner heiligen Stätte gehen», schlug Rolling Thunder vor. «Da wird es nicht regnen.» Boyd glaubte, Rolling Thunder meine damit irgendein Gebäude, wo sie Schutz vor dem Unwetter finden würden. Aber es war nur ein kreisförmiger Steinhaufen. Doch in einem Umkreis von mehreren Metern rund um diese heilige Stätte fiel kein Regen, obwohl es sonst überall in Strömen goß.

Ein anderes Mal fiel Boyd auf, daß Rolling Thunder beim Kräutersammeln über den Blättern einiger Pflanzen mit den Fingern wedelte. Dann sah er, daß diese Pflanzen mit Ameisen übersät waren. Der Medizinmann bewegte seine Finger, als treibe er eine Herde zusammen, und die Ameisen krabbelten davon. Das tat er immer wieder, und jedesmal, wenn er über einem Blatt mit den Fingern wedelte, verschwanden die Ameisen sehr rasch. «Ich sah, wie er mit dem Finger an einem Stengel hinunterfuhr und eine ganze Säule von Ameisen nach unten dirigierte, als seien seine Finger Magneten und die Ameisen kleine Eisenteile», erzählte Boyd.

Auf demselben Ausflug entdeckte Boyd plötzlich ganz in seiner Nähe eine große Klapperschlange. Seine anfängliche Furcht wich einer seltsamen Euphorie, als ihm einfiel, was für eine Achtung sein Lehrer für Schlangen besaß. «Schaut mal her!» rief er der Gruppe zu, bei der Rolling Thunder gerade stand.

«Alle drehten sich um», schreibt er in seinem Buch. «Selbst die Frauen verstummten. Rolling Thunder kniete am Kopfende der Schlange nieder und streckte die Hand aus. Da rollte die Schlange sich zusammen und reckte ihm den Kopf entgegen. Bald waren seine Hand und die Augen der Schlange nur noch ein paar Zentimeter voneinander entfernt. Beide begannen sich zu bewegen. Immer wenn Rolling Thunder seine Hand vorstreckte, zog die Schlange den Kopf ein. Und wenn er die Hand zurückzog, streckte sie den Kopf wieder aus, und so ging es immer weiter. Als Rolling Thunder mit dem Kopf wippte, klapperte auch die Schlange mit ihren Schwanzrasseln. Dann streckte Rolling Thunder beide Hände aus, und die Schlange wiegte sich langsam zwischen ihnen hin und her, erst zur einen Seite, dann zur anderen. Schließlich blickten Rolling Thunder und die Schlange einander in die Augen. Gespannt sah ich ihnen zu. Es war wie ein Tanz. Als Rolling Thunder sich nicht mehr bewegte, lag auch die Schlange vollkommen regungslos da. ‹Und nun›, sagte er, ‹seht, wie sie verschwindet.› Er drehte sich auf dem Absatz herum und kehrte der Schlange den Rücken. Da wurde der Körper der Schlange ganz schlaff. Sie rollte sich auseinander, glitt in ein Abflußrohr, das unter der Straße durchführte, und war verschwunden. Niemand sprach ein Wort.»

Klapperschlangen scheinen eine besondere Beziehung zu Indianern zu haben. J. Allen Boone, der sich mit diesem Thema beschäftigt hat, glaubt, daß Schlangen Weiße absichtlich beißen, aber nur sehr selten einem Indianer etwas tun.

«Fast überall, wo ich hinging», berichtet Boone in seinem Buch *Die große Gemeinschaft der Schöpfung*, «herrschte ein heftiger, erbitterter Krieg zwischen Weißen und Klapperschlangen; es ging um Leben und Tod, entweder für den Menschen oder für die Schlange. Doch zwischen Indianern und Klapperschlangen habe ich so eine Feindschaft nie feststellen können. Zwischen ihnen schien eine Art stillschweigendes Übereinkommen zu herrschen. Bei all meinen Wanderungen durch Wüsten, Prärien und Berge habe ich noch nie gesehen, daß eine Klapperschlange sich zusammengerollt hätte, wenn ein Indianer in ihre Nähe kam, sei es zum Angriff oder zur Verteidigung.»

Boone vermutet, daß den Weißen von klein auf beigebracht wird, Schlangen ekelhaft zu finden und sie zu töten. Er glaubt, daß die Schlange dieses geistige Gift wahrnimmt und deshalb sofort in die Defensive geht. Schließlich steht ihr Leben auf dem Spiel. Also rüstet die Schlange sich für den Kampf. Doch Indianer bringen der Schlange keine feindseligen Gefühle entgegen. Wenn eine Schlange und ein Indianer sich begegnen, schauen sie sich ein paar Sekunden lang an, und dann geht jeder wieder seines Weges. Laut Boone liegt das vielleicht daran, daß Indianer sich «bewußt im Rhythmus» dessen bewegen, was sie ehrerbietig als «das Große Heilige» bezeichnen, das große Grundprinzip allen Lebens, das sämtliche Dinge erschafft und ihnen seinen Atem einhaucht und seine Weisheit durch sie sprechen läßt. Aufgrund dieses allgemeingültigen Gesetzes, so glaubt Boone, besteht zwischen dem Indianer und der Klapperschlange eine «schweigende, freundschaftliche Verbundenheit». Die Schlange ist für ihn «ein bewunderter und geliebter ‹jüngerer Bruder› mit dem gleichen Recht auf Leben, Freiheit, Glück, Hochachtung und Rücksichtnahme wie er selbst.»

Ich habe diese Kommunikation zwischen Menschen und anderen Lebewesen selbst miterlebt, als Doug Boyd mich zusammen mit ungefähr zehn anderen Weißen einlud, an einer Versammlung indianischer Medizinmänner und -frauen auf einem bewaldeten Lagerplatz in der Nähe von Kansas City teilzunehmen. Der Hauptgrund dieser Versammlung bestand darin, Medizinmänner und -frauen von möglichst vielen Indianerstämmen zusammenzurufen. Sie sollten versuchen, sich darüber zu einigen, welche ihrer Traditionen und Glaubensvorstellungen sie den Weißen anvertrauen konnten. Im Falle einer Einigung sollten alle gemeinsam darüber nachdenken, wie diese Kommunikation ablaufen könnte. Zwei Tage lang warteten wir in unserem Lager im Wald, ein Stück vom Lager der Indianer entfernt, auf deren Entscheidung. Schließlich überbrachte ein Bote uns die Nachricht, daß die Indianer sich am nächsten Morgen mit uns treffen wollten. Bis in die Nacht hinein grübelten wir darüber nach, was wir den amerikanischen Ureinwohnern wohl als Gegenleistung anbieten könnten.

Bei Anbruch der Morgendämmerung setzten wir uns in einem großen Kreis auf den Boden, meditierten und warteten auf die Ankunft der Indianer. Singend und in ihrer alten Stammeskleidung schlängelten sie sich in einer langen Reihe durch den Wald. Als sie ankamen, öffneten wir unseren Kreis. Sie ließen sich in unserer Mitte nieder, bildeten ihren eigenen Kreis und saßen mit gekreuzten Beinen auf dem Boden. Dieses Erlebnis werde ich nie vergessen.

Dann erzählten die Medizinmänner und -frauen uns von ihren Glaubensvorstellungen, Prophezeiungen und Traditionen. Sie sprachen auch davon, was ihnen Angst bereitete: von den Problemen dieses Landes, den Dingen, die niemandem mehr heilig waren, und dem Schaden, den der Mensch der Erde zufügte. Sie hatten das Gefühl, daß es höchste Zeit für die Indianer war, ihre Stimme zu erheben, und zwar nicht nur, um zu kritisieren, sondern auch, um mit ihrem Wissen zur Suche nach Lösungen beizutragen. Wir wiederum taten unser Bestes, um diesen sensiblen, einsichtigen Menschen klarzumachen, daß wir gern als Mittler zwischen ihren Traditionen und denen der Weißen fungieren wollten.

Ein paar Stunden später feierten wir unsere Versammlung, die wir alle als erfolgreich empfanden, mit einem gemeinsamen Essen. Das gab uns die Möglichkeit, uns besser kennenzulernen. Ich unterhielt mich hauptsächlich mit Bobby Woods, dem Hüter der heiligen Pfeife der Sioux von Ontario, obwohl ich seine Gesellschaft eigentlich gar nicht gesucht hatte. Ich hatte das Glück, an der Seite dieses Medizinmannes durch den Wald wandern zu dürfen. Die meiste Zeit sprach er, und ich hörte einfach nur zu.

Was mir an dieser Begegnung am eindrücklichsten in Erinnerung geblieben ist, war nicht unser Gespräch, so faszinierend es auch gewesen sein mag; es waren vielmehr die Augenblicke, in denen er beispielsweise ein Eichhörnchen entdeckte und dann vorhersagte, was es als nächstes tun würde: über den Boden huschen, an einem ganz bestimmten Baum hinaufklettern, einen Zweig entlanglaufen, dann den nächsten Zweig – er wußte sogar im voraus, wann das kleine Geschöpf stehenbleiben oder eine Rast einlegen würde. Und all seine Vorhersagen trafen tatsächlich ein! Mit der gleichen Exaktheit sagte er mir die Bewegungen einiger Erdhörnchen und eines Kaninchens voraus. Er unterbrach unsere Diskussion immer wieder, um diese Aktionspläne der Tiere zu entwerfen, und nahm den Gesprächsfaden dann sofort wieder auf, als sei überhaupt nichts Besonderes geschehen.

«Siehst du den Falken da oben?» fragte Bobby Woods mich, als wir ein Stück über offenes Gelände wanderten. «Er jagt nicht. Er beobachtet uns und die anderen Eindringlinge in seinem Revier. Gleich wird er sich auf den dritten Ahornbaum von rechts bei den Eichen da drüben niedersetzen.» Und das tat der Falke gleich darauf tatsächlich. Ehe der große Vogel seinen Aussichtspunkt wieder verließ, kündigte Bobby Woods an: «Jetzt wird er sich auf die Robinie hier in unserer Nähe setzen, ungefähr eine Minute lang sitzenbleiben und dann auf das Dach der Kirche dort drüben fliegen.» Er meinte eine Kapelle im Wald, die von der Kirchengemeinde erbaut worden war, der dieses Grundstück gehörte. Der Falke absolvierte dieses Programm, als hätte er sich vorher mit dem Medizinmann abgesprochen.

Als ich Bobby Woods scherzhaft vorwarf, er beeinflusse seine kleinen Brüder und Schwestern insgeheim, lachte er und sagte: «Nein, ich greife nicht in ihr Leben ein. Aber da wir alle ein Teil des Großen Geistes sind, können wir einander unsere Gedanken und Pläne mitteilen. Wenn ich diese Tiere als von mir getrennte Lebewesen empfinde, kann ich natürlich nicht wissen, was sie als nächstes tun werden. Doch wenn ich mit ihnen eins werde, dann weiß ich es.»

Am Spätnachmittag dieses Tages trafen unsere beiden Gruppen – Indianer und Weiße – mit hochrangigen Vertretern der bedeutendsten Weltreligionen zusammen. Es war ein historischer Augenblick. Jeder Mensch wäre stolz gewesen, an dieser Versammlung teilnehmen zu dürfen. Und doch schweiften meine Gedanken immer wieder zu Bobby Woods ab, jenem tiefsinnigen Philosophen und lustigen Geschichtenerzähler, der mit würdevollen Falken und durch den Wald huschenden kleinen Lebewesen kommunizierte.

Jetzt sitze ich auf dem verwitterten Stumpf eines Baums, der früher einmal eine große Pappel gewesen ist, und betrachte das Kaleidoskop des westlichen Abendhimmels. Wolkenfetzen und Getreidestaub von der Weizenernte umtanzen die untergehende Sonne und schaffen ein prächtiges Farbenspiel aus Rosa-, Lila- und

Goldtönen. Wenn jemand diese Farben auf der Leinwand festhielte, überlege ich mir, würden die Kritiker das Gemälde sicherlich als kitschig und unrealistisch abtun. Durch die Gebirgskette im Süden zieht sich eine Schlucht, hier und da von Sumach, Holundersträuchern und ein paar Gagelsträuchern überwuchert, die immer noch versuchen, ihr Revier zurückzuerobern. Hinter dem Kalksteinfelsvorsprung wird das Gelände vorübergehend etwas ebener und geht in eine Wiese aus Präriegras über. Nördlich davon liegt eine Büffelsuhle, die immer noch so aussieht wie früher – trotz der Regenfälle und peitschenden Südwinde und obwohl es hier schon längst keine Büffel mehr gibt. Merkwürdig, denke ich oft, daß das Gras in den Büffelsuhlen immer noch nicht wachsen will, obwohl die Tiere, die diese Suhlen in den Boden gegraben haben, schon seit fast hundert Jahren verschwunden sind. Wenn man an der Südseite der Schlucht weitergeht und ihrem Verlauf nach Osten folgt, gelangt man zu einer Reihe jäh aufragender Felsen. Das sind die westlichsten Ausläufer der Flint Hills. Hier wurde der Feuerstein für die Speere und Pfeilspitzen der Cherokee-Indianer gehauen. Wenn man Glück hat, findet man auch noch eine ganze Pfeilspitze, die jahrzehntelang im Boden vergraben lag, bis Wind und Regen sie schließlich wieder ans Tageslicht förderten.

Allmählich wird es dunkler. Die Rot- und Goldtöne am Himmel werden immer intensiver. Dunkel hebt sich der Osage-Orangenbaum in meiner Nähe vom westlichen Abendhimmel ab, dessen Farbenspiel sich von Sekunde zu Sekunde verändert. Ganz still und regungslos sitze ich da und spüre das sanfte Pulsieren des alten Baumes. Ein paar Minuten lang male ich mir aus, wie ich mit seinem Leben verschmelze, wie meine Zweige sich emporrecken, um Platz kämpfen und sich immer weiter ausdehnen wollen; wie mein kräftiger Stamm für alle Überraschungen der Natur gerüstet ist und meine Wurzeln im Boden nach Nahrung, Feuchtigkeit und vielleicht auch nach dem Unbekannten suchen. Ich versuche in das Himmel und Erde umspannende Leben dieses Baumes einzudringen, ohne mich selbst dabei aufzugeben oder mir zu wünschen, daß der Baum mit mir eins wird. Wir existieren einfach eine kurze

Weile gemeinsam und tauschen unsere Erfahrungen miteinander aus. Wir haben Erfolg gehabt, denn dieser Augenblick wurde uns geschenkt; wir haben versagt, denn wir sind wieder allein. Eines Tages – bald – werden wir es wieder versuchen.

Ich schlendere den alten Viehpfad entlang nach Hause und erinnere mich daran, was White Bear einmal zu mir gesagt hat: daß ich die Lebensweise der amerikanischen Ureinwohner nicht aus Büchern und auch nicht von den Vertretern der einzelnen Stämme lernen könne, sondern nur von ihren Lehrern – dem Wind, dem Himmel, den Geschöpfen der Natur –, und zwar auch nur dann, wenn ich still auf den Großen Geist eingestimmt sei. Wenn wir mit den Wölfen tanzen wollen, statt sie als von uns gesonderte Lebewesen zu empfinden, müssen wir sie zuerst einmal in unserem eigenen Inneren finden, sagen die Indianer. Erst dann kann der Tanz beginnen.

5.
Der verzauberte Garten

Manche Bauern brauchen nur die Erde in den Händen zu fühlen oder an ihr zu riechen, und schon können sie einem sagen, welchen Dünger sie braucht. Manche Gärtner können eine kranke Pflanze durch ihre bloße Willenskraft wieder gesund machen, und es gibt Züchter, die wissen, daß Liebe zu den Pflanzen viel wirkungsvoller für ihr Wachstum ist als die vielen Chemikalien, mit denen ihre Kollegen sie überschütten. Sie empfinden nicht nur Zuneigung und Hochachtung vor den Angehörigen des Pflanzenreichs, sondern haben Ehrfurcht vor dem Wesen der Pflanze, mit dem sie sich eins fühlen.

So war es zum Beispiel mit meinem Nachbarn, L. R. Trego, der eine geradezu unheimlich enge Beziehung zu Pflanzen hatte. Maschinen dagegen waren seine erklärten Feinde. Er schien ständig mit seinen Landwirtschaftsgeräten auf dem Kriegsfuß zu stehen. Hin und wieder schlossen die zwei kriegführenden Parteien eine Art Waffenstillstand miteinander, bei dem ihnen zwar allen beiden nicht recht wohl zu sein schien; aber in dieser Zeit brachten sie wenigstens ein bißchen Arbeit zustande.

Die Maschinen schienen zwischen Trego und seiner Erde, seinen Pflanzen und seinen Tieren zu stehen. Irgendwie konnten die Maschinen nicht richtig mit ihm umgehen – sie besaßen einfach nicht die nötige Sensibilität, und das ärgerte den alten Farmer. Man konnte ihnen nicht in die Augen sehen oder die Hand nach ihnen ausstrecken und sie berühren, oder zumindest reagierten sie nicht entgegenkommend genug auf solche Annäherungsversuche. Die Maschinen ihrerseits schienen ihm mit dem gleichen Argwohn zu begegnen wie er ihnen. Ihr Verhalten hätte selbst den geduldigsten Besitzer nicht befriedigt: Immer dann, wenn man sie gerade am dringendsten brauchte, gaben sie den Geist auf. Vielleicht war das ihre Rache für seine mangelnde Sensibilität gegenüber ihren technischen Bedürfnissen, die er in der Regel mit einem Stück Heuballendraht und einer Kneifzange zu befriedigen suchte oder denen er manchmal sogar so gleichgültig gegenüberstand, daß er Wasser in Benzintanks goß. Die notdürftige Koexistenz zwischen Trego und seinen mechanischen Gehilfen war von ständigen Spannungen und Ressentiments begleitet. Wenn Trego die Arroganz seines Traktors und die hydraulischen Launen seiner Offset-Doppel-Scheibenegge nicht mehr ertragen konnte, schirrte er den alten Ben und die alte Bess an und fuhr mit einer schlichten, fügsamen mechanischen Egge im Schlepptau aufs Feld. Immer wenn er sein Land auf diese traditionelle Art und Weise bestellte, hatte er eines der Berglieder aus seiner Jugend auf den Lippen.

Als Kinder wohnten wir auf der Nachbarfarm und lachten über den ständigen Kleinkrieg, den der alte Trego mit seinen Lastwagen, Traktoren, Weizensämaschinen und Mähdreschern führte. Sogar sein Auto schien Probleme zu haben, sich auf die Breite seiner Garage einzustellen. Doch für alle Leute in der Nachbarschaft stand fest, daß dieser alte Mann sich besser mit Pflanzen und Tieren auskannte als jeder andere in der Umgebung. Wenn eine Maispflanzung oder ein Pfirsichbaum einer Diagnose bedurfte, wandte man sich an Trego. Und wenn ein Hund oder ein Pferd nicht fressen wollte oder über irgend etwas bedrückt zu sein schien, konnte Trego dem Besitzer auf Anhieb sagen, was dem Tier fehlte.

Wenn unser Vieh oder unsere Pferde einen Zaun niedertrampelten und durchbrannten, mußten wir sie mit Gewalt wieder zusammentreiben. Wenn Tregos Tiere ausrissen, dann taten sie es in der Regel, weil sie auf der Suche nach ihm waren.

Obwohl unsere Farmen im Vieh- und Weizengürtel von Kansas lagen – bei dem Boden und den Regenfällen konnte man nichts anderes anbauen –, schien bei Trego so gut wie alles zu gedeihen. Er und seine Frau hatten immer jede Menge Obst und Gemüse, die sie mit ihren weniger begabten Nachbarn teilten. Trego war ein Freund aller Menschen, Tiere und Pflanzen. Er verweigerte keinem Lebewesen seine Güte und Hilfsbereitschaft. Und doch blieb er allen ein Rätsel. Seine Nachbarn wußten, daß er hervorragende Schulen an der Ostküste besucht, ja sogar irgendwo Medizin studiert hatte und weit gereist war. Aber niemand wußte Genaueres. Viele hatten große Ehrfurcht vor seinem Wissen. Sie profitierten hin und wieder davon, doch im übrigen akzeptierten sie, daß er mitsamt seinen Kenntnissen für immer ein Geheimnis für sie bleiben würde.

Jahre später, als ich ebenso wie der Rest der Welt über die Findhorn-Kommune staunten, ertappte ich mich bei dem Gedanken, daß der alte Trego wahrscheinlich sehr gut verstehen würde, was dort vor sich ging, und ich wünschte mir, er würde noch leben, damit ich ihn fragen könnte, was eigentlich hinter all diesen Wundern steckte. Ich bin sicher, der alte Farmer wäre auch der Meinung gewesen, daß das, was in Findhorn geschehen ist und immer noch geschieht, von großer Bedeutung ist. Dort, auf einem öden, unfruchtbaren Stück Land an der schottischen Küste, lernten drei Menschen, mit dem Geist der Pflanzen zu kommunizieren, und verwandelten den unergiebigen Boden in einen Obst- und Gemüsegarten, der mittlerweile internationale Aufmerksamkeit erregt hat.

Es begann an einem kalten Novembertag im Jahre 1962, als Peter Caddy, seine Frau Eileen und ihre Freundin Dorothy Maclean aus Gründen, über die sie erst später sprachen, den inneren Drang verspürten, ihrem bisherigen bequemen, erfolgreichen Leben den Rücken zu kehren und auf ein abgelegenes Fleckchen Erde im Norden Schottlands zu ziehen.

Caddy, der vorher ein hochrangiger Offizier der Royal Air Force gewesen war und später als erfolgreicher Nobelhotelmanager arbeitete, folgte dem Ruf einer mächtigen kreativen Kraft, die ihm von seiner Frau offenbart worden war, die über hellseherische Fähigkeiten verfügte. Sie erhielten den Auftrag, alles hinter sich zu lassen und auf den Findhorn-Campingplatz zu ziehen. An diesem Ort waren sie bei ihren Ausflügen nach Forres schon öfters vorbeigekommen: Es war ein ödes, sandiges Gelände mit windzerzaustem Stechginster und Blick auf den Firth of Moray, knappe fünf Kilometer von Duncan's Castle entfernt, wo die Hexen Macbeth einst prophezeit hatten, er werde Than von Glamis und Cawdor werden. Bisher hatten die Caddys diese unschöne, dichtgedrängte Ansammlung von Wohnmobilen immer möglichst schnell hinter sich gelassen.

Aber sie hörten auf die Stimme ihrer Seele, und da waren sie nun: Peter und Eileen Caddy, ihre drei Söhne und Dorothy Maclean, die eine gute Stellung beim kanadischen Außenministerium aufgegeben hatte, um sie zu begleiten – ohne Arbeit, ohne Zukunftsaussichten, nur in dem festen Glauben, daß sie schon irgendwie den Winter überstehen würden. Doch aus diesem ersten langen Winter wurden sechs Jahre, in denen sie zu sechst in einem zehn Meter langen Wohnmobil hausten.

Caddy hatte sich schon immer einen Garten gewünscht. Er las alles, was er an Büchern über dieses Thema auftreiben konnte, und beschloß, es zu versuchen. «Doch», erklärte er, «hier in Findhorn einen Garten anlegen zu wollen, erschien ebenso absurd wie Noahs Unterfangen, eine Arche zu bauen, obwohl gar kein Wasser da war. Wir befanden uns auf einer schmalen, sandigen Halbinsel, die vom kalten Nordseewasser des Moray Firth umspült war, und waren fast ständig heftigen Winden aus allen Himmelsrichtungen ausgesetzt. Nur ein schmaler Nadelwaldstreifen im Westen schirmte uns ein wenig vor dem Wind ab. Das Schlimmste aber war der Boden: nichts als Sand und Kies, von Quecken zusammengehalten.»

Caddy transportierte mit seiner Schubkarre den Kies von seinem Grundstück und ersetzte ihn durch Erde. «Es war eine Heidenarbeit», erzählte er, «aber sie hatte nicht nur eine physische, sondern auch eine spirituelle Wirkung auf das Gelände. Eine innere Stimme sagte mir, wenn ich ganz konzentriert arbeitete und meine Arbeit liebte, könnte ich dieser Erde Licht einhauchen.» Caddy spürte, wie ihn während der Arbeit Schwingungen des Lichts und der Liebe durchströmten. Als er zu graben begann, floß Energie durch ihn hindurch und in den Boden hinein.

Nachdem Caddy mit der Arbeit begonnen hatte, ereigneten sich seltsame Dinge. Ein Bauer bot ihm Pferdemist an. Auch Heu wurde ihm zur Verfügung gestellt. Durch Zufall kam er zu Bauholz und auch zu Zement, den er dringend brauchte. Die Menschen in der Umgebung schenkten ihm Kompost und Strohballen, die er unter seinen mageren Boden mischen konnte. Caddy arbeitete Tag und Nacht, und im Frühjahr war der Boden so weit vorbereitet, daß er ein bißchen Obst und Gemüse anpflanzen konnte.

Das war der Beginn einer Legende. Als der Sommer vorüber war, hatten die Siedler bereits verschiedene Beerensorten eingemacht und fast hundert Pfund Marmelade gekocht. Auch Kohl und viele Gurken legten sie ein. In einer Garage, die sie aus dem geschenkten Holz gebaut hatten, lagerten sie Kartoffeln, Rüben, Schalotten, Knoblauch und Zwiebeln. Im Winter bereiteten sie den Boden für weitere Pflanzungen vor, und bis zum späten Frühjahr des nächsten Jahres hatten sie über zwanzig verschiedene Obstbäume und -sträucher gepflanzt.

Das nächste Jahr bescherte ihnen eine unvorstellbar reiche Obst- und Gemüseernte. Einige ihrer Früchte und Gemüsesorten erreichten eine enorme Größe. Dorothy Maclean und die Caddys richteten sich stets nach den Anweisungen, die sie tagtäglich erhielten und die alles umfaßten, von ihrer inneren Entwicklung bis hin zur Ernährung und ganz bestimmten Aufträgen. Angesichts ihrer sämtliche Rekorde brechenden Erfolge mit ihrem Garten wurde ihnen bald klar, daß das Findhorn-Projekt irgendeinem höheren Zweck dienen sollte. Sie vermuteten, vielleicht sogar als bahnbrechendes Vorbild, das der ganzen Menschheit dienen würde.

Da gelang ihnen ein weiterer entscheidender Durchbruch: Während einer Meditation empfing Dorothy Maclean eine Botschaft, die es ihr ermöglichte, mit einem Geist des Pflanzenreichs in Verbindung zu treten. Sie identifizierte ihn als Deva der Gartenerbse. Die Gruppe nahm Dorothys Erlebnis durchaus ernst, denn während ihrer spirituellen Ausbildung hatten sie gelernt, daß Devas zu der Hierarchie von Engeln gehörten, die die archetypischen Muster der verschiedenen Pflanzenarten aufrechterhalten. Sie akzeptierten Devas oder Naturgeister als wesentlichen Bestandteil des Schöpfungsprozesses.

Caddy hatte schon seit längerem nach einer Möglichkeit gesucht, mit den Naturgeistern zusammenzuwirken. «Da bot uns der Erbsen-Deva an, uns in unserem Garten zu helfen», schrieb er in seinem Buch *Der Findhorn Garten* und setzt hinzu: «Diese Gelegenheit ergriff ich natürlich sofort. Endlich! dachte ich. Jetzt bekommen wir die Antworten auf unsere gärtnerischen Fragen aus berufenem Mund ...»

Caddy trug alle Fragen zusammen, mit denen die Gruppe sich in der Anfangsphase der Anlage ihres Gartens herumgeschlagen hatte, und Dorothy Maclean legte sie den Devas der verschiedenen Pflanzen vor. «Und so seltsam es auch erscheinen mag», sagt Caddy, «wir bekamen tatsächlich Antworten. Praktische Antworten auf praktische Fragen.»

Den Wissenschaftlern, die den nach wie vor mageren Boden von Findhorn untersuchten, waren diese Ernteerfolge unerklärlich.

Im Frühjahr 1964 kam der Gartenbauberater der Region nach Findhorn, um eine Bodenanalyse durchzuführen. Er erklärte den Caddys, ihr Boden brauche wahrscheinlich mindestens 60 Gramm Kaliumsulfat pro Quadratmeter. Caddy erwiderte, er halte nichts von Kunstdünger und werde seinen Boden weiterhin mit Kompost und Holzasche behandeln. «Das ist das Verkehrteste, was Sie tun können», warnte der Berater ihn.

Doch als der Berater sechs Wochen später das Ergebnis der Bodenanalyse brachte, mußte er ziemlich erstaunt zugeben, daß es dem Boden an nichts fehlte. Selbst die notwendigen Spurenelemente waren vorhanden.

Inzwischen hatte Dorothy Maclean von den aromatischen Pflanzen im Garten erfahren, daß ihre Wellenlängen den Menschen ganz bestimmte Dienste leisten konnten. Diese Wirkungen betrafen verschiedene Teile der menschlichen Anatomie und Psyche. Manche

Pflanzen waren gut für die Augen, andere zur Wundheilung, wieder andere wirkten sich positiv auf das Gefühlsleben aus und so weiter. Da wurde ihr klar, daß die Leidenschaften und Gedanken, der Zorn, die Güte und Zuneigung der Menschen tiefgreifende Auswirkungen auf das Pflanzenreich haben. Pflanzen sind äußerst empfänglich für menschliche Gedanken und Emotionen. Ihre Energie wird dadurch beeinflußt. Zorn und Niedergeschlagenheit wirken sich negativ auf Pflanzen aus, während freudige Schwingungen einen günstigen Einfluß haben. Da kam Dorothy Maclean der Gedanke, daß diese ungünstigen Auswirkungen vielleicht auf die Menschen zurückfielen, wenn sie die pflanzlichen Produkte aßen, die sie mit ihren negativen Schwingungen infiziert hatten.

Ihr wurde klar, daß die Ausstrahlung – beispielsweise Liebe –, die man in den Boden einströmen läßt, während man ihn bearbeitet, der wichtigste Beitrag ist, den man zum Wachstum der Pflanzen leisten kann, viel wichtiger als Wasser und Dünger. Alles, was durch irgendeine Inspiration in das Wesen eines Menschen Eingang findet, so erklärte sie, verläßt ihn auch wieder, aber sein Wille verändert die Wellenlänge, Tönung und Klangfarbe dieser Erfahrung.

Im Frühjahr 1967 erhielt Eileen Caddy die Anweisung, den Garten zu vergrößern und mit vielen Blumen zu verschönern. Gleichzeitig sollten das Zentrum erweitert und neue Unterkünfte gebaut werden. Eine Vision, die Eileen gehabt hatte, als die Gruppe nach Findhorn kam, begann sich zu verwirklichen. Wie durch ein Wunder gelangte genügend Geld in ihre Hände, um Bungalows aus Zedernrinde zu bauen, und bald waren sie von schönen Blumengärten umgeben.

Im Jahr 1968 kamen einige Garten- und Landschaftsexperten nach Findhorn. Alle staunten über das, was sie da sahen, und einige sagten, ein so prächtiges Wachstum wie hier hätten sie noch nie erlebt. Blumen, Gemüse und Kräuter gediehen so erstaunlich gut, daß die Besucher sich dieses Phänomen angesichts des rauhen Klimas und des kargen Bodens gar nicht erklären konnten.

Mrs. Elizabeth Murray, eine biodynamische Gärtnerin und Mitglied der Soil Association, erklärte, die vor Gesundheit strotzenden Bäume, Blumen, Früchte und Gemüsepflanzen in Findhorn seien mehr als ungewöhnlich. Sie sagte, wenn man Kompost mit diesem sandigen Boden vermische, sei er von so schlechter Qualität, daß die hervorragenden Erträge dieses Gartens sich damit nicht erklären ließen. Denn das Obst und Gemüse, das hier wachse, übertreffe in Größe, Qualität und Aroma alles, was sie je gesehen habe. Mrs. Murray war sich ziemlich sicher, daß man mit einem so unfruchtbaren Boden und in einem so rauhen Klima allein durch Kompost und gute gärtnerische Leistungen keine solchen Erfolge erzielen konnte.

Lady Mary Balfour, ebenfalls eine Expertin auf dem Gebiet des biodynamischen Anbaus, verbrachte im September 1963 einen Tag und eine Nacht in Findhorn und schrieb: «Der Himmel war immer grau, und manchmal regnete es auch. Doch in meiner Erinnerung sehe ich den Garten im strahlendsten Sonnenschein daliegen, ohne eine einzige Wolke am Himmel. Das liegt sicherlich an der außergewöhnlichen Farbenpracht der blühenden Blumen, die ich dort sah. Die Beete waren ein einziges Farbenmeer.»

Professor R. Lindsay Robb, Landwirtschaftsexperte der Vereinten Nationen, besuchte Findhorn im Jahr 1968 kurz vor Weihnachten und staunte: «Das Blühen und Gedeihen der Pflanzen in diesem Garten, und das mitten im Winter auf einem Land, das fast ausschließlich aus unfruchtbarem, feinem Sand besteht, läßt sich mit diesem bißchen Kompost nicht erklären und auch nicht mit irgendeiner bisher bekannten biodynamischen Anbaumethode. Hier müssen andere Faktoren den entscheidenden Ausschlag gegeben haben.»

Um die gleiche Zeit erhielten Dorothy Maclean und die Caddys Besuch von Sir George Trevelyan, dem Begründer des Attingham College und der Adult Education Foundation (wörtlich: Stiftung für Erwachsenenbildung) in England. Sir George beschrieb, wie er auf dem Rasen saß, «inmitten von Narzissen, so schön und so groß, wie ich sie noch nie gesehen hatte. Die Beete waren von blühenden Blumen übersät. Und man setzte mir das beste Gemüse vor, das ich je gegessen hatte. Mitten in dem Garten stand eine etwa ein Meter hohe junge Edelkastanie, die vor Energie und Lebenskraft zu strotzen schien. Und es wuchsen alle möglichen blühenden Obstbäume dort – kurzum, es war einer der ertragreichsten kleinen Gärten, die ich je gesehen habe, und er brachte sehr kräftige Pflanzen von unübertroffener Farbenpracht und Schmackhaftigkeit hervor.

Ich bin zwar kein Gärtner», fuhr er fort, «aber ich gehöre zur Soil Association, interessiere mich für biodynamische Anbaumethoden und habe genügend Erfahrung, um zu wissen, daß Kompost und Strohmulch, mit magerem, sandigem Boden vermischt, nicht ausreichen, um so einen Garten hervorzubringen. Bei der Sache muß es irgendeinen ‹Faktor X› geben, dachte ich. Aber was war das für ein Faktor?»

Caddy beschloß, Sir George reinen Wein einzuschenken, und erklärte ihm, dieser «Faktor X» sei die Tatsache, daß die Menschen in Findhorn mit den Naturgeistern zusammenarbeiteten. Sir George, der sich lange Zeit mit okkulten Dingen beschäftigt hatte und die Werke Washington Carvers, Luther Burbanks, Rudolf Steiners und anderer Autoren kannte, fiel es nicht schwer, diese Erklärung zu akzeptieren. Er schlug sogar vor, sie durch eine gezielte Untersuchung solcher Phänomene zu erhärten.

Trevelyan unterstützte Caddys Standpunkt mit dem Hinweis, schon für die alten Griechen und Römer sei das Reich der Naturgeister ein selbstverständlicher Teil ihrer täglichen Lebenserfahrung gewesen. Er meinte, daß jene Sinnesorgane, mit denen die Menschen die übersinnliche Welt wahrnähmen, vielleicht durch die Entwicklung unseres analytischen Verstandes verkümmert seien. «Vielleicht existieren die Naturgeister heute immer noch», sagte er, «wir nehmen sie nur nicht mehr wahr – außer jenen Menschen, die die Fähigkeit, sie zu sehen und zu erfahren, wieder neu entwickeln können.»

Trevelyan ging sogar noch weiter. Er sagte, die Arbeit der Menschen in Findhorn sei von großer Bedeutung, denn die Umweltsituation, in der die Welt sich befinde, sei kritisch. «Die Welt der

Naturgeister hat genug davon, wie der Mensch mit den Kräften des Lebens umgeht», erklärte er. «Die Devas und Elementargeister befolgen Gottes Gesetze des Pflanzenwachstums. Der Mensch hingegen bricht diese Gesetze ständig. Es ist leicht möglich, daß die Naturgeister dem Menschen, den sie manchmal für einen Parasiten auf dieser Erde halten, eines Tages den Rücken kehren. Das könnte einen Rückzug der Lebenskraft aus den Pflanzenformen mit sich bringen, und so etwas hätte natürlich verheerende Folgen.»

Sir George riet, andere Menschen sollten sich die Arbeit der Findhorn-Gemeinschaft zum Vorbild nehmen: «Wenn man in Findhorn so rasch zu so überwältigenden Resultaten gelangen konnte, dann geht es auch in der Sahara», behauptete er. «Wenn nur genügend Menschen begännen, sich diese Kooperation gezielt zunutze zu machen, könnte man selbst in den unfruchtbarsten Gegenden jede Menge eßbarer Pflanzen anbauen.»

Inzwischen ist Findhorn weltweit als magischer Ort bekannt – als ein ganz besonderes Fleckchen Erde. Dort hat sich im Laufe der Jahre eine Gemeinschaft mit vielen Anhängern gebildet, deren wissenschaftliche und spirituelle Leiter als Lehrkräfte für zahlreiche Ausbildungsprogramme und Seminare engagiert werden. Auch in Findhorn selbst finden immer wieder Schulungen statt, an denen viele Studenten teilnehmen, und seit dem Frühjahr 1977 erscheint vierteljährlich eine Findhorn-Publikation mit dem Titel *One Earth*. Was als ein bemerkenswerter kleiner Garten begann, hat sich inzwischen zu einem Zentrum des Lichts entwickelt, das Besucher aus aller Welt anlockt.

Wissenschaftler, die die Findhorn-Kommune besuchten, waren besonders beeindruckt davon, daß die Menschen dort die bewährten Anbaumethoden nicht aufgegeben haben, obwohl der Anstoß zu ihren Bemühungen nicht von der Naturwissenschaft kam, sondern durch ihre Kommunikation mit den Naturgeistern. Die Bereitschaft der Gärtner in Findhorn, der Natur zuzuhören, ist für uns moderne Menschen etwas völlig Neues. Laut William Irwin Thompson, dem Herausgeber der Findhorn-Publikation, wußten die Urvölker noch, wie man den Kräften der Natur lauscht. Er glaubt, daß alle archaischen Kulturen – Tibeter, Hopi, Kelten und viele andere – jetzt auf der Erde wiedergeboren werden, weil ihr Bewußtsein in der heutigen Zeit und auch in Zukunft auf unserem Planeten dringend gebraucht wird.

Die Fähigkeit, mit anderen Sinnen als unseren physischen Augen zu sehen und Schwingungen wahrzunehmen, die über die Grenzen des elektromagnetischen Spektrums hinausgehen, erklärt vielleicht einige Geheimnisse, die sich mit dem Instrumentarium der Naturwissenschaftler nicht ergründen lassen. Der deutsche Wissenschaftler Gustav Theodor Fechner, der in seinem Buch *Nanna oder Über das Seelenleben der Pflanzen* im Jahr 1848 seine animistische Sicht der Pflanzenwelt darlegte, scheint der Realität heute näher denn je zu sein. Burbanks Behauptung, mit Unterstützung der Natur könne der Mensch alle Produkte erzeugen, die er wolle, und George Washington Carvers Überzeugung, daß in den Wäldern viele Naturgeister leben, die zum Wachstum der Pflanzen beitragen, scheinen eine ernsthafte wissenschaftliche Untersuchung zu verdienen und nicht bloß stillschweigende Duldung.

Die Botschaft, die in Findhorn zuerst Peter und Eileen Caddy und Dorothy Maclean und schließlich Tausenden anderer Menschen zuteil wurde, erreicht inzwischen auch andere Teile der Welt. Zu den Empfängern dieser Botschaft gehört zum Beispiel Machaelle Small Wright, Naturforscherin, Lehrerin, Aromatherapeutin und Mitbegründerin von Perelandra, einem 80 Quadratkilometer großen Naturforschungszentrum in Virginia. In ihrem Buch *Behaving as If the God in All Life Mattered* behauptet sie, sie habe durch ihre Kommunikation mit der Welt der Naturgeister und Devas eine Kindheit voller Qual und Isolation überstanden. Nachdem sie von den Erfahrungen der Menschen in Findhorn gelesen hatte, machte sie dort einen Besuch. Das gab ihr die Bestätigung, die sie brauchte, um ihr Leben ganz der Natur durch Pflanzenforschung, schriftstellerische Tätigkeit und Lehren zu widmen, und zwar in enger Zusammenarbeit mit den Wesen des Naturreiches.

Vielleicht müssen wir, um unsere Beziehung zu unserem Planeten zu verändern, erst einmal unser Verhältnis zur Welt der Naturgeister neu überdenken und bereit sein zu akzeptieren, daß sie intelligente Wesen sind. In der Einleitung zu ihrem Buch schreibt Machaelle Small Wright, daß wir nur dann den Wunsch haben werden, Kontakt mit den Naturgeistern zu suchen, wenn wir uns eingestehen, daß so eine Beziehung dringend notwendig ist.

Wir haben uns eine hochspezialisierte und technologisch hochentwickelte Welt geschaffen. Es gibt unzählige qualifizierte Forscherteams, die herauszufinden versuchen, wie man unseren Planeten retten oder gesünder leben kann. «Doch trotz all dieser gewissenhaften Forschungsarbeiten und Technologien», argumentiert sie, «bin ich der Meinung, daß wir unsere Aufmerksamkeit nun der Natur selbst zuwenden müssen. Wir müssen die Intelligenz erkennen, die allen natürlichen Formen auf dieser Erde innewohnt, und von ihr alles lernen, was wir an Wissen benötigen. Dann müssen wir diese Informationen auf unser Leben und unsere Technologien anwenden, um uns aus dem ökologischen Dilemma zu befreien, in dem wir stecken.»

Der Kontakt mit einem nicht-physischen spirituellen Führer veränderte das Leben der Autorin und Verlegerin Meredith L. Young-Sowers von Grund auf. In ihrem Buch *Agartha* beschreibt sie diese innere Wandlung. Nachdem sie detaillierte Anweisungen im Hinblick auf ihr eigenes spirituelles Leben und inneres Wachstum erhalten hatte, trug man ihr auf, einen Garten anzulegen und zu bepflanzen. Diese Erfahrung werde in ihr ein umfassenderes Verständnis für die Intelligenz wecken, die allen Lebensformen innewohnt.

In dieser Zeit der spirituellen Führung erklärte ihr der Lehrer, den sie stets «Mentor» nannte, die Zwiesprache mit den Lebenskräften der Natur stelle sich ganz von selbst ein, wenn man offenen Herzens und in Liebe nach Einheit strebe. «Diese flüchtigen Berührungen mit der Welt der Pflanzen und Tiere finden immer dann statt, wenn man seine normale geistige Verteidigungshaltung aufgibt, wenn man voller Frieden ist und erfüllt von einer Haltung, die man als positives Bewußtsein bezeichnen könnte, das heißt, einer dynamischen Bekräftigung der Einheit allen Lebens», sagte der Mentor.

Es ist wichtig, auch die Phantasie in unsere Erfahrungen einfließen zu lassen, wenn wir die Welt der Naturgeister entdecken möchten, erklärte Meredith Young-Sowers' Lehrer. «Wenn man sich wünscht, ein Teil der Natur zu sein und an allem teilzuhaben, was sich in der Umgebung der anderen Menschen abspielt, gewinnt man die Phantasie und die Grunderfahrung vom Geist des Lebens zurück», sagte er. Nachdem Meredith Young-Sowers ihren Garten bepflanzt und ihr Herz den Blumengeistern geöffnet hatte, erhielt sie die Anweisung, Karten zur Weissagung der Zukunft zu produzieren, auf denen Fotos prächtiger Blumen zu sehen waren. Diese Bilder sollten den Menschen bei Fragen über ihr Leben als göttliche Inspiration dienen.

Vor vielen Jahren machte ich als junger Zeitungsreporter meine eigene Reise in den Garten Eden. Es war an einem trägen Sommernachmittag in der *Eagle*-Redaktion in Wichita. Ich brauchte dringend eine Ausrede, um möglichst schnell aus dem Nachrichtenstudio verschwinden zu können, bevor dem Herausgeber noch irgendeine Veranstaltung einfiel, zu der er mich schicken konnte. Ich hatte von einem Farmer gehört, der ein paar Kilometer südlich von Wichita lebte und sehr ungewöhnliche Dinge mit Pflanzen anstellte. Jetzt schien die ideale Gelegenheit gekommen zu sein, ihn anzurufen. Er war zu Hause und lud mich zu sich ein.

Dieser Nachmittag wurde zum unvergeßlichsten Erlebnis meines Lebens. Die Gärten von Ross Gosney schienen gar nicht in diese Gegend zu passen, denn sie lagen mitten in der Prärie – einem Land mit heißen Sommerwinden und eisigen Winterstürmen. In dieses Land paßten nur Präriegras, Weizen, Hirse und noch ein paar andere widerstandsfähige Pflanzen, die hier überleben konnten. Aber Bananensträucher, Zitronenbäume und die Louisiana-Sumpfzypresse? War ich wie Dorothy MacLean von irgendeinem Verrückten in ein wundersames Land entführt worden?

Ein Mann um die Sechzig mit freundlichem Gesicht und einem rätselhaften Grinsen drückte mir die Hand. «Hallo, wie geht's?»

begrüßte er mich. «Nett, daß Sie gekommen sind. Sie haben sich den günstigsten Zeitpunkt ausgesucht. Normalerweise habe ich ziemlich oft Besuch, aber heute nachmittag ist niemand da.»

Wir streiften durch sein Grundstück, und er sprach von diesem Baum hier oder dem Busch da drüben, als seien es alte Freunde. Verblüfft fragte ich mich, auf was für einem seltsamen Planeten ich denn da wohl gelandet war. Das war Neuland für mich. Mir war zumute, als hätte ich Urlaub von der Realität genommen. Zwischen den Pfirsich- und Apfelbäumen wuchsen Zitronen, neben den Petunien blühten tropische Blumen, und ein kalifornischer Mammutbaum hatte die Walnuß- und Pecannußbäume an Größe inzwischen schon überflügelt. Und all diese Pflanzen gediehen nicht etwa in einem eingefriedeten, geschützten Botanischen Garten, sondern im Freien, und die Bäume und Büsche wuchsen auch nicht in Kübeln, so daß man sie hätte rasch hereinholen können, wenn Frost drohte. Nein, sie waren fest in der Erde verwurzelt, und man sah ihnen an, daß die meisten schon seit einiger Zeit hier standen.

Ich brauchte eine Weile, um meine Verblüffung zu verbergen und wieder meine Rolle als Reporter spielen zu können. Ich fragte den Mann, wie ihm dieses fast unmöglich erscheinende Wunder gelungen war. Da erklärte Gosney mir ausführlich, wie er seine Exoten herangezogen hatte: in ganz normaler Erde, genau wie alle anderen Pflanzen. Er hatte begonnen, sie an das Klima in Kansas zu gewöhnen, solange sie noch klein waren. Die besonders empfindlichen Bananensträucher hatte er anfangs in Kübeln gehalten und bei Frost immer wieder hereingeholt und erneut nach draußen gestellt, so lange, bis sie den Winter im Freien verkrafteten. Nach dem ersten Winter hatte er sie dann endgültig in den Garten gepflanzt. So ähnlich hatte er es auch mit vielen anderen Pflanzenarten gemacht.

Gosney erzählte mir von diesem Verfahren, von der Erde und den Düngern, die er selbst zusammengestellt hatte, und der liebevollen Fürsorge, die er seinen Pflanzen angedeihen ließ.

Ich glaubte ihm zwar, daß all diese Faktoren eine wichtige Rolle spielten. Aber ich hatte die ganze Zeit über das Gefühl, daß doch noch mehr dahinterstecken mußte. Auf mein Drängen hin erklärte er schließlich: «Tja, ich fürchte, ich muß Ihnen das gleiche sagen wie den Leuten von den landwirtschaftlichen Fakultäten der Universitäten – und es waren schon etliche bei mir: Ich bin einfach nicht bereit, all meine Geheimnisse offenzulegen … Eines Tages vielleicht, aber jetzt noch nicht.»

An der Art, wie er diese Erklärung abgab – langsam, bedächtig, entschlossen –, merkte ich, daß er das nicht zum erstenmal sagte. Die Lösung dieses Rätsels würde also nicht in der morgigen Ausgabe des Wichita-*Eagle* erscheinen.

Ein paar Monate später erzählte ich Frank Carlson, einem früheren Senator der Vereinigten Staaten, von meinem Erlebnis. Er erwiderte, er sei ein guter Freund von Gosney und habe ihm schon öfter Samen seltener Pflanzen aus den verschiedensten Ländern der Welt mitgebracht.

Carlson war genau wie ich der Meinung, daß mehr hinter Gosneys Erfolg stecken mußte als nur Dünger, allmähliche Gewöhnung an die winterliche Kälte und liebevolle Fürsorge. Er wußte zwar auch nicht, was es war, aber er fügte nachdenklich hinzu: «Ich weiß nur eines – vielleicht bringt uns das der Lösung des Rätsels ein wenig näher, vielleicht auch nicht: Vor vielen Jahren lebte Gosney eine Zeitlang in Tibet. Nach seiner Rückkehr hat er diese Sache mit den Pflanzen angefangen.»

Hatte Gosney ebenso wie Caddy, der auch in Tibet gewesen war, gelernt, wie man mit Pflanzen spricht? Besaß er die Fähigkeit, mit den Naturgeistern zusammenzuarbeiten? Während ich über diese Fragen nachgrübelte, mußte ich immer wieder an einen meiner Vettern denken, der im Zweiten Weltkrieg bei der Luftwaffe gewesen und zwischen Indien und China hin und her geflogen war. Er schwor, beim Überfliegen des Himalaja öfter üppige grüne Gärten in einer Höhe von über fünftausend Metern gesehen zu haben. Vielleicht ist James Hiltons Geschichte von Shangri-La in *Irgendwo in Tibet* ja doch keine bloße Phantasie.

Das Ehepaar Caddy, Dorothy MacLean, die vielen Menschen, die das Findhorn-Projekt zu einem internationalen Erfolg gemacht haben, und Leute wie Trego und Gosney, die ihren eigenen Hinterhof in einen Zaubergarten verwandelten, handelten alle nach der gleichen Philosophie: Alles Leben ist eine Einheit. Sie akzeptierten keine Wissenschaft, die den Menschen von der Erde und ihren Pflanzen trennt, sondern machten die Erfahrung, daß alle Lebensformen Teil eines göttlichen Ganzen sind. Und diese Erkenntnis versetzte sie in die Lage, anderen Menschen eine tiefere Realität zu offenbaren.

6.
Von der geheimnisvollen Beziehung zwischen Delphin und Mensch

Die neuesten Erkenntnisse über die hohe Intelligenz von Delphinen und anderen Walen und ihre innere Verwandtschaft mit dem Menschen haben uns dazu inspiriert, die Stellung, die wir auf diesem Planeten einnehmen, neu zu überdenken. Wir haben festgestellt, daß wir nicht die einzigen Lebewesen sind, die eine gewisse Intelligenz besitzen, sondern daß es auch bei den Walen Eigenschaften wie Vernunft, Liebe, Güte und Treue gibt.

Die Menschen hatten schon seit langem die Hoffnung, im Universum andere Lebensformen zu entdecken, mit denen sie kommunizieren könnten. Doch jetzt hat sich gezeigt, daß diese Lebewesen keineswegs Lichtjahre von uns entfernt sind, sondern ganz in unserer Nähe leben. Dank der Geduld der Delphine und der Erkenntnisse vieler beharrlicher Naturforscher ist unser Traum, die bisherige einseitige Beziehung zwischen Dresseur und Tier durch eine echte Kommunikation zu ersetzen, inzwischen Wirklichkeit geworden. Doch gleichzeitig hat die Erkenntnis, daß wir Menschen nicht die einzigen Lebewesen sind, die ein hohes Maß an Bewußtheit und Sensibilität besitzen, uns gezwungen, die anderen Bewohner dieser Erde etwas genauer in Augenschein zu nehmen. Wir mußten einsehen, daß in unserer Umwelt alle Geschöpfe voneinander abhängig sind. Wir alle singen das Lied des Lebens – oder finden uns mit dem Schweigen ab.

Meine erste Erfahrung mit Delphinen machte ich in einer Zauberwelt aus Korallen, Seetang, Fischen und anderen Geschöpfen des Meeres, die sich alle in einem langsamen, rhythmischen Tanz durch flüssiges Sonnenlicht zu bewegen schienen. Die ehrfurchtgebietende Schönheit dieser stummen Welt entzückte mich so, daß mir nicht der leiseste Gedanke an eine möglicherweise drohende Gefahr kam.

Doch plötzlich wurde ich aus meinen Träumereien jäh in die Realität zurückgerissen: Ein großes, torpedoförmiges Tier kam auf mich zugeschossen. Ich war noch ein Neuling in dieser Welt; seit wir vor knapp einem Monat nach Madeira Beach in Florida gezogen waren, hatte ich die Unterwasserwelt an unserem Strand zwar schon mehrmals erkundet, aber bisher waren es nur harmlose Tauchübungen in ziemlich seichtem Wasser gewesen, und ich hatte dabei nichts Aufregenderes entdecken können als ein paar außergewöhnliche Muscheln. Jetzt war mir nach atemberaubenderen Entdeckungen zumute. Ich war vor Abenteuerlust wie berauscht; mir fehlte die Vorsicht des erfahrenen Tauchers.

Als ich den dunklen Eindringling sah, geriet ich in Panik. «Ein Hai!» schoß es mir blitzartig durch den Kopf. Statt mich totzustellen, schwamm ich sofort an die Wasseroberfläche zurück und kraulte in blinder Hast auf das Ufer zu. Doch schon nach ein paar Schwimmzügen hatte der «Angreifer» mich eingeholt und schwamm friedlich neben mir her. Es war ein Delphin, der nur gerade so viel Abstand von mir hielt, um nicht von meinen wild ausschlagenden Armen und Beinen getroffen zu werden. Zwar hatten wir bisher jeden Tag frühmorgens Schwärme dieser großartigen, verspielten Tänzer an der Küste vorbeischwimmen sehen. Aber das hier war meine erste Begegnung aus allernächster Nähe. Dieser Delphin war so nah, daß ich ihn beim besten Willen nicht mit einem anderen Tier verwechseln konnte.

Meine anfängliche Angst wich einem Gefühl der Erleichterung und ehrfürchtiger Scheu. Ich reduzierte meine hektischen Schwimmbewegungen auf ein vernünftiges Tempo. Der große Delphin schwamm ein paar Meter neben mir her und verschwand dann in tieferen Gewässern, vielleicht, weil er sich inzwischen davon überzeugt hatte, daß mir nichts fehlte. Es braucht wohl nicht eigens erwähnt zu werden, daß dieses Erlebnis in den nächsten Tagen mein Hauptgesprächsthema war.

Während des Jahres, das wir auf der Insel verbrachten, faszinierten die Delphine uns immer wieder. Ab und zu begegneten wir ihnen im Meer, und sie weckten stets ein Gefühl der Sicherheit und Geborgenheit in uns. Manchmal waren sie zum Spielen aufgelegt. Eines Abends erlebten wir, wie ein Delphin einen unserer Freunde jedesmal, wenn er versuchte, in dem anderthalb Meter tiefen Wasser zu stehen, von hinten anschubste, bis er umfiel. Hin und wieder halfen sie auch Menschen: Ein älterer Mann, der am Strand wohnte, ließ sich gern in seinem Schlauchboot aufs Meer hinaustreiben, denn er wußte, daß pünktlich wie eine Uhr an einer ganz bestimmten Stelle ein Delphin auftauchte und ihn an den Strand zurückschob. «Er verläßt sich darauf, und sie haben ihn auch noch nie im Stich gelassen», erzählte uns seine Frau. Hin und wieder fuhren wir zum Aquarium von St. John's Pass und schauten Paddy bei ihren Kunststückchen zu. Am liebsten gingen wir nach unten, stellten uns an die Glaswand und redeten mit ihr, wenn sie sich von ihren Vorführungen ausruhte. Irgendwie drängte es uns immer dazu, mit ihr zu sprechen. Wir wußten zwar nicht genau, ob Paddy unsere Stimme hören konnte, aber wir waren ganz sicher, daß sie uns mit ihren großen, glänzenden Augen beobachtete.

Ich bin überzeugt davon, daß alle Menschen, die schon einmal ein Erlebnis mit einem Delphin hatten, sich dadurch veränderten. In all meinen Erinnerungen an Florida scheinen Delphine eine wichtige Rolle zu spielen. Warum ist das so? Was ist das für eine Kommunikation zwischen Mensch und Delphin, die einen so dauerhaften Eindruck bei mir hinterlassen hat?

Vor ein paar Jahren wurde eine Freundin, die an der Westküste Urlaub machte, von einem Wal- und Delphindresseur gebeten, «die Delphine zu rufen». Sie befolgte die Aufforderung, und die Delphine schwammen tatsächlich zu ihr hin. Dieses Erlebnis hat sie mehrfach erwähnt; es scheint einen besonderen Platz in ihren Erinnerungen einzunehmen. Man hört oft, daß die Begegnung mit einem Wal oder Delphin eine Wende im Leben eines Menschen bewirkt und ihm neue Perspektiven eröffnet hat. Ein anderer enger Freund hatte diesen Sommer ein solches Erlebnis: Vorher hatte er als erfolgreicher Seminarleiter Topmanagern Streßbewältigungstechniken beigebracht; jetzt will er wieder zur Schule gehen, um zu lernen, wie man mit anderen Lebewesen kommuniziert.

Manche Kritiker halten diese plötzlichen Wandlungen im Leben solcher Menschen vielleicht für übertriebene Schwärmerei; doch zu den Leuten, die sich für Wale und Delphine begeistern, gehören immerhin auch sehr angesehene Naturwissenschaftler und Verhaltensforscher. «Durch den Kontakt mit Walen und Delphinen hat sich mein Leben verändert», erklärte mir die Psychologin Joan Ocean. In der Einleitung zu ihrem Buch *The Dolphin Connection* bezeichnet sie diese Tiere als «meine Freunde, ja sogar meine Lehrer. Sie haben mich im wahrsten Sinne des Wortes belehrt ... Sie sind lebendige Beispiele für eine Lebensweise, in der sich Freude, Harmonie und Gesundheit manifestieren.»

In den vielen Jahren, die Joan Ocean schon mit geistig gestörten Erwachsenen und mißhandelten Kindern gearbeitet hatte, verlor sie oft den Mut, denn sie empfand ein tiefes Mitgefühl für solche Menschen. Dann meditierte sie und betete darum, daß Gott ihr bessere Wege zeigen möge, um diesen unglücklichen Menschen zu helfen, und sie zu inspirieren.

«Da erlebte ich eines Tages, was für eine Bereicherung es für mich war und wie sehr es mich innerlich veränderte, wenn ich neben Delphinen herschwamm», erklärte sie, «und ich war überzeugt davon, daß eine solche Erfahrung die Lebensqualität aller Menschen verbessern könnte.»

Joan Ocean stellte fest, daß sie stets sehr intensiv in sich hineinhorchte, wenn sie mit Delphinen zusammen war. Und dann spürte sie voll freudiger Erregung, wie viele wunderbare Möglichkeiten ihr offenstanden. Neue Entschlüsse reiften in ihr, die von Freude und Optimismus getragen waren. Und diese Vorsätze und Empfindungen gerieten nicht etwa nach einer Weile wieder in Vergessenheit; nein, sie gaben ihr ein Gefühl größerer Freiheit in ihrem Leben und ihrer Arbeit. «Immer wenn ich anfange, daran zu zweifeln, ob sich meine Pläne verwirklichen lassen, schwimme ich wieder mit den Delphinen aufs Meer hinaus, und schon kehrt meine positive Lebenseinstellung zurück.»

Bei ihren Gesprächen mit Delphintrainern, Ökologen, Meeresforschern und anderen Menschen, die viel mit Walen und Delphinen zu tun haben, erfuhr Joan Ocean, daß diese Leute alle schon einmal auf telepathischem Wege mit diesen Tieren kommuniziert haben. Doch aus beruflichen oder persönlichen Gründen möchten sie sich lieber nicht tiefer auf solche Kontakte einlassen, denn die Konfrontation mit dem Unbekannten wirkt häufig sehr beunruhigend.

Es gibt unzählige faszinierende Geschichten über die Genialität und den Einfallsreichtum von Delphinen und über ihre Kontakte mit Menschen. Ein Forscher hat Delphine als die Intellektuellen des Meeres bezeichnet, und manche Menschen fragen sich, ob sie nicht vielleicht sogar intelligenter sind als wir. Geduldig und aufmerksam haben sie alle wissenschaftlichen Tests absolviert, und dann haben sie den Spieß umgedreht und die Lehrerrolle übernommen, und zwar auf eine Art, die ihre menschlichen Partner verblüffte. Die Tierforscher Vincent und Margaret Gaddis vermuten, daß bei unseren ersten anspruchsvolleren Gesprächen mit nichtmenschlichen Lebewesen höchstwahrscheinlich Delphine die Partner sein werden, falls es nicht vorher noch zu einem Kontakt mit intelligenten Wesen aus dem Weltraum kommen sollte.

Es bedurfte schon eines visionären Naturwissenschaftlers wie Dr. John C. Lilly, um uns die Möglichkeit aufzuzeigen, daß es andere Geschöpfe geben könnte, die dem Menschen intellektuell ebenbürtig sind. Er hat uns klargemacht, daß eine Kommunikation mit diesen Geschöpfen uns vielleicht dazu zwingen würde, unsere Beziehung zu allen Lebewesen dieser Erde neu zu überdenken.

Obwohl Delphine schon in der Antike verehrt wurden und in den Mythen vieler Kulturen eine wichtige Rolle spielen, flößte uns erst eine Studie der Marine der Vereinigten Staaten den Respekt ein, den wir heute für diese Tieren empfinden. Die Marine wollte sich von den Schwimmkünsten der Delphine Anregungen dafür holen, wie man ein technisch verbessertes U-Boot konstruieren könnte. Die Leitung der Studie wurde dem Neurophysiologen Dr. Lilly anvertraut. Damals ließ sich noch niemand träumen, welche bedeutenden Entdeckungen dabei gemacht werden sollten, auch Lilly selbst nicht.

Dr. Lilly mußte sich eines Computers bedienen, um mit den Delphinen Schritt zu halten. Er stellte fest, daß ihr Gehirn im Vergleich zum unsrigen unglaublich schnell arbeitet. Colin Taylor, Kurator des Ozeanariums in Port Elizabeth (Südafrika), schätzt, daß Delphingehirne sechzehnmal so schnell arbeiten wie unsere menschlichen Gehirne, obwohl er nicht sicher ist, wie viele Informationen sie sich merken können. Als Dr. Lilly eine Elektrode ins «Lustzentrum» eines Delphingehirns einsetzte, lernte der Delphin gleich beim ersten Versuch, den Schalter zu betätigen, der den Strom erzeugte. Affen brauchen in der Regel mehrere hundert Versuche, um diese Technik zu erlernen.

In seinem Buch *Man and Dolphins* erzählt Dr. Lilly, wie sich einmal ein junger Delphin von seinem Schwarm absonderte und von drei Haien angegriffen wurde. Da stieß der Delphin eine Reihe von Notsignalen aus: zwei kurze Pfiffe, von denen jeweils der erste in der Tonhöhe rasch anstieg und der zweite ebenso abrupt abfiel. Die Reaktion war erstaunlich. Über zwanzig Delphine, die vorher an einer lebhaften Unterhaltung beteiligt gewesen waren, ließen alles stehen und liegen und kamen in Höchstgeschwindigkeit angeschossen – mit ungefähr 60 Kilometern pro Stunde. Ohne ihr Tempo zu verlangsamen, rammten die Delphinmännchen die Haie. Bald war das Knorpelskelett der Haie zerschmettert, und sie sanken leblos auf den Meeresgrund. Die Weibchen kümmerten sich inzwischen um den schwerverletzten jungen Delphin. Er konnte nicht mehr aus eigener Kraft zum Atemholen an die Meeresoberfläche aufsteigen, also schwammen zwei Weibchen jeweils rechts und links neben ihm her, stützten ihn mit ihren Flossen und hoben ihn hoch, bis sein Atemloch über die Meeresoberfläche hinausragte und er Luft holen konnte. Während dieses Manövers verständigten sie sich mit Pfeifsignalen. Hin und wieder lösten die Weibchen sich auch gegenseitig ab. Es ist schon vorgekommen, daß Delphine einem verletzten Artgenossen zwei Wochen lang Tag und Nacht auf diese Weise halfen, bis er wieder vollständig genesen war.

Das Delphingehirn ist viel stärker spezialisiert als unseres. Der deutsche Psychiater G. Pilleri behauptet, daß es «allmählich gar nicht mehr so hundertprozentig feststeht», ob unser Gehirn wirklich dem aller anderen Lebewesen überlegen ist. Und der Physiker und Biologe Leo Szilard hat in seinem Buch *The Voice of the Dolphin and Other Stories (Die Stimme der Delphine: Science-fiction-Erzählungen)* prophezeit, wenn wir Menschen je lernen sollten, mit den Delphinen zu reden, würden «diese Intellektuellen des Meeres fortan sämtliche Nobelpreise gewinnen – in Physik, Chemie, Medizin, und den Friedensnobelpreis noch dazu».

In einem seiner Experimente trennte Dr. Lilly ein Delphinpaar in ihrem Becken durch eine Blechwand voneinander. Dieser Versuch lieferte ihm einen ziemlich überzeugenden Beweis dafür, daß Delphine tatsächlich Gespräche miteinander führen. Zuerst veranstalteten die beiden Delphine ein schrilles Pfeifkonzert. Offensichtlich erkannten sie einander an ihren Lautäußerungen, obwohl sie sich nicht sehen konnten. Sie versuchten sogar, so hoch zu springen, daß sie wenigstens einen flüchtigen Blick voneinander erhaschen konnten, aber es gelang ihnen nicht. Da verstummten sie beide. Doch nach einer Weile begann das Männchen seine Gefährtin zu ermuntern, sich mit ihm zu unterhalten. Es mußte erst einmal einen ziemlich langen Monolog führen, ehe das Weibchen antwortete. Als es dann schließlich doch seine Stimme erhob, schwieg das Männchen so lange, bis seine Gefährtin geendet hatte. Auf diese Weise führten die Delphine mehrere unterschiedlich lange Gespräche.

Man hat auch festgestellt, daß Delphine Geräusche mit einer Frequenz bis zu 150000 Hertz wahrnehmen und Laute mit einer Frequenz bis zu 120000 Hertz ausstoßen können. Sie erzeugen zwei Arten von Lauten: Pfeifgeräusche und eine Serie rasch aufeinanderfolgender Klicklaute in einer Frequenz bis zu 120000 Hertz. Die Klicklaute dienen der Schallortung und werden fast ständig ausgestoßen.

Labortests haben gezeigt, daß das Echolotsystem der Delphine besser funktioniert als das der Fledermäuse. Um das zu testen, setzte man den Delphinen Gummischalen auf die Augen, so daß sie nichts mehr sehen konnten. Obwohl sie dadurch vorübergehend blind waren, schwammen die Delphine mit hoher Geschwindigkeit in ihren Wasserbecken herum, ohne mit Hindernissen zusammenzustoßen.

Die Naturwissenschaftler sagen, daß die Evolution der Sprache mit der Entwicklung des Großhirns parallel gegangen sei. Das Delphingehirn eignet sich von seiner Größe und seinem Aufbau her sehr gut für die Entwicklung von Sprache. Aber natürlich muß man, um eine Sprache zu entwickeln, zunächst einmal etwas mitzuteilen haben. Neuroanatomische Untersuchungen haben gezeigt, daß Delphine über ihre Augen und Ohren ebenso viele Informationen aufnehmen wie wir, und da sie soziale Lebewesen sind, haben sie ihren Artgenossen mit Sicherheit genausoviel zu sagen wie der prähistorische Mensch, der eindeutig über eine Sprache verfügte.

Die dritte Voraussetzung für eine Entwicklung von Sprache ist die Möglichkeit, sich auszudrücken. Diese Voraussetzung bringen die Delphine auf jeden Fall mit.

Dr. Lilly stellte fest, daß Delphine Laute in viereinhalbmal so hoher Frequenz ausstoßen wie wir Menschen und daß sie in der gleichen Zeit viereinhalbmal so viele Informationen verarbeiten können wie wir. Da der Delphin zwei voneinander getrennte Vorrichtungen zur Lauterzeugung besitzt (in jeder Hälfte seines Atemlochs eine) und beide gleichzeitig einsetzen kann, glaubt Dr. Lilly, daß dieses Tier seinen Artgenossen in der gleichen Zeit neunmal so viele Informationen übermitteln kann wie der Mensch.

Dr. Kenneth S. Norris vom Makapuu Oceanographic Institute auf Hawaii ließ seine pazifischen Delphine Telefongespräche mit atlantischen Delphinen in den Meereslaboren von Miami führen und installierte eigens zu diesem Zweck ein Unterwassermikrofon, Telefonkabel und einen Unterwasserlautsprecher. Und die Delphine der beiden Forschungsstationen waren eindeutig in der Lage, miteinander zu kommunizieren. Sie ließen ihre Gesprächspartner sogar immer ausreden, ehe sie selbst etwas sagten.

Durch dieses Projekt ermutigt, führten zwei Marineingenieure, T. G. Lang und H. P. Smith von der Teststation für Marineausrüstung in Pasadena (Kalifornien), weitere Tests zur Sprachbegabung von Delphinen durch. Sie setzten ein Delphinpaar, Doris und Dash, in zwei getrennte, schalldichte Wasserbecken und stellten den Tieren ein Unterwassertelefon zur Verfügung. Die Forscher konnten die Telefonverbindung unterbrechen, wann immer sie wollten.

Die Delphine stießen abwechselnd Laute aus, waren aber ziemlich wortkarg. Keiner der beiden «sprach» länger als fünf Sekunden hintereinander, und wenn er keine Antwort erhielt, verfiel er wieder in Schweigen. Hin und wieder gaben die Delphine ein paar Laute von sich, vielleicht, um festzustellen, ob der andere noch am Telefon war. Und immer wenn die Verbindung unterbrochen wurde, merkten die Delphine es sofort.

Dr. John Dreher, Dr. William E. Evans und Dr. J. H. Prescott vom Flugzeugbauunternehmen Lockheed belauschten die Gespräche von fünf Großen Tümmlern in Kalifornien mit Hilfe empfindlicher elektronischer Geräte. Als die Delphine gerade einmal nicht da waren, installierten die Wissenschaftler dort, wo die Lagune, in der die Tiere lebten, ins Meer einmündete, fünfzehn Bojen. Als die Delphine von einem längeren Ausflug in den Ozean zurückkehrten und die Bojen entdeckten, machten sie kehrt, verharrten dicht aneinandergedrängt in sicherer Entfernung und schienen eine Minute lang erregt zu diskutieren. Dann sonderte einer der Delphine, der offenbar als Kundschafter ausersehen worden war, sich von dem Schwarm ab, näherte sich vorsichtig den Bojen und schwamm von einer zur anderen. Als er zu seinen Gefährten zurückkehrte, stieß der Schwarm eine Reihe schriller Pfiffe aus. Im Anschluß an diese Diskussion machte sich ein zweiter Delphin auf, um die Bojen zu inspizieren. Als er wiederkehrte, wiederholte sich das schrille Pfeifkonzert. Nachdem ihre Skepsis sich gelegt hatte, schwammen die Delphine stumm und vorsichtig an den Bojen vorbei und in die Lagune hinein.

Vor ein paar Jahren berichtete eine Presseagentur aus Moskau, ein Delphinschwarm im Schwarzen Meer habe die Besatzung eines Fischerboots um Hilfe gebeten. Plötzlich war das kleine Boot von unzähligen Delphinen umringt gewesen, die es zu einer Boje hinschoben. Dort entdeckten die russischen Fischer einen jungen Delphin, der sich im Ankerseil der Boje verfangen hatte. Als es den Männern gelang, das Delphinbaby zu befreien, stieß der Delphinschwarm Laute aus, die die Fischer als Freudenpfiffe interpretierten, und begleitete das Fischerboot den ganzen Weg zurück bis zum Hafen.

Die zufällige Entdeckung, daß Delphine menschliche Stimmen nachahmen können, eröffnete dann endlich die faszinierende Möglichkeit einer Kommunikation zwischen Mensch und Delphin. Eines Tages imitierte ein Delphin die Geräusche von Dr. Lillys Laborgeräten. Daraufhin spielte der Wissenschaftler dem Tier eine Bandaufnahme vor, bei der alle Geräusche viermal so langsam wiedergegeben wurden wie in Wirklichkeit. Dabei machte er eine erstaunliche Entdeckung: Kaum hatte seine Stimme die Zählwerkangabe auf Band gesprochen – «drei-zwei-acht» –, da wiederholte der Delphin diese Worte sofort und ganz deutlich in hohen Pfeiftönen. Diese Entdeckung bestätigte sich, als Dr. Lilly den Delphinen dann andere Bänder vorspielte, auf denen ebenfalls menschliche Stimmen verzerrt wiedergegeben wurden und Schreien, Schnalzlauten und Pfiffen ähnelten, weil er sie in langsamerem Tempo laufen ließ. Die Delphine wiederholten alle Geräusche, die in dem Labor zu hören waren, einschließlich des Gelächters, aber sie taten es achtmal so schnell wie der Mensch.

Man könne nicht monatelang jeden Tag eine halbe Stunde lang mit einem begeisterten Delphin arbeiten und seine ständigen hohen Quietschtöne hören, schrieb Dr. Lilly, «ohne die Überzeugung zu gewinnen, daß der Delphin einem etwas mitteilen möchte. Und der Delphin beherrscht die Sprache sogar noch besser als die menschlichen Forscher. Delphine können zahlreiche physikalische Merkmale der menschlichen Sprache so gut nachahmen und auch selbst einsetzen, daß einem direkt unheimlich zumute wird, wenn man das hört.»

Dr. Lilly sprach einem Delphin namens Elver eine Reihe von Silben in einer ganz bestimmten Reihenfolge vor. In zweiundachtzig bis zweiundneunzig Prozent der Fälle wiederholte Elver alle zehn Silben in der richtigen Reihenfolge – eine Nachahmungsleistung, die einem Menschen äußerst schwerfallen würde.

Alle Menschen, die mit Delphinen arbeiten, berichten, daß diese Tiere begeisterte Nachahmer sind. Zwei Reporter, Ola und Emily D'Aulaire, erzählen von Delphinen, die sämtliche Schwimm- und Tauchtechniken, die sie bei den beiden beobachteten, sofort imitierten. «Dieses Talent geht erstaunlich weit», erklärten die Reporter. «Einmal blies ein Dresseur Zigarettenrauch gegen das Fenster eines Beobachtungsbeckens. Daraufhin schwamm ein junger Delphin zu seiner Mutter hin, saugte kurz an ihrer Zitze und spuckte die Milch dann an das Glasfenster. Auf diese Weise imitierte er den Rauch.»

In einem anderen Aquarium stellte ein Forscher einen Fernsehapparat so auf, daß der Delphin ihn sehen konnte. Kurz darauf beobachtete er, wie der Delphin in immer engeren Kreisen um das Gerät herumschwamm. Die D'Aulaires beschreiben die Reaktion des Delphins auf das Fernsehprogramm folgendermaßen: «Er quietschte laut, nahm einen in der Nähe auf der Wasseroberfläche schwimmenden Spielzeugball und warf ihn mehrmals in die Luft. Als die Dresseure daraufhin zu dem Fernsehapparat eilten, wurde ihnen klar, daß der Delphin ein Baseballspiel mitsamt der heiseren Anfeuerungsrufe der Zuschauer zu imitieren versuchte.»

Louis Herman, Psychologe und Laborleiter im Kewalo Mammal Laboratory auf Hawaii, berichtet von einem Experiment, bei dem zwei seiner Kollegen einem Delphin einen Ball und eine Frisbeescheibe zeigten. Jedem dieser Objekte wurde ein bestimmtes Geräusch zugeordnet, so daß das Tier lernte, Gegenstand und Geräusch miteinander zu assoziieren. Schon nach kurzer Zeit gaben die Tiere das entsprechende Geräusch von sich, wenn der Dresseur ihnen den Ball oder die Frisbeescheibe hinhielt.

In einem Aquarium auf Hawaii brachte ein von Dr. Gregory Bateson geleitetes Forschungsteam einem Delphin sogar bei, sich neue Kunststückchen einfallen zu lassen und diese vorzuführen. Dafür gab es dann jedesmal eine Belohnung. Der Delphin begriff nicht nur genau, was er tun sollte, sondern zeigte auch viel Phantasie und Einfallsreichtum bei der Erweiterung seines Repertoires an Kunststücken.

Delphine scheinen sehr rasch durch Beobachtung zu lernen. Bei den Delphinshows in Aquarien kommt es manchmal vor, daß ein Delphin ein bestimmtes Kunststück vorführen soll, sich aber aus irgendeinem Grund weigert. Oft springt dann ein anderer Delphin ein, der dieses Kunststück zuvor nie gelernt hat, und absolviert es mit Bravour.

Bei einem anderen Experiment, in dem ein männlicher und ein weiblicher Delphin sehr rasch reagieren mußten, ging es um zwei Tasten und ein Signallicht. Wenn das Licht blinkte, mußte die linke Taste heruntergedrückt werden, wenn es nicht blinkte, die rechte. Außerdem mußten die Tiere lernen, daß das Männchen zuerst auf die Taste drücken sollte. Dann wurde eine Trennwand zwischen die Tiere geschoben, so daß nur das Weibchen das Lichtsignal sah. Beim ersten Signal schwamm das Weibchen zu seinen Tasten hinüber und stieß ein paar Laute aus. Daraufhin drückte erst das Männchen auf die richtige Taste und dann das Weibchen. Die Delphine machten bei dieser Übung nie einen Fehler.

Unabhängig von ihrem Intelligenzgrad zeigen Delphine großes Verständnis und Mitgefühl gegenüber Menschen mit speziellen Problemen. Man hat diese Tiere sogar schon zur Therapie von Kindern und Erwachsenen eingesetzt, die an Down-Syndrom, Wasserkopf, Gehirnlähmung, Muskeldystrophie und Verletzungen von Kopf und Wirbelsäule litten.

David Nathanson setzt im Delphinforschungszentrum in Miami fünfzehn Delphine für solche Therapien ein. «Zwischen diesen Menschen und den Delphinen besteht eine enge Beziehung, die sich nur schwer erklären läßt. Die Delphine sind sehr sanft und einfühlsam und scheinen zu verstehen, daß diese Menschen besondere Bedürfnisse haben», sagt er.

Als der fünfjährige Deane-Paul Anderson im Jahr 1989 zu Nathanson in Behandlung kam, konnte er kein Wort sprechen. Er litt am Down-Syndrom und war ein scheuer Einzelgänger. Seit er jede Woche an Therapiesitzungen bei Nathanson teilnimmt und regelmäßig mit Delphinen im Wasser Kontakt hat, ist er gesprächig und aufgeschlossen. «Die Delphine haben eine kleine Tür zu Deane-Pauls Seele geöffnet», erklärte seine Mutter den Reportern Ola und Emily D'Aulaire, «und da sprudelte plötzlich alles aus ihm heraus, was er vorher in sich verschlossen gehalten hatte.»

Patricia St. John, Forscherin und Autorin des Buches *Beyond Words, Unlocking the Secrets to Communicating*, spricht direkt mit Delphinen und setzt die Erfahrungen, die sie daraus gewinnt, ein, um autistischen Kindern zu helfen. Sie ist der Überzeugung, daß das Geheimnis der Kommunikation darin besteht, alle Lebewesen wie seinesgleichen zu behandeln, mit Achtung und Liebe. Man muß bereit sein, von ihnen zu lernen, statt zu erwarten, daß sie sich unserer Sprache bedienen.

Genau wie wir komplizierten Menschen sind auch die Delphine nicht leicht zu verstehen. Das größte Rätsel ist, warum sie sich so zu uns Menschen hingezogen fühlen, obwohl wir sie dermaßen schlecht behandeln. Ihre Menschenfreundlichkeit ist schon legendär. Viele Delphine lassen Menschen zum Spaß auf sich reiten, und manchmal retten sie ihnen auch das Leben. In Anbetracht der Tatsache, daß wir diese Tiere stets verfolgt, gefangengenommen oder sogar getötet haben, ist es schwer zu verstehen, warum sie trotzdem immer noch so freundlich zu uns sind. Es gibt keine Belege dafür, daß je ein Mensch von einem Delphin verwundet worden ist, nicht einmal, wenn dieser Mensch ihn töten wollte.

Wenn wir bedenken, daß manche Delphinarten mittlerweile schon zu über achtzig Prozent vom Menschen ausgerottet wurden und anderen ein ähnliches Schicksal in den Fischernetzen bevorsteht, drängt sich uns die Frage auf, ob diese einfühlsamen Lebewesen vielleicht einfach zu gut für uns sind. Womöglich werden sie in der Umwelt, die wir geschaffen haben, gar nicht überleben können.

Delphine bringen Liebe, Leben und Kreativität in unsere Ozeane. Sie haben sich auf diesem Planeten manifestiert, um eine Brücke der Freude und Intelligenz zwischen den Meeresbewohnern und den Menschen zu schaffen, aber weil wir das nicht zulassen, sind sie nun im Begriff, diesen Planeten zu verlassen – das ist jedenfalls Gary Zukavs These in seinem Buch *The Seat of the Soul*.

Doch die Psychologin Joan Ocean, die intensiven Kontakt mit Delphinen und anderen Walen pflegt, glaubt, daß diese Tiere dennoch auf der Erde bleiben werden, denn inzwischen haben sich in ihrer Beziehung zu einigen Menschen bahnbrechende Veränderungen ergeben, und das hat ihnen Mut gemacht. Nach Joan Oceans Erfahrung können wir Menschen von den Delphinen vieles lernen, und sie sind auch bereit, uns etwas beizubringen. Joan Ocean weist darauf hin, daß immer mehr Menschen sich Sorgen um unsere Umwelt machen; sie entdecken immer neue Wege, die Erde zu schützen, denn sie sehen ihre Aufgabe darin, der großen Masse der Menschen zu zeigen, wie man den Boden, das Wasser, die Luft und die Pflanzen- und Tierwelt unseres Planeten vor Verschmutzung und Zerstörung bewahren kann. Joan Ocean ist überzeugt davon, daß die Wale und Delphine, die ein großes Gehirn besitzen und seit fünfzig Millionen Jahren friedlich in ihrer Umwelt leben, ohne diese zu zerstören, uns in dieser Hinsicht helfen und vieles beibringen können, wenn wir bereit sind, von ihnen zu lernen.

Joan Ocean hält es für dringend notwendig, mit Walen zu kommunizieren, da immer mehr Menschen inzwischen einsehen, daß Wissenschaft und Technologie uns keine Lösungen liefern können, um diese Umweltkatastrophen abzuwenden. «Die profitbringende Attraktivität unzulänglicher Technologien hat dazu geführt, daß wir ein der Natur entfremdetes Leben führen und die Vernichtung jener Systeme billigen, ohne die es kein Leben auf der Erde geben kann», sagt sie.

Joan Ocean ist davon überzeugt, daß «Delphine über Informationen verfügen, die unsere Probleme lösen könnten». Allerdings glaubt sie, daß die Delphine uns dieses Wissen nicht auf herkömmlichem Weg vermitteln werden. «Ihre Art, Informationen weiterzuleiten, verlangt von uns eine Erweiterung unserer intellektuellen Fähigkeiten». Wir müssen neue Sinnesorgane einsetzen. Denn Delphine senden uns nicht nur Informationen, nein, «sie zeigen uns eine ganz neue Methode, unsere Umwelt zu verstehen, zu erleben und mit ihr in Beziehung zu treten».

Ihre ersten Erfahrungen mit Delphinen machte Joan Ocean, die heute auf Hawaii lebt, in Florida. Nachdem sie neben einem Schwarm von Delphinen hergeschwommen war und mit ihnen gespielt hatte, erfüllte sie plötzlich ein tiefes Gefühl des Friedens. Die ganze Welt schien vor Energie zu sprühen und viel schöner zu sein als sonst, und sie nahm alle Geräusche, Eindrücke und Gerüche um sich herum ganz intensiv wahr. Während sie neben den Delphinen herschwamm, erfuhr sie ungeheuer viel über die wechselseitige Abhängigkeit von Meer und Erde, und dieses Wissen erfüllte ihr ganzes Bewußtsein. Sie begriff, wie eng die verschiedenen Ökosysteme miteinander verbunden und verzahnt sind und wie jedes Lebewesen einen ganz bestimmten Zweck darin erfüllt.

«Ich empfand eine geradezu symbiotische Liebe zum Ozean», erzählt sie. «Ich hatte das Gefühl, ihn beschützen zu müssen. Ich erkannte meine persönliche Verbindung zu ihm und meine Verantwortung, seine unzähligen Lebensformen zu achten und zu erhalten.»

Diese Informationen erreichten sie in einem Zustand, den sie als «völlige Versunkenheit» bezeichnet. Es war keine intellektuelle Erfahrung, und sie wurde ihr auch nicht in Worten oder Bildern übermittelt, sondern in Form von Empfindungen. Irgendwie nahm sie diese Informationen in ihr bisheriges Wissenssystem auf. Alles, was sie wußte, «wurde in diese neue Information integriert, so daß ich nun auch das Wesen der Wale begriff».

Was sagen uns die Erfahrungen und Entdeckungen von Menschen wie John Lilly, Joan Ocean, Gregory Bateson und David Nathanson? Ihre Erlebnisse und Studien machen uns klar, daß die meisten Probleme unserer Welt noch ungelöst sind. Und es scheint auch festzustehen, daß diese Antworten nicht ausschließlich im Bereich der Wissenschaft und Technik liegen. Manche Wissenschaftler glauben mittlerweile, daß unser Gehirn und unser Geist/ Verstand nicht ein und dasselbe sind. Ebenso gibt es Eigenschaften lebender Systeme, die sich durch unseren Willen beeinflussen lassen und auf Liebe und Kommunikation reagieren, und diese Eigenschaften lassen sich nicht mit Laborgeräten messen. Wir begreifen die Merkmale bestimmter Intelligenzen nun wenigstens schon ein bißchen besser, aber es wäre vermessen anzunehmen, daß wir den Ursprung, das Wesen und die Eigenschaften sämtlicher intelligenten Lebensformen kennen.

Doch eines wissen wir: Den John Lillys dieser Welt gebührt das Verdienst, daß sie den Mut hatten, uns mit neuen Fragen zu konfrontieren. Indem wir die Möglichkeit der Kommunikation unter den Arten erforschen und das Wesen der Wale erkunden – die Möglichkeiten, die in ihnen stecken, und die Rolle, die sie eventuell spielen könnten –, lernen wir mit Sicherheit einiges über Wale und Delphine. Vielleicht werden unsere Forschungsergebnisse uns sogar ein wenig beschämen. Und womöglich können sie unser Bewußtsein erweitern.

Wenn wir Lösungen für unsere Probleme finden wollen, müssen wir uns ein umfassenderes Verständnis erwerben, als wir es bisher hatten. Wenn wir den Behauptungen John Lillys und anderer wegbereitender Forscher Glauben schenken wollen, dann warten die Wale und Delphine nur darauf, uns dabei zu helfen.

7.
Rätselhafte Signale aus der Natur entschlüsselt

«Ein Lebenssignal kann alle Wesen der Schöpfung miteinander verbinden», erklärte Cleve Backster meinem Freund Marcel Vogel und mir. «Das klingt vielleicht wie eine ziemlich gewagte Behauptung, aber ich glaube, es läßt sich tatsächlich beweisen.»

«Daran zweifle ich nicht», sagte Marcel Vogel langsam und nachdenklich. «Kommt doch nachher noch auf einen Sprung mit in mein Zimmer, wenn wir wieder im Hotel sind! Ich will euch etwas zeigen.»

Wir verstummten für ein paar Minuten, jeder in seine eigenen Gedanken und den Zauber einer wunderschönen Aprilnacht in Los Angeles versunken. Wir hatten einen Tag voller erstaunlicher geistiger Abenteuer hinter uns, denn wir hatten die letzten fünfzehn Stunden mit den übrigen Mitgliedern der Ernest Holmes Research Foundation verbracht, einer Organisation, die es sich zur Aufgabe gemacht hat, die Wirksamkeit unkonventioneller Heilmethoden zu erforschen. Dieser Gruppe gehörten so interesssante Menschen an wie Dr. Carl Simonton, der später durch seine Arbeit mit Krebspatienten international bekannt werden sollte; Dr. Bill Tiller, ein Naturwissenschaftler von der Stanford University; die Heilerin Olga Worrall; Dr. Ballantine Henley, Vorsitzender der United Church of Religious Science; Willis Kinnear, der Herausgeber der Zeitschrift *Science of Mind*; Dr. Robert Miller, Professor für Industriechemie an der Technischen Universität von Georgia; und die Schauspieler Robert Young und Gloria Swanson.

Am Abend sonderten Vogel, Backster und ich uns von der Gruppe ab und schlenderten den Wilshire Boulevard entlang zu unserem Hotel zurück. Dabei unterhielten wir uns über Backsters neueste Forschungsarbeiten. Vogel und ich waren sehr neugierig auf die neuesten Entwicklungen in der Arbeit dieses Mannes, der mit seiner Behauptung, daß Pflanzen auf emotionale Reize reagieren, die Wissenschaftler verblüfft und Gärtner auf der ganzen Welt in helle Begeisterung versetzt hatte.

Aber wir hatten einen langen Tag hinter uns, und statt uns in tiefschürfende Diskussionen zu vertiefen, lachten wir über die Witze, die in den Fernseh- und Zeitungsnachrichten über Backsters Entdeckungen erschienen waren: beispielsweise die Geschichte von dem Mann, der nie seinen Rasen mähte und als Ausrede vorbrachte, er wolle das Gras nicht kränken. Wir lachten, machten ein paar improvisierte Tanzschritte auf dem Boulevard, und bald umarmten wir die Bäume, versuchten ihre Energiefelder zu messen und riefen einander lauthals unsere Ergebnisse zu. Wir fanden es inspirierend, auf dieser Welt zu leben und mit Eukalyptusbäumen und Bougainvilleen befreundet zu sein.

Als wir wieder im Hotel waren, gestand Vogel, der damals als Chemiker in leitender Position bei der Firma IBM in San Jose (Kalifornien) arbeitete, Backsters Experimente hätten sein Interesse an ganz neuen Forschungsgebieten geweckt. Er zeigte uns Fotos von zwei Blättern. Beide hatte er zum selben Zeitpunkt von derselben Pflanze abgepflückt. Das erste Blatt war braun und vertrocknet. Er hatte es nach dem Abpflücken nicht weiter beachtet. Das zweite Blatt aber war immer noch frisch und grün. Vogel behauptete, er habe es durch seine Willenskraft in diesem Zustand erhalten.

Vielleicht bringt es Sie ein wenig aus der Fassung, wenn Sie erfahren, daß der Philodendron, der auf Ihrem Küchenfenster steht, jedesmal stumm aufschreit, wenn Sie ein Ei in die Pfanne schlagen. Oder daß die Gardenien in den Töpfen auf Ihrer Veranda Angst bekommen, wenn der Hund vorbeiläuft. Vielleicht erscheint es Ihnen auch ein bißchen weit hergeholt, daß der Philodendron und die Gardenien es angeblich merken sollen, wenn Sie sich beim Kartoffelschälen aus Versehen in den Finger schneiden, weil die sterbenden Zellen in dem trocknenden Blut den Pflanzen deutlich erkennbare Signale übermitteln.

Provozierende Behauptungen? Ja, aber sie werden von den Wissenschaftlern etlicher größerer Universitäten nach wie vor sehr ernst genommen und untersucht, seit Backster damals vor über fünfundzwanzig Jahren seinen bahnbrechenden Bericht veröffentlichte.

Backster wollte herausfinden, ob eine unbekannte Verbindung zwischen den Zellen von Pflanzen und Tieren bestehe und ob sie einander Notsignale zusenden, um sich zu warnen, wenn irgendeinem Mitglied ihrer Lebensgemeinschaft eine Gefahr droht.

Seine erstaunlichen Schlußfolgerungen faßte Backster in einem Referat zusammen, das er am 7. September 1967 in Zusammenarbeit mit mehreren anderen Forschern veröffentlichte: einem ehemaligen Nachrichtendienstmitarbeiter, der sich auf Verhöre spezialisiert hat; einem Berater, der mit einem Polygraphen (allgemein als Lügendetektor bekannt) arbeitet und nahezu alle Regierungsbehörden berät; und einem Erfinder von Lügendetektorverfahren, die von Polizeipräsidien in ganz Amerika eingesetzt werden.

Eines Morgens, nachdem Backster eine der Pflanzen in seinem Büro gegossen hatte, überlegte er sich, ob man wohl messen könnte, mit welcher Geschwindigkeit das Wasser von den Wurzeln bis zu den Blättern der Pflanze aufsteigt.

Er beschloß, es mit Hilfe von Elektroden zu versuchen und den Anstieg des Feuchtigkeitsgehalts in dem Blatt mit einem Polygraphen zu messen. Backster wählte für seinen Versuch eine Dracaena ‹Massangeana›, die in der Nähe stand, und befestigte die Elektroden mit einem Gummiband an der Pflanze. Doch «ganz anders, als ich erwartet hatte, zeigte das Diagramm eine Abwärtslinie. Dann, nach etwa einer Minute, verlief es ähnlich wie bei einem Menschen, der vorübergehend einem emotionalen Reiz ausgesetzt wird.»

Während Backster den Verlauf seines Experiments beobachtete, fragte er sich, ob es wohl eine Ähnlichkeit zwischen dem Diagramm einer Pflanze und dem eines Menschen geben könnte. «Ich beschloß, die Pflanze zu bedrohen, eine Methode, die häufig angewandt wird, um Emotionen in Menschen auszulösen. Zuerst versuchte ich, die Pflanze in Erregung zu versetzen, indem ich eines ihrer Blätter in heißen Kaffee tunkte. Doch sie zeigte keine meßbare Reaktion.

Nach einer neunminütigen Pause beschloß ich, das Blatt der Pflanze mit einem Streichholz zu verbrennen. In dem Augenblick, als ich diesen Vorsatz faßte, veränderte sich das Diagramm drastisch. Die Nadel schoß ganz unvermittelt nach oben und verharrte längere Zeit in dieser Position. Dabei hatte ich mich weder von der Stelle bewegt noch die Pflanze berührt. Der Verlauf der Polygraphennadel deutete also darauf hin, daß die Pflanze vielleicht schon auf meine bloße Absicht reagiert hatte, ihr Schaden zuzufügen. Wenn dieses Versuchsergebnis sich wiederholen ließe, könnte das darauf hindeuten, daß Pflanzen irgendeine noch nicht näher definierte Wahrnehmungsfähigkeit besitzen.» Backster hatte eine faszinierende Entdeckung gemacht: Wenn man beabsichtigt, seiner Pflanze Schmerz zuzufügen, reagiert sie mit Angst.

Später sollte Backster feststellen, daß seine Pflanzen auch mit anderen Lebensformen in enger Verbindung standen und es genau registrierten, wenn er beispielsweise fruchtbare Eier oder Kleinkrebschen in kochendes Wasser legte. Doch Pflanzen waren nicht die einzigen Wesen, die diese Lebenssignale wahrnahmen. Backster stellte fest, daß selbst die primitivsten Lebenformen, ja sogar Bakterien auf solche Ereignisse reagierten. Von da an bezeichnete er dieses Phänomen als «primäre Wahrnehmung unterhalb der Zellebene».

Wie das *Wall Street Journal* schrieb, schienen Backsters Experimente «darauf hinzudeuten, daß Pflanzen nicht nur eine Art telepathisches Kommunikationssystem besitzen, sondern auch Regungen haben, die unseren Gefühlen oder Emotionen sehr nahekommen... Sie mögen es, wenn man sie gießt. Sie haben Angst, wenn ein Hund in ihre Nähe kommt. Sie fallen in Ohnmacht, wenn sie ihr Wohlergehen durch irgendeinen Gewaltakt bedroht sehen. Und sie empfinden Mitleid, wenn Tieren oder Insekten in ihrer Nähe Schaden zugefügt wird.»

Backster erzählte uns, wie seine Pflanzen reagierten, wenn sein Hund sich über das Schrillen der Alarmglocke in seinem Büro aufregte. Sein Dobermann hielt sich immer im Hinterzimmer seines Büros auf. Direkt über seinem Platz befand sich eine laute Alarmglocke, die an eine Schaltuhr angeschlossen war. Ungefähr fünf Sekunden, ehe die Glocke ertönte, war ein leises Klicken zu hören. Der Hund haßte die Alarmglocke, und deshalb verließ er den Raum immer schon vorher, wenn er das Klicken hörte. Obwohl Backster in einem anderen Zimmer schlief und das Klicken nicht hören konnte, wußte er genau, wann der Hund den Raum verließ. Seine Pflanzen verrieten es ihm: Sie reagierten auf das Unbehagen, das der Hund empfand, wenn das Klicken ertönte.

Gummibäume, Kleinkrebschen, Hunde und Eier haben eines miteinander gemeinsam: Zellen. Also müssen diese Reaktionen auf der Zellebene ablaufen. Der Biologe Lyall Watson vermutet, daß alle Lebensformen auf solche Signale reagieren, da sie alle aus Zellen bestehen. Seiner Meinung nach entstanden diese Signale als verhältnismäßig einfaches Kommunikationsmuster zwischen einzelnen Zellen eines Organismus, vielleicht noch vor der Entwicklung eines richtigen Nervensystems. Watson weist darauf hin, daß manche Pflanzen, obwohl sie kein Nervensystem besitzen, ihre Zellen dennoch zu so präzise aufeinander abgestimmten Bewegungen koordinieren können, daß Tausende dieser Zellen gleichzeitig blitzschnell nach einer Fliege schnappen. Dieser Mechanismus ist uns zwar immer noch ein Rätsel, aber der Biologe fragt sich, ob Backster nicht vielleicht die Lösung gefunden hat.

Der nächste Schritt könnte – so vermutet Watson – folgendermaßen aussehen: Durch bestimmte Zellen, beispielsweise Pollenkörner oder Sperma, hat sich dieses feine Wahrnehmungsvermögen über die Grenzen eines einzelnen Organismus hinausentwickelt, und es entstanden neue Lebewesen, die eine unabhängige Existenz besaßen und dennoch Kontakt mit ihren Artgenossen aufrechterhalten konnten. Vielleicht entwickelten Gruppen eng verwandter Arten Warnsignale, womöglich als Reaktion auf einen gemeinsamen Raubfeind. Dann mußte der Feind sich auf die gleiche Wellenlänge einstimmen, um die Signale wahrnehmen und ihre Wirkung auf das Verhalten seiner Beutetiere vorhersehen zu können. Und schließlich und endlich konnten beide – Raubtier und Beute – einander mit Hilfe dieser Signale vor Naturkatastrophen warnen, die sie alle betrafen. «Dieses Szenario für die Entwicklung eines Phänomens, das Backster als primäres Bewußtsein aller Lebewesen bezeichnet, ist zwar reine Theorie», erklärt Watson, «aber die Evolution geht oft solche Wege. Wenn ein bestimmtes Bedürfnis besteht, unternimmt die Natur meist sehr rasch Schritte, um es zu befriedigen.»

Watson ist der Ansicht: «Wenn zwischen allen Lebewesen ein Kommunikationsnetz existiert, dann muß man damit rechnen, daß es sich in Krisenzeiten am deutlichsten manifestiert. Spontane telepathische Kontakte zwischen zwei Menschen entstehen meistens dann, wenn eine dieser beiden Personen in Lebensgefahr schwebt. Vielleicht ist das Todessignal einfach das ‹lauteste Geräusch› in dieser Universalsprache und erregt deshalb am ehesten unsere Aufmerksamkeit. Jedenfalls gibt es Beweise, die darauf hindeuten, daß diese Sprache mehr ist als nur ein einfaches Alarmsystem, das sich ein- und ausschaltet.»

Bei unserer Begegnung während der Konferenz erklärte Backster Marcel Vogel und mir, daß es nach wie vor ein Rätsel sei, was es mit diesem Todessignal auf sich habe. Nichts scheint es auf seinem Weg behindern zu können. «Offenbar liegt es nicht innerhalb der bekannten Frequenzen und läßt sich auch nicht mit gewöhnlichen Methoden abfangen.» Backster hat schon mehrmals erfolglos versucht, die elektrische Weiterleitung solcher Signale zu verhindern, indem er die Pflanzen durch einen Faradayschen Käfig, ja sogar durch Bleibehälter abschirmte. Doch das Signal «liegt nicht innerhalb des uns bekannten elektromagnetischen Spektrums, und die Entfernung scheint keinerlei Einfluß darauf zu haben, ob es weitergeleitet wird oder nicht».

Backster meint, Weltraumforscher könnten mit Hilfe einer Raumsonde beweisen, daß diese primäre Wahrnehmung von der Entfernung unabhängig ist. Er vermutet, daß eine Pflanze in einem Weltraumsatelliten, die an einen Polygraphen angeschlossen und auf eine Person bei der Bodenkontrolle in Houston eingestimmt ist, fast sofort auf eine außergewöhnliche Empfindung dieser Person reagieren würde. Das wäre nach Backsters Ansicht dann der Beweis dafür, daß es eine Form der Kommunikation gibt, die keine Zeit in Anspruch nimmt, ein Phänomen, das nicht in den Bereich des elektromagnetischen Spektrums fällt – zumindest nicht so, wie wir dieses Spektrum heute verstehen.

Als Backster erkannte, daß Pflanzen eine Beziehung zu ihren Besitzern aufbauen können, begann er sich Aufzeichnungen über alles zu machen, was er außerhalb des Labors tat. Er maß seine Aktivitäten sogar mit der Stoppuhr. Wenn er dann ins Labor zurückkehrte, stellte er stets fest, daß der Polygraph, an den seine Pflanzen angeschlossen waren, alle Aufregungen registriert hatte, die er unterwegs erlebt hatte – von seinem Ärger über einen Zeitungsverkäufer bis hin zum jähen Schreck, als er beinahe von einem Auto überfahren worden wäre. Er entdeckte auch, daß die Pflanzen am heftigsten reagierten, wenn er daran dachte, in sein Büro zurückzukehren, gleichgültig, wie weit er im Augenblick noch davon entfernt war.

Dr. Robert Miller, ein Mitglied der Ernest-Holmes-Gruppe, erlebte eine erstaunliche Demonstration Backsters in Atlanta, bei der der Wissenschaftler zeigte, wie Pflanzen sich mit ihren Besitzern identifizieren. Miller beschrieb, wie Backster «behutsam zwei Edelstahlelektroden an eines der Blätter» einer Pflanze klemmte, die einem Zuschauer gehörte, und sie an seinen Polgyraphen anschloß. Die Nadel begann hin und her zu schwanken und bewegte sich dann in einem Muster nach unten, das laut Backster der typischen Kurve eines Menschen entspricht. Als die Nadel nicht mehr ausschlug (was bedeutet, daß die Pflanze sich jetzt wohl fühlte), fragte Backster ihren Besitzer, ob er seinen Finger mit einer Rasierklinge leicht einritzen dürfe. Die Pflanze stand knapp zwei Meter von dem Mann entfernt. Als Backster mit der Rasierklinge auf ihn zuging, «registrierte sie die leichte Nervosität ihres Besitzers». Als Backster seine Haut ritzte, zeigte die Pflanze kaum eine Reaktion, aber als er die Wunde dann mit Jod verarztete, «schlug die Nadel heftig aus. Cleve erklärt das damit, daß das Jod lebende Zellen zerstörte und die Pflanze ihren Tod registrierte.»

Nachdem Backster entdeckt hatte, wie stark eine Pflanze an den Empfindungen ihres Besitzers Anteil nimmt, fragte er sich, ob Pflanzen vielleicht auch auf den Tod einer anderen Pflanze reagieren. In einem anderen Experiment bewies er, daß Pflanzen sogar den «Mörder» einer Artgenossin identifizieren können.

Bei diesem spannenden Experiment stellte er zwei Pflanzen in einen Raum und verband in einem anderen Raum sechs freiwilligen Versuchsteilnehmern die Augen. Jede der Versuchspersonen mußte ein Los aus einem Hut ziehen. Auf einem dieser Zettel stand, wer der «Mörder» sein sollte. Der Versuchsteilnehmer, der dieses Los zog, sollte eine der beiden Pflanzen mitsamt ihren Wurzeln aus der Erde ziehen, in Stücke reißen und zertrampeln. Auf den übrigen Losen standen verschiedene andere, weniger folgenschwere Anweisungen.

Die Versuchsteilnehmer nahmen ihre Augenbinden ab, lasen ihre Aufgaben durch und gingen dann nacheinander in den Raum, in dem die Pflanzen standen, um die Aufgaben auszuführen. Backster hielt sich in einem anderen Teil des Gebäudes auf. Er wußte also nicht, wer von den sechs Teilnehmern dazu verurteilt war, die Pflanze zu vernichten. Nachdem alle sechs Versuchspersonen ihre Aufgabe erfüllt hatten, betrat Backster den Raum mit der Pflanze, die den Versuch überlebt hatte und nun ihre «Zeugenaussage» machen sollte, und schloß sie an den Polygraphen an. Dann führte er der Pflanze eine Versuchsperson nach der anderen vor. Als er der Pflanze den «Mörder» gegenüberstellte, schlug die Polygraphennadel heftig aus.

Registrierte die Pflanze das schlechte Gewissen des Mannes, oder hatte sie ihn tatsächlich erkannt? Backster überlegte sich alle möglichen Erklärungen. Er fragte sich auch, was die «ermordete»

Pflanze wohl empfunden haben mochte. Hatte sie die Absicht des Mannes wahrgenommen? Das Bedrohungsexperiment, das er früher mit Pflanzen gemacht hatte, schien darauf hinzudeuten.

Um herauszufinden, ob Pflanzen es tatsächlich registrieren, wenn jemand etwas Böses gegen sie im Schilde führt, schloß Backster drei Gemüsepflanzen an seine Elektroden an und bat eine Versuchsperson, eine der drei Pflanzen in kochendes Wasser zu werfen. Die Gemüsepflanze schien schon in Ohnmacht zu fallen, ehe der Mann sie auch nur berührt hatte! Der Polygraph zeichnete die Absicht der Versuchsperson durch ein plötzliches Hochschnellen der Nadel auf, gefolgt von einer geraden Linie – ein Muster, das auf Bewußtseinsverlust hindeutet.

Der Biologe Lyall Watson beschreibt eine Untersuchung, die das Institut für Psychologische Wissenschaften in Moskau vor ein paar Jahren durchführte und bei der Pflanzen auf die Empfindungen einer Versuchsperson reagierten. Für diese Experimente wurde eine Frau namens Tanja ausgewählt, weil sie in der Lage zu sein schien, in Hypnose auf Befehl Gefühle wie Angst, Freude, Zorn oder Kummer zu empfinden.

«Wir setzten sie achtzig Zentimeter vor eine blühende Geranie, die an einen Elektroenzephalographen angeschlossen war», berichtet Watson. «Als Tanja während dieser Versuchsreihe vor Kälte zitterte, vor Angst zusammenzuckte, vor Freude lachte oder vor Kummer weinte, zeigte die Pflanze eine ganze Reihe verschiedener elektrischer Reaktionen, die sich zeitlich mit diesen Verhaltensweisen deckten. Wenn die Pflanze nicht da war, zeigte das Gerät keinerlei Ausschlag, und die Reaktionen des Elektroenzephalographen ließen sich auch nicht auf elektrische Interferenz zurückführen, weil die Kombination zwischen Pflanze und Instrument auch in den Pausen zwischen den Gefühlsausbrüchen der Frau weiterbestand.»

Offenbar können Pflanzen auch Lügen aufdecken. Als Tanja in Hypnose aufgefordert wurde, sich eine Zahl zwischen eins und zehn auszudenken, die sie aber unter keinen Umständen verraten dürfe, zählte ein Versuchsleiter langsam von eins bis zehn, um die

Zahl herauszufinden. Doch obwohl sie auf jede Zahl, die ihr genannt wurde, mit einem entschiedenen Nein antwortete, deckte die Pflanze die Lüge und die geheime Zahl (fünf) auf, indem sie reagierte, als diese Zahl genannt wurde.

Vor ein paar Jahren führte Frau Dr. Olga Worrall, eine international bekannte Heilerin und Mit-Direktorin der New Life Clinic der methodistischen Kirche in Baltimore, ein sehr ungewöhnliches Beispiel von Kommunikation der Arten vor. Dr. Robert Miller, ein Industriechemiker aus Atlanta, der früher Professor am Institut für Technologie in Georgia gewesen war, fragte sich, ob Frau Dr. Worrall wohl auch mit weiter entfernten Pflanzen kommunizieren und möglicherweise sogar ihr Wachstum beschleunigen könne. Also installierte er einen sich drehenden elektrochemischen Energiewandler und einen Bandschreiber, um das Pflanzenwachstum zu messen. Er bat Frau Dr. Worrall, von ihrem rund 900 Kilometer entfernten Haus in Baltimore aus für die Pflanzen zu beten und ihnen Energie zu senden. Da wuchsen die Pflanzen innerhalb von elf Stunden 52,5 Millimeter pro Stunde – mehr als 800 Prozent ihres üblichen Wachstums!

Offenbar senden Pflanzen Strahlen aus, die eine ziemlich große Ähnlichkeit mit ultraviolettem Licht haben. Vor einigen Jahren erklärte der russische Naturwissenschaftler Dr. Alexander Gurwitsch: «Alle lebenden Zellen erzeugen eine unsichtbare Strahlung.» Er behauptet, von Pflanzen ausgehende Strahlen entdeckt zu haben, die er als «mitogenetische Strahlen» bezeichnete. Gurwitsch soll gezeigt haben, daß Strahlungen von der Spitze einer Zwiebelwurzel auf die Seite einer anderen Zwiebelwurzel einströmten und zu einer deutlichen Wachstumsbeschleunigung führten. Diese seltsame Strahlung steigerte auch das Wachstum von Bakterien und Hefepilzen, aber Glas blockierte die Energiereaktion. Gewöhnliches Glas filtert ultraviolettes Licht heraus; Quarzglas hingegen läßt ultraviolette Strahlen hindurch. Auch die mitogenetischen Strahlen wurden durch Quarzplatten nicht behindert. Gurwitsch stellte fest, daß auch Menschen solche mitogenetischen Strahlen aussenden, und behauptete, Krankheiten veränderten diese

Strahlung. Wenn ein kranker Mensch nur für kurze Zeit eine Hefekultur in der Hand hält, so stellte er fest, sterben die Hefezellen.

Diese Entdeckungen machte Gurwitsch in den dreißiger Jahren, und damals schienen sie der Medizin vielversprechende neue Möglichkeiten zu eröffnen. Doch da er nie eine Theorie dazu aufstellte, verblaßte das Interesse an seinen Erkenntnissen bald wieder. Aber in Vergessenheit sind sie nicht geraten. Zur Zeit beschäftigen sich russische Biophysiker eingehend mit Gurwitschs Forschungsergebnissen. Dr. Boris Tarusow von der Moskauer Universität hat festgestellt, daß Pflanzen ihr Licht verändern und Signale aussenden, mit denen sie ganz bestimmte Botschaften übermitteln, zum Beispiel Warnungen vor einer bevorstehenden Krankheit. Nach russischen Wissenschaftlern können diese Lichtwellen selbst über Entfernungen hinweg Informationen von einer Gruppe lebender Zellen zur anderen tragen, diese Kommunikation scheint mit Hilfe von Licht aus dem Ultraviolettbereich abzulaufen.

Ein anderer russischer Wissenschaftler, Dr. Viktor Adamenko, vermutet ebenso wie Backster, daß das Signal sich auf einer Trägerwelle bewegt, die jenseits des elektromagnetischen Spektrums liegt. «Experimente scheinen darauf hinzudeuten, daß Pflanzen sogar über eine Entfernung von hundertfünfzig Kilometern hinweg noch eine gewisse Strahlung empfangen und sich dies mit den bekannten Abschirmungsmethoden elektromagnetischer Wellen nicht verhindern läßt», erklärt Dr. Adamenko.

Vogel, inzwischen ein international anerkannter Experte auf dem Gebiet flüssiger Kristalle, stellte die Theorie auf, daß die Energie, die ein Blatt am Leben erhält, sich auch auf flüssige Kristalle auswirke. Um dies zu erhärten, machte er Hunderte von Farbaufnahmen in dreihundertfacher Vergrößerung, die das Verhalten flüssiger Kristalle zeigten. Er kam zu dem Schluß, daß Kristalle durch Vorformen oder Schattenbilder reiner Energie in einen festen oder physischen Zustand versetzt werden und diese Schattenbilder den Zustand der festen Körper vorwegnehmen. Nach Vogels Überzeugung bewirkt jede Absicht irgendeine Art Energiefeld, und deshalb können auch Pflanzen die Vorhaben von Menschen wahrnehmen.

Um zu demonstrieren, welche Rolle er persönlich bei diesen Experimenten spielte, schloß Vogel zwei Pflanzen an dasselbe Aufzeichnungsgerät an. Von der einen Pflanze riß er ein Blatt ab. Die zweite Pflanze reagierte auf diese «Verletzung» – aber nur, wenn er selbst dem Vorgang seine Aufmerksamkeit zuwandte. Da wurde Vogel klar, daß sein eigener Bewußtseinszustand dabei eine wichtige Rolle spielte.

Vogel sagt in seinen Vorträgen immer, alle Lebewesen seien von einer Lebenskraft oder kosmischen Energie umgeben, die Pflanzen, Tiere und Menschen miteinander teilten. «Anscheinend», erklärte er mir, «fungiere ich als Filtersystem, das die Reaktion der Pflanze auf ihre Umwelt steuert. Ich kann sie aus- und einschalten und damit bewirken, daß Mensch und Pflanze wechselseitig aufeinander reagieren. Indem ich die Pflanze mit einem Teil meiner Energie auflade, kann ich in ihr eine gewisse Sensibilität für diese Versuche wecken. Es ist sehr wichtig, zu verstehen, was das für eine Reaktion ist. Meiner Ansicht nach handelt es sich nämlich nicht um die Reaktion einer Intelligenz in pflanzlicher Gestalt, nein, die Pflanze wird zu einer Verlängerung meines eigenen Ichs ...»

Dieser Standpunkt zeigt ganz deutlich den Unterschied zwischen Vogels und Backsters Ansatz. Vogel geht es darum, wie der Mensch Kontrolle über die Pflanze gewinnen kann, während Backster behauptet, daß seine Pflanzen von sich aus auf ihre Umgebung reagieren, auch wenn man sie völlig sich selbst überläßt. Höchstwahrscheinlich haben alle beide bis zu einem gewissen Grad recht. Bei Backsters Standpunkt drängt sich einem unwillkürlich die Frage auf, ob eine Pflanze in einer experimentellen Situation überhaupt jemals «sich selbst überlassen» ist. Natürlich ist es denkbar, daß auch Pflanzen, die nicht von Menschen beobachtet werden, ohne jedes menschliche Zutun auf ihre Umgebung reagieren; aber es gibt keine Möglichkeit, diese Wechselwirkung zu messen, denn in dem Augenblick, in dem wir uns für diese Angelegenheit interessieren, haben wir automatisch schon etwas zum Ablauf des Geschehens beigetragen.

Offenbar ist also die Beziehung zwischen Pflanze und Mensch ein entscheidender Faktor für den Erfolg solcher Experimente. Das zeigt sich in Vogels Äußerung über die vielen Forscher, die schon versucht haben, Pflanzen und anderen lebenden Organismen mit Hilfe emotionaler und mentaler Reize irgendwelche elektrischen Reaktionen zu entlocken: «Hunderte von Wissenschaftlern in Laboren auf der ganzen Welt werden genau die gleichen Enttäuschungen erleben wie diese Männer, wenn sie nicht begreifen, daß die einfühlsame Beziehung zwischen Pflanze und Mensch der Schlüssel zum Erfolg ist, und lernen, wie man so eine Beziehung aufbaut. All die Labormessungen werden nichts beweisen, solange die Experimente nicht von Beobachtern durchgeführt werden, die die richtige Ausbildung dafür mitbringen. Eine hohe spirituelle Entwicklungsstufe ist eine unerläßliche Voraussetzung. Doch das widerspricht der Philosophie vieler Naturwissenschaftler, die nicht einsehen, daß man beim kreativen Experimentieren selbst zu einem Teil seines Experiments werden muß.»

Also müssen Pflanzen irgendeine Form von Bewußtsein besitzen. «Jedes Lebewesen hat auf seine Weise ein ebenso feines Empfinden für Leiden, also auch für Bedrohungen seines Wohlbefindens, wie wir Menschen», behauptet Lawrence Blair in *Rhythms of Vision*. «Vielleicht brauchen die Vegetarier jetzt andere Gründe für ihre Ernährungsweise als die Überzeugung, daß Tiere leiden, Pflanzen hingegen nicht – und es gibt ja auch genügend andere Argumente dafür, sich vegetarisch zu ernähren. Uns ist schon lange klar, daß Pflanzen und Tiere – und natürlich auch Menschen – sich zum Zeitpunkt ihres Todes in unterschiedlicher ‹emotionaler› Verfassung oder einem unterschiedlichen Schwingungszustand befinden. Das spiegelt sich in vielen religiösen Praktiken wider: zum Beispiel den ‹Beruhigungs›-Ritualen, die im Rahmen der koscheren Ernährung vor dem Schlachten der Tiere durchgeführt werden, oder der ‹Segnung› der Feldfrüchte vor der Ernte.»

Diese Anschauung, daß alle Lebensformen ein Bewußtsein haben, wirft sowohl moralische als auch biologische Fragen auf. Mir zum Beispiel fällt es jetzt ziemlich schwer, einen lebenden Baum zu fällen. Aber wenn wir das bis zur letzten Konsequenz weiterverfolgten, würden wir bald nichts anderes mehr essen als Kohlköpfe, von denen hundertprozentig feststeht, daß sie eines natürlichen Todes gestorben sind, so wie die Menschen in Samuel Butlers Roman *Erewhon*. Vielleicht liegt die Antwort auf die moralische Frage darin, alle Lebensformen mit Respekt zu behandeln und mit echtem innerem Widerstreben immer nur so viele Pflanzen und Tiere zu töten, wie man zum Leben braucht. Das war die Haltung der amerikanischen Ureinwohner, und bis zu einem gewissen Grad handeln sie auch heute noch so. Nach Ansicht der Indianer darf man einen Hirsch seines Fleisches wegen töten, aber man muß es mit Dankbarkeit und Achtung tun. Und wie ich bereits erwähnt habe: Mad Bear ermahnte uns, nicht über das Gras zu laufen, ohne ihm zu danken, daß es für uns da ist.

Die biologischen Probleme, die diese Experimente aufwerfen, lassen sich nicht so leicht lösen. Denn natürlich fragen wir uns jetzt, warum so viele Lebensformen ihren Artgenossen und anderen Lebewesen Signale zusenden, während wir Menschen das nicht tun. Alarmsignale scheinen im ganzen Reich der Natur verbreitet zu sein, nur wir kennen kein solches Signal – oder vielleicht wird sich irgendwann herausstellen, daß auch wir solche Botschaften aussenden. Bis dahin müssen wir uns eben weiterhin mit unseren Telefonen und Funksendern behelfen. Doch bei anderen Arten von Lebewesen haben wir solche Alarmsignale schon beobachtet. Möwen zum Beispiel warnen ihre Brutkolonien mit ganz bestimmten Rufen vor Raubfeinden. Erdhörnchen und Präriehunde haben ein Warnsystem, mit dem sie ihre Kolonien schon frühzeitig auf drohende Angriffe von Raubvögeln aufmerksam machen. Die Funktion dieser Signale ist so eindeutig, daß die Warnrufe von Krähen und Möwen sogar schon auf Band aufgenommen und auf Flugplätzen abgespielt wurden, um die Vögel vor der Landung eines Flugzeugs von der Landebahn zu vertreiben. Und oft werden diese Alarmrufe auch von Angehörigen ganz anderer Arten verstanden: Seeschwalben, Stare und Tauben – alle fliegen davon, wenn sie den Warnruf einer Möwe hören, und Seehunde tauchen unter, wenn die Kormorane in der Nähe ihre Artgenossen vor einer drohenden Gefahr warnen.

«Pflanzen und Tiere haben vieles miteinander gemeinsam: Liebe, Haß, Freude, Vergnügen, Schmerz, Erregbarkeit, Apathie und unzählige andere Reaktionen auf Reize», sagte schon Sir Jagadis Chandra Bose, der erste Naturwissenschaftler, der sich mit der Möglichkeit einer universalen Sprache aller Lebensformen befaßte. Der im Jahr 1848 geborene Bose war der erste anerkannte moderne Wissenschaftler Indiens und ein international gefeierter Physiker, Physiologe und Psychologe.

Bose erregte erstmals Aufmerksamkeit in wissenschaftlichen Kreisen, als er bewies, daß die Grenzlinie zwischen den sogenannten «unbelebten» Metallen und «lebenden» Organismen sehr dünn ist. Er verglich die molekularen Reaktionskurven anorganischer Substanzen mit denen lebender Gewebe von Tieren und stellte fest, daß die Kurven leicht erwärmten magnetischen Eisenoxids denen von Muskelgewebe erstaunlich ähnlich waren. Bei beiden verringerte sich das Reaktions- und Regenerationsvermögen bei Anstrengung, und diese Ermüdungserscheinungen ließen sich beseitigen, indem man sie sanft massierte oder in warmes Wasser legte. Auch andere Metalle reagierten ähnlich wie Tiere.

Wenig später stellte Bose die Theorie auf, daß sich bei den Pflanzen doch eigentlich ähnliche Ergebnisse erzielen lassen müßten, wenn tatsächlich solche verblüffenden Parallelen zwischen Metall und tierischem Gewebe existierten. Bisher hatten die Wissenschaftler Pflanzen kein Reaktionsvermögen zugeschrieben, weil sie glaubten, sie besäßen kein Nervensystem. Bose experimentierte mit ein paar Roßkastanienblättern und stellte ganz ähnliche Reaktionen auf «Schläge» fest wie bei Metall und Muskeln. Fasziniert von dieser Entdeckung, versuchte er es auch mit Karotten und Rüben, und es zeigte sich, daß sie äußerst sensibel waren. Als er Pflanzen chloroformierte, merkte er, daß sie sich genauso gut betäuben ließen wie Tiere und ebenso wieder zu sich kamen, wenn man frische Luft hereinließ und die Chloroformdämpfe sich verflüchtigten.

Durch die geniale Entwicklung von Geräten zur Messung und Aufzeichnung von Nervenimpulsen bei Tieren bewies Bose, daß Pflanzen genau wie Tiere Erregungsreaktionen auf mechanische Reize zeigen.

Mit seinem Resonanz-Recorder konnte man die Leitungsgeschwindigkeit von Erregungsimpulsen messen, und mit dem Oszillierenden Recorder ließen sich die pulsierenden Vibrationen in den Blättern der Telegraphenpflanze verfolgen. Mit Hilfe dieser Geräte bewies Bose die verblüffende Ähnlichkeit pflanzlicher Impulse mit dem Pochen des tierischen Herzens. Zum Beispiel stellte er fest, eine Pflanze reduziert ihr normales Wachstum sofort um fünfundsiebzig Prozent, wenn man sie mit einer Nadel piekst. Es dauert etwa zwei Stunden, bis die Pflanze sich wieder von der Verletzung erholt hat.

Mit einem anderen Gerät, dem Crescographen, konnte Bose selbst die kleinsten Bewegungen einer Karotte beobachten. Wenn er sie mit einer Zange zwickte, sah er auf dem Bildschirm ihren elektrischen Schmerzensschauer. Und wenn er ein Blatt von einer Telegraphenpflanze abschnitt und in Wasser stellte, hörte es auf zu vibrieren. Zwar setzten die Bewegungen nach einiger Zeit wieder ein und hielten noch ein paar Stunden lang an, aber sie wurden immer schwächer, bis das Blatt schließlich abstarb. Eine Mimose reagierte stundenlang nicht auf Berührungen, nachdem man ihr ein Blatt abgeschnitten hatte. In seinem Buch *Autobiographie eines Yogi* beschreibt Paramahansa Yogananda, wie Bose einen Teil eines Farns mit einem scharfen Gegenstand durchbohrte. Yogananda beobachtete den vergrößerten Schatten des Farns auf dem Bildschirm, sah, wie er im Augenblick der Verletzung krampfhaft zusammenzuckte und dann unter heftigem Zittern starb, als Bose seinen Strunk mit einer Rasierklinge durchtrennte. Die Art, wie sich die Pflanze bei ihrem Tod zusammenkrümmte, erinnerte in jeder Hinsicht an den Todeskampf eines Tiers.

Lange Zeit war man der Ansicht gewesen, Pflanzen nähmen gern unbegrenzte Mengen Kohlendioxid auf. Doch Bose stellte fest, daß Pflanzen ersticken können, wenn sie zuviel von diesem Gas bekommen. Genau wie Tiere kann man sie dann jedoch mit Hilfe von Sauerstoff wiederbeleben. Ebenso wie wir Menschen bekamen Pflanzen einen Rausch, wenn man ihnen Alkohol injizierte. Dann schwankten sie wie Betrunkene, verloren das Bewußtsein, und wenn sie schließlich wieder zu sich kamen, zeigten sie deutliche Symptome eines «Katers».

Am Ende seiner Karriere faßte Bose seine naturwissenschaftliche Philosophie folgendermaßen zusammen:

«Bei meiner Untersuchung der Auswirkungen von Kräften auf Materie stellte ich zu meiner Verblüffung fest, wie Grenzlinien verschwanden und sich Berührungspunkte zwischen belebter und unbelebter Materie zeigten. Meine erste Arbeit auf dem Gebiet unsichtbaren Lichts machte mir klar, daß wir inmitten eines leuchtenden Ozeans beinahe wie Blinde dastehen. Wenn wir das Licht vom sichtbaren bis in den unsichtbaren Bereich hinein verfolgen, gehen wir über unser physisches Sehvermögen hinaus. Ebenso kommen wir auch bei dem großen Geheimnis um Leben und Tod der Lösung einen kleinen Schritt näher, wenn wir uns von den der Sprache mächtigen Lebewesen ab- und den stummen Geschöpfen zuwenden.»

Boses Arbeit zwingt uns, über eine mögliche Beziehung zwischen unserem eigenen Leben und dem der Pflanzenwelt nachzudenken. Auf jeden Fall müssen wir uns von all unseren vorgefaßten Meinungen lösen, Pflanzen besäßen kein Bewußtsein. Es gibt nur eine einzige Möglichkeit, Antworten auf unsere Fragen über die Pflanzenwelt zu finden: Wir müssen die Pflanzen selber fragen.

8.
Aus der Erlebniswelt der Menschenaffen

Nichts als Muskeln und kein Gehirn? Man hatte mir erzählt, wie kräftig Samson sei, daß er einen achtlagigen Lastwagenreifen mit einem Arm zusammendrücken könne und daß die Wände wackelten wie bei einem Erdbeben, wenn er sich dagegenwerfe. Ich war also auf eine eindrucksvolle Begegnung vorbereitet, aber ich hatte sie mir ganz anders vorgestellt. Ich rechnete mit einer Art King Kong – aber nicht mit einem stummen, fragenden Geschöpf.

Ein Ferienbesuch bei Verwandten in Milwaukee bot mir Gelegenheit, einen Rundgang durch den weltberühmten Zoo dieser Stadt zu machen und unmittelbare Bekanntschaft mit ihrem berühmtesten Bewohner zu schließen: Samson, dem 600 Pfund schweren Gorillamann.

Es war an einem milden Sommermorgen. Angesichts der Menschenmenge fragte ich mich, ob sich wohl alle Pfadfindergruppen und Feuerwehrtrupps ausgerechnet diesen Tag für ihren Ausflug ausgesucht hätten. Und Samson machte seinem Ruf als Radaubruder alle Ehre. Er stand im Mittelpunkt der Aufmerksamkeit. Zuerst stolzierte er mit der Arroganz eines kampfgestählten Verteidigers, der vorhat, einen noch unerfahrenen Abwehrspieler in seine Bestandteile zu zerlegen, an den Kindern vorbei, die ihn wie elektrisiert anstarrten. Dann näherte er sich der dicken Glaswand, die ihn von seinen Zuschauern trennte, und trommelte mit beiden Fäusten darauf ein, was ihm die ungeteilte Aufmerksamkeit der Erwachsenen eintrug und die Kinder ängstlich aufkreischen ließ.

Als er sah, daß aller Augen auf ihn gerichtet waren, trat er ein paar Schritte zurück und warf sich dann ohne jede Vorwarnung mit seiner ganzen zentnerschweren Wucht gegen die Glaswand.

Sie erbebte – ein tiefes, bedeutungsschweres Zittern. Auch die Wände und der Fußboden bebten, ja sogar die Luft schien zu erzittern. Die Kinder kreischten einmal kurz auf und verfielen dann in hektisches, nervöses Gekicher; die Erwachsenen wichen ein paar Schritte zurück, versuchten aber, Haltung zu bewahren.

Und ich? Ich bin mir nicht ganz sicher, was ich empfand. Da gab es irgend etwas, was ich gern verstanden hätte; ich spürte eine Leere, ein Suchen in meinem Inneren. Aber ich stand wie erstarrt vor der Glasscheibe und wartete eine Zeitlang, als würden die nächsten Regieanweisungen im Drehbuch mir schon noch den wahren Sinn dieses ganzen Geschehens offenbaren.

Nur Samson schien zu verstehen, worum es ging, denn er hatte seine Rolle schon oft gespielt. Er stolzierte davon, griff dann, als sei ihm das erst jetzt eingefallen, nach seinem Reifen und schleuderte ihn gegen das Glas. Danach warf er seinem Publikum nur noch einen einzigen flüchtigen Blick zu, zog sich in die hinterste Ecke seines Geheges zurück und setzte sich hin. Er starrte auf den Boden, schaute an die Decke, aber nicht zu den Zuschauern hinüber. Ihre Existenz war jetzt nicht mehr erwünscht.

Allmählich zerstreute sich die Zuschauermenge und suchte nach neuen Sensationen. Vielleicht war ihnen die plötzliche Stille auch ein wenig unheimlich. Ich beobachtete Samson weiter; vielleicht hoffte ich, er werde es sich doch noch anders überlegen. Und plötzlich merkte ich, daß seine Augen auf mich gerichtet waren. Diese Augen sahen mich nicht als ihm überlegenes Geschöpf; diesen Gefallen tat er mir nicht. Samson erwartete nicht mehr als diesen Blickkontakt, und er bot auch nicht mehr. Sein Blick machte mir klar, daß dies das einzige war, was wir miteinander teilen konnten. Ich entdeckte einen Schimmer von Verachtung in diesen schwarzen Augen; sie schoben mir die Verantwortung zu. Da ging auch ich weiter, nach draußen zu den Giraffen, die Heu aus ihren Futterständern hoch oben in den Bäumen fraßen, und zur Elefanteninsel.

Obwohl ein Besuch im Zoo mir bisher immer viel Freude gemacht hatte, fiel es mir schwer, über das Gefühl der Traurigkeit hinwegzukommen, das sich in mir ausgebreitet hatte.

Ich konnte nicht einfach den Geist Dian Fosseys wieder aufleben lassen, zu Samson hinübergehen und ihm meine Seele anbieten. Zuviel stand zwischen uns – zuviel Beton und Stahl, zu viele Besitzrechte, zu viele vorgefaßte Meinungen und Erwartungen auf beiden Seiten. Der Raum, der sich zwischen uns ausdehnte, war einfach zu groß. Man konnte ihn nicht durch rudimentäre Botschaften von Blicken verringern, die nur Bruchstücke derselben Welt sahen.

Ich konnte den Abgrund zwischen Samson und mir nicht überbrücken, aber Dian Fossey, Jane Goodall und Birute Galdikas haben einen Weg gefunden, die Welt der Menschenaffen zu betreten.

Diese Frauen, deren Arbeit Sy Montgomery in ihrem Buch *Walking with the Great Apes* beschreibt, haben die beschwerliche Reise in die Welt der Tiere gewagt, und zwar nicht nur, um zu forschen und Aufzeichnungen zu machen, sondern auch, um zu helfen und teilzuhaben. Sy Montgomery berichtet, wie diese Frauen das Verhalten der Affen untersuchten, selbst Affenbabys aufzogen und die Tiere vor Gefahren schützten, vor allem vor der Bedrohung durch uns Menschen.

Bei den meisten wissenschaftlichen Untersuchungen wildlebender Tiere diktiert der Mensch die Bedingungen. In der Regel beobachtet der Forscher die Tiere aus der Ferne, oder er betäubt sie, setzt ihnen Funksender ein und verfolgt ihre Aktivitäten mit Hilfe eines Empfängers. Die Beziehung zwischen Mensch und Tier wird dem Tier aufgezwungen. Doch zwischen Jane Goodall und den Schimpansen von Gombe, Dian Fossey und den Berggorillas von Karisoke und Birute Galdikas und den wilden Orang-Utans von Tanjung Puting bestand ein anderes Verhältnis. Hier haben die Tiere die Beziehung mitgeprägt.

Man vermutet, daß die Amerikanerin Dian Fossey, die Engländerin Jane Goodall und die Kanadierin Birute Galdikas mehr wissenschaftliche Daten über Gorillas, Schimpansen und Orang-Utans zusammengetragen haben als alle anderen Forscher. Sie haben ihre Forschungsergebnisse in Dokumentarfilmen und Büchern veröffentlicht, die zu Bestsellern wurden; ja sogar ein Hollywoodfilm ist darüber gedreht worden. Alle drei Wegbereiterinnen auf dem Gebiet der Primatenforschung waren Schützlinge des großen angloafrikanischen Archäologen Louis Leakey. Bei seinem Tod im Jahre 1972 war Leakey weltberühmt. Durch seine sensationellen Fossilienfunde bewies er, daß die Wiege der Menschheit in Afrika gestanden hat und daß unsere Ahnenreihe sehr lang ist. Erst gegen Ende seiner Karriere kam er auf die Idee, wissenschaftliche Untersuchungen an Menschenaffen durchzuführen. Im Alter von siebenundfünfzig Jahren schickte er Jane Goodall zu Freilandbeobachtungen nach Gombe, mit dreiundsechzig beschaffte er finanzielle Mittel für Dian Fosseys Forschungsarbeiten, und mit sechsundsechzig betraute er Birute Galdikas mit der Leitung seiner Studien an Orang-Utans. Jane Goodall hatte früher als Kellnerin und Sekretärin gearbeitet, Dian Fossey war eine Beschäftigungstherapeutin, die das Studium der Tiermedizin nicht geschafft hatte, und Birute Galdikas studierte Anthropologie. Doch irgendwie wußte Leakey, daß ausgerechnet diese drei Frauen ein neues Kapitel in der Geschichte der Beziehung zwischen Mensch und Tier schreiben würden.

«Manche Verhaltensforscher sind der Ansicht, man dürfe sich nicht auf eine emotionale Beziehung zu seinen Studienobjekten einlassen», erklärt Sy Montgomery. Aber die Beziehung, die diese Frauen zu ihren Affen aufzubauen wagten, ermöglichte überhaupt erst ihre Erkenntnisse. Das Verhältnis zu den Tieren prägte ihr wissenschaftliches Vorgehen und ihre Forschungsergebnisse, inspirierte sie zu ihrem Engagement und veränderte ihr Leben. Durch ihre Beziehung zu den Affen haben diese Frauen unsere Sicht von Mensch und Affe, von tierischem und menschlichem Wesen verändert.»

Jane Goodalls große Tierliebe zeigte sich schon im Alter von anderthalb Jahren, als ihre Mutter ihr einen Stoffschimpansen schenkte, den sie «Jubilee» nannte und immer noch besitzt. Als sie zwei Jahre alt war, entdeckte ihre Mutter Regenwürmer in ihrem Bett, und mit vier Jahren sah Jane einem Huhn stundenlang beim Eierlegen zu.

Schon in jungen Jahren beschloß Jane Goodall, dem Spott ihrer Lehrer und den Protesten ihrer Familie zum Trotz, nach Afrika zu gehen und das Verhalten wildlebender Tiere zu studieren. «Denn», so erklärte Jane Goodall, «unsere Mutter Vanna hat uns von Kindesbeinen an eingeschärft, niemals aufzugeben.»

Zwar besaß sie keinen Universitätsabschluß, aber sie verfolgte ihr Ziel beharrlich, und so nahmen Louis und Mary Leakey sie schließlich im Jahr 1957 mit auf eine archäologische Expedition nach Olduvai. Der Umgang mit den Fossilien prähistorischer Lebewesen und die Suche nach Verbindungen zum heutigen Menschen machten Jane Goodall klar, wie wichtig Dr. Leakeys Arbeit war. Er erzählte ihr von den Schimpansen am mehrere hundert Kilometer westlich gelegenen Gombe-Strom. Diese Geschöpfe, so erklärte Leakey ihr, waren Primaten mit großem Gehirn und geschickten Händen und dem Menschen so ähnlich, daß frühere Forschungsreisende sie für Angehörige der menschlichen Rasse gehalten hatten. Eine Gruppe dieser Tiere lebte an der Küste des Tanganjika-Sees in einer ähnlichen Umgebung, wie die primitiven Menschen in Olduvai sie vor zwei Millionen Jahren vorgefunden hatten.

Im Sommer des Jahres 1960 kam Jane Goodall in Begleitung ihrer Mutter, die fünf Monate lang blieb, nach Gombe und arbeitete als Wildhüterin. Das war der Beginn eines Abenteuers, das sie bis heute nicht wieder losgelassen hat.

Schon bald nach ihrer Ankunft in Gombe fand Jane Goodall eine Lehrerin: ein erfahrenes Schimpansenweibchen, das sie Flo nannte und in dem sie die weise alte Frau entdeckte. Jane wurde ihre Schülerin. Flo weihte Jane Goodall in ihre Erfahrungen mit Sexualität und Mutterschaft ein wie keinen anderen Menschen und ließ sie an der Weisheit des Alters teilhaben, wie Sy Montgomery in ihrem Buch erzählt.

Frühere Forscher hatten Schimpansen als gewalttätige Ungeheuer beschrieben. Ihre Tagebücher waren voll von haarsträubenden Berichten über ihre mörderischen Wutanfälle und ihre irren Schreie. «Diese Affen haben ein häßliches Gesicht», heißt es in einer Beschreibung aus dem siebzehnten Jahrhundert. «Sie sind sehr bösartig und schrecken vor nichts zurück – nicht einmal vor Angriffen auf den Menschen.»

Doch Jane Goodall, die die Affen von ihrem Aussichtspunkt aus beobachtete, war beeindruckt von der liebevollen Zuneigung, die aus mancher ihrer Gesten sprach. Ein wütender Schimpanse kann einen tatsächlich in Angst und Schrecken versetzen. Ein Schimpansenmännchen ist zwar nur etwa einen Meter zwanzig groß, wiegt aber ungefähr hundert Pfund und hat mehr Kraft als zwei Männer. Doch Jane Goodall stellte fest, daß die Schimpansenmännchen sehr rücksichtsvoll miteinander umgingen. Nach einem Zweikampf kehrte fast immer einer der beiden zurück, um seinen Gegner zu umarmen, dem Sieger die Hand auf die Schulter zu legen oder ihm die Hand zum Kuß zu reichen. In ihrem Buch *In the Shadow of Man* schreibt sie, daß Schimpansen dem Menschen in intellektueller und emotionaler Hinsicht sehr ähnlich sind.

Jane Goodall stellte auch fest, daß die «irren Schreie», die frühere, weniger mit diesen Tieren vertraute Beobachter irritiert hatten, in Wirklichkeit Freudenrufe waren, mit denen sie einander beispielsweise die Entdeckung eines mit Früchten behangenen Baums meldeten. Manchmal umarmten die Affen sich in ihrer Begeisterung auch, als wollten sie sich gegenseitig beglückwünschen.

Bei den Schimpansen entdeckte Jane Goodall Ansätze jener Eigenschaften, die wir als «menschlich» bezeichnen, jener Charakterzüge, die wir an uns selbst schätzen: Phantasie, Verspieltheit und die enge Beziehung zu anderen, die wir durch Berührungen immer wieder neu besiegeln.

Aufgrund ihrer besonderen Art, mit den Schimpansen zu kommunizieren, beschränken Jane Goodalls Studien sich ausschließlich auf diese Tiere und auf ihre Beziehung zu ihnen. Sie haben uns viel über Familienleben, Aggression, Hierarchie, Sexualität und die Entwicklung von Jungtieren bei den Schimpansen verraten.

Dian Fosseys erste Begegnung mit Louis Leakey, dem Mann, der für sie ähnlich wie für Jane Goodall zu einer Schlüsselfigur ihrer künftigen beruflichen Laufbahn werden sollte, war alles andere als ermutigend. Sie hatte ihr ganzes Geld für eine Afrikasafari gespart und im Jahr 1963 die Ausgrabungsstätten der Leakeys in Olduvai besucht. Aber für ihn war sie nichts weiter als «schon wieder so eine lästige Touristin». Bei einem Sturz zerbrach sie ein wertvolles Fossil und erbrach zu allem Überfluß auch noch darauf, weil sie sich den Fußknöchel verstaucht hatte und ihr vor Schmerz übel geworden war. Doch es war nicht zu übersehen, daß es ihr mit ihrem Engagement ernst war. Nachdem Mary Leakey ihr den Knöchel bandagiert hatte, bestand sie darauf, die Ausgrabungsstätte zu verlassen und einen über dreitausend Meter hohen Vulkan zu besteigen, um nach Berggorillas zu suchen. Drei Jahre später hatte Leakey die finanziellen Mittel für ihre Forschungsarbeiten beschafft.

Dian Fosseys große Sehnsucht nach Einsamkeit hatte ihren Ursprung schon in ihrer Kindheit. Sie war als verschlossenes Einzelkind in einer zerrütteten Familie aufgewachsen. Schon immer hatte sie den zwanghaften Drang in sich gespürt, unschuldige, verletzliche Wesen zu beschützen. Zuerst wollte Dian Tierärztin werden, aber als sie die Prüfungen in Chemie und Physik nicht bestand, gab sie das Studium auf, machte eine Ausbildung als Beschäftigungstherapeutin und arbeitete zehn Jahre lang mit behinderten Kindern.

Auch später wurde das Leben nicht leichter für Dian Fossey. Wegen politischer Unruhen mußte sie ihre erste Forschungsstation in Zaire aufgeben. Als sie dann Karisoke gegründet hatte – die Station verdankte ihren Namen den beiden nahegelegenen Vulkanen Karisimbi und Visoke –, war ihr Leben ein ständiger Kampf gegen die Berggipfel, den Dschungel, gefährliche Tiere, Schlangen, Insekten und Wilderer, ja sogar gegen die Institutionen, die sie finanziell unterstützten.

Dian Fossey war fest davon überzeugt, daß sie bei ihrem Kontakt mit den Gorillas nichts überstürzen durfte. Zunächst einmal mußten die Tiere sie aus der Ferne wahrnehmen und sich an ihre Gegenwart gewöhnen. Erst dann wollte sie sich ihnen ganz langsam und allmählich nähern, bis sie sie schließlich in ihrer unmittelbaren Nähe duldeten. Aus Monaten wurden Jahre, und ihre Geldgeber bestürmten sie, sich doch ein wenig mehr zu beeilen. Aber Dian Fossey ließ sich nicht drängen. Ganz langsam begann sie sich den Tieren bemerkbar zu machen. Sie stieß die gleichen Komfortlaute aus wie sie, mampfte wilde Selleriestengel und kratzte sich laut und ausgiebig.

Erst mehr als zwei Jahre nach dem Beginn ihrer Forschungsarbeiten fand der erste körperliche Kontakt statt. Ein junges Männchen namens Peanuts war der erste Gorilla, der mit seiner Hand ihre Finger berührte. «Dian lag auf dem Rücken im Laubwerk, den rechten Arm ausgestreckt, die Handfläche zeigte nach oben», berichtet Sy Montgomery. «Er blickte sie ernst und aufmerksam an; dann stand er auf, streckte die Hand aus und berührte ein paar Sekunden lang ihre Finger. Erst kurz danach betätigte *National Geographic*-Fotograf Bob Campbell den Auslöser.»

Dann trommelte Peanuts aufgeregt auf seine Brust und lief zu den anderen Gorillas. Mit der Berührung seiner Hand hatte Peanuts Dian Fossey in seine Familie aufgenommen. Bald darauf kamen alle Gorillas zu ihr und hießen sie in ihrer Mitte willkommen. Bei einem Diavortrag in New York erzählte Dian Fossey, wie die Gorillamütter sie ihre Babys auf den Arm nehmen ließen und wie die Silberrücken (ausgewachsene Gorillamännchen) sie lausten und mit Fingern, dick wie Bananen und doch geschickt wie die einer Schneiderin, durch ihr langes dunkles Haar fuhren. «Ich kann Ihnen gar nicht sagen, was für eine Bereicherung es ist, mit diesen Tieren zusammenzusein», sagte sie. «Ihr Vertrauen, ihr Zusammenhalt, ihre Sanftheit ...» Mit stockender Stimme fügte sie hinzu: «Es ist wirklich ein ganz besonderes Erlebnis.»

Ein junges Männchen dieser Gorillafamilie schloß besonders enge Freundschaft mit Dian Fossey. Immer wenn sie da war, kam

Digit – so nannte sie ihn – zu ihr und forderte sie zum Spielen auf, indem er sich auf den Rücken fallen ließ und mit den Beinen strampelte. Wie Sy Montgomery berichtet, gelang es Campbell im Jahre 1972, «wohl eine der rührendsten Begegnungen zwischen zwei verschiedenen Arten zu filmen». Obwohl Digit in diesem Film noch jung ist, hat er schon eine beachtliche Größe. Sein Kopf ist doppelt so groß wie der von Dian Fossey, und seine Hände sind so breit wie Eßteller. Er geht zu ihr hinüber, nimmt ihr mit seinen riesigen schwarzen Händen behutsam Notizbuch und Schreibstift aus den Händen und legt sie sanft ins Gras. Dann schmiegt er sich an sie und schläft an ihrer Seite ein.

In ihrem Buch *Gorillas im Nebel* erzählt Dian Fossey, wie sie die Gorillafamilie einmal am anderen Ende einer Schlucht entdeckte, aber zu schwach war, sie zu überqueren, weil sie krank gewesen war. Doch «Uncle Bert», der Affe, den sie nach ihrem Lieblingsonkel benannt hatte, entdeckte sie und führte die ganze Gorillagruppe zurück ans andere Ende der Schlucht, um ihr Gesellschaft zu leisten. Dann kam Digit, der sich bei den letzten der Gruppe aufgehalten hatte, «auf mich zu und berührte sanft mein Haar… Ich wünschte, ich hätte mich bei diesen Tieren irgendwie für ihre Liebe erkenntlich zeigen können.»

Digit und Dian Fossey spielten miteinander wie kleine Kinder. Er kam auf sie zu stolziert und hieb dabei spielerisch auf die Blätter ein. Dann kitzelte sie ihn, und er lachte und schlang die Arme um ihren Kopf. In einem Brief an einen Freund schrieb Dian Fossey, Digit finde normalerweise an allen Gegenständen Gefallen, die sie bei sich habe. Einmal brachte sie einen Schokoladenriegel mit und ließ ihn versehentlich in einen hohlen Baumstumpf fallen. Sie bat Digit, ihn ihr zu holen. «Und wie auf eine Regieanweisung hin», schrieb Dian Fossey, «streckte Digit seinen langen, behaarten Arm in das Loch und holte mir den Schokoladenriegel. Aber nachdem er einmal daran gerochen hatte, warf er ihn in den hohlen Baumstamm zurück. Diese sogenannten ‹wilden Gorillas› haben wahrhaftig einen sehr gesunden Geschmack!»

«Dians Verhältnis zu den Gorillas ist wirklich die höchste Form einer Beziehung zwischen Mensch und Tier», schrieb der Wissenschaftler Ian Redmond. «Bei fast allen anderen Beziehungen dieser Art werden die Tiere entweder gefüttert oder mit Gewalt festgehalten oder eingesperrt, oder aber man hilft einem verletzten Tier – jedenfalls macht der Mensch irgend etwas mit dem Tier. Dian und die Gorillas hingegen waren vollkommen gleichberechtigt. Nichts hielt sie beieinander außer dem Wunsch, zusammen zu sein. Und das ist die reinste Beziehung, die es gibt.»

Dians ständiger Kampf gegen die Wilderer, die Gorillas töteten, um ihre Köpfe und Hände zu verkaufen, spitzte sich zu, als sie Digits enthauptete Leiche fand. Er hatte seine Gruppe bewacht, fünf Speerhiebe abbekommen, sechs Wilderer mitsamt ihrer Hunde abgewehrt und sogar noch einen der Wilddiebe getötet, ehe er selbst starb. Zum Andenken an ihn gründete Dian Fossey den *Digit Fonds* mit dem Ziel, Geld zum Schutz der Berggorillas zu sammeln. Doch auch sie selbst konnte dem Feind nicht entrinnen. Im Jahr 1985 fand man sie tot in ihrer Hütte. Sie war mit einer Machete niedergestochen worden.

Aber Dian Fossey ist nicht ganz umsonst gestorben, denn «heute werden Gorillahände nicht mehr als Aschenbecher benutzt», erklärt Cal Fussman in der Zeitschrift *Life.* «Heute würde ein Zoo den Unmut der Öffentlichkeit erregen, wenn er einen der 300 noch lebenden Berggorillas der Welt erwürbe ... Heute verjagen Wilderer, die Antilopen Fallen stellen, vorher angeblich sogar alle Gorillas aus dem Gebiet, weil sie Angst haben, daß einer aus Versehen mit der Hand hineingeraten und sterben könnte und man ihnen die Schuld daran gäbe. Denn dann müßten sie für fünf Jahre ins Gefängnis. Inzwischen publiziert der *Digit Fonds* ein acht Seiten langes Rundschreiben, in dem er weltweit zu Spenden aufruft, damit die Forschungsarbeiten weitergehen können und etwas für das Überleben der Gorillas getan wird ...»

Die Dritte im Bunde von Louis Leakeys «Dreigestirn», wie sie es nannten, war Birute Galdikas. Sie sprach zum erstenmal mit Leakey, nachdem sie einen Vortrag von ihm an der University of California in Los Angeles gehört hatte, wo sie gerade ihren Magister in Anthropologie machte. «Dr. Leakey sah mich sehr kühl an und redete nicht viel. Er wirkte so desinteressiert, als ob ich ihm eröffnet hätte, daß er Schuppen habe», erinnert sie sich an ihre erste Begegnung.

Doch als sie ihm erzählte, sie habe bereits Kontakt mit Orang-Utan-Forschern in Sarwak aufgenommen, war sein Interesse mit einem Schlag geweckt. «Ich unterstütze nur Leute, die wirklich wissen, was sie wollen, und fest entschlossen sind, ihre Pläne zu verwirklichen», erklärte er.

Und Birute Galdikas wußte, was sie wollte. Schon in den ersten Studienjahren war ihr klargeworden, daß sie das Verhalten der wilden Orang-Utans in Indonesien untersuchen wollte, der Affen mit dem menschlichen Blick. Doch selbst als Leakey beschloß, sie zu unterstützen, konnten sie nicht genügend finanzielle Mittel für ihre Forschungsarbeiten aufbringen. Da schlug er ihr vor, sich statt dessen mit den Zwergschimpansen in Zaire zu beschäftigen. Aber diesen Vorschlag akzeptierte Birute Galdikas nicht; sie hatte sich die Orang-Utans in den Kopf gesetzt.

Das Geld reichte gerade, um ein paar Kleidungsstücke, Notizbücher, Kompasse, Kochutensilien, Geräte für ihre wissenschaftliche Arbeit und eine einzige Taschenlampe zu kaufen. Mit dieser Ausrüstung reisten Birute Galdikas und ihr Mann Rod Brindamour nach Indonesien, um sich auf ein Abenteuer einzulassen, bei dem bisher die meisten Wissenschaftler versagt hatten. Die bisherigen wissenschaftlichen Studien an wildlebenden Orang-Utans waren alle wieder abgebrochen worden, ohne daß den Forschern mehr als nur zufällige Beobachtungen aus allernächster Nähe gelungen waren. Als die beiden am Ziel ihrer Reise angelangt waren, schlug der Leiter der indonesischen Naturschutzgebiete ihnen vor, ihre Studie nicht in dem gut erforschten Park auf der Insel Sumatra durchzuführen, sondern woanders, wo sie nicht «in die Fußstapfen anderer Forscher treten würden». Er empfahl ihnen Tanjung Puting, eine Halbinsel an der Südküste Borneos, die noch nie vermessen und erforscht worden war. Dort seien schon Orang-Utans gesichtet worden, sagte er.

Das Ehepaar lebte in großer Armut und ernährte sich hauptsächlich von Reis, Sardinenkonserven und Bananen. Sie kochten ihr Essen über einem offenen Feuer; ihre Schuhe und Kleider moderten; sie wateten durch tiefe Sümpfe und bahnten sich mit Macheten den Weg durch das Schlingpflanzengewirr des Dschungels. Es war ein täglicher Kampf ums Überleben gegen giftige Insekten, Krokodile, Stachelameisen und Schlangen, darunter auch Kobras, die überall lauerten und im Grün des Dschungels hervorragend getarnt waren. Mit diesen Mühen und Entbehrungen vergingen zwei Monate, ehe Birute Galdikas mehr als nur einen flüchtigen Blick auf einen wildlebenden Orang-Utan erhaschte.

Trotz all der Gefahren, Verletzungen, Krankheiten, Anstrengungen und Enttäuschungen hatte die in Deutschland geborene, in Kanada aufgewachsene und in den Vereinigten Staaten ausgebildete Birute Galdikas hier auf Borneo ihre neue Heimat gefunden, und das sollte für die nächsten zweiundzwanzig Jahre so bleiben.

Schließlich wurden ihre Geduld und Ausdauer belohnt. Es gelang ihr tatsächlich, ein paar Orang-Utans aufzuspüren und einen dauerhaften Kontakt zu ihnen aufzubauen. Sy Montgomery erklärt, daß Orang-Utans auf der Suche nach Früchten allein durch den Dschungel streifen und nicht in Gruppen leben wie Schimpansen und Gorillas. Die erwachsenen Tiere sind Einzelgänger und haben höchstens ihre Jungen bei sich, solange diese noch nicht für sich selbst sorgen können. «Sie leben allein, aber sie sind heiter und gelassen in ihrer Einsamkeit.» Für Birute Galdikas bedeutete das, daß sie von jedem einzelnen Orang-Utan, dessen Verhalten sie studieren wollte, erst einmal akzeptiert werden mußte.

Ein paar Monate nach der Ankunft des Ehepaares eröffneten sich weitere Horizonte für die Arbeit der beiden. Birute Galdikas und ihr Mann machten ihr Lager zu einer Aufzuchtstation für verwaiste Orang-Utan-Babys, die die indonesische Regierung aus der Gefangenschaft befreit und konfisziert hatte. Von da an teilten die beiden ihr Bett mit bis zu fünf schreienden, beißenden Orang-Utan-Babys, die sich an sie klammerten wie kleine Kinder. Birute Galdikas studierte zwar nach wie vor das Verhalten wildlebender

Orang-Utans, doch im Laufe der Jahre zog sie zusätzlich auch noch Dutzende verwaister Affenbabys auf. «Manchmal», schrieb sie im Jahr 1980, «hatte ich das Gefühl, von lauter wilden, übermütigen Kindern in orangeroten Anzügen umgeben zu sein, die noch nicht gelernt hatten, wie man sich benimmt.» Manchmal trug sie ein Affenbaby mit sich herum, das sich an sie klammerte, während sie durch den Sumpfwald stapfte, um wilde Orang-Utans zu beobachten.

«Von einem Orang-Utan als Gefährte auserwählt zu werden ist eine Ehre, die sich nur wenige Menschen vorstellen können», schreibt Sy Montgomery in ihrem Buch. Sie erzählt, wie eine Schülerin der Verhaltensforscherin und eine Tierärztin Birute Galdikas besuchen kamen und dabei von einem Regenguß überrascht wurden. «Als die beiden sich unter ihrer Regenhaut zusammenkauerten», schreibt Montgomery, «kamen Kusasi, ein aus der Gefangenschaft befreites, zweihundert Pfund schweres junges Männchen, und Tut, ein großes, ausgewachsenes Weibchen, vom Waldrand her auf sie zu. Orang-Utans mögen keinen Regen; sie sind die einzigen Menschenaffen, die Dächer über ihre Baumnester bauen. Schwerfällig stapften die beiden Orang-Utans zu den zwei Frauen hinüber und duckten sich unter ihrem Regenmantel zusammen. So saßen die vier eine Viertelstunde lang stumm beieinander, die Orang-Utans mit dem Rücken zur Brust der Frauen, bis der Wolkenbruch vorbei war.»

Nachdem Birute Galdikas durch Fernsehsendungen und Artikel im *National Geographic* berühmt geworden war, strömten unzählige freiwillige Helfer aus Amerika und Europa nach Camp Leakey, wie sie ihr Lager genannt hatte. Earthwatch, eine in Watertown (Massachussetts) ansässige Organisation, wirbt Laien an, die bei wissenschaftlichen Projekten mithelfen. Das Orang-Utan-Projekt ist eine der beliebtesten zwei- bis dreiwöchigen Expeditionen, die im Rahmen dieses Programms angeboten werden. Inzwischen liefert Earthwatch den größten Teil der finanziellen Mittel für Birute Galdikas' Arbeit.

Laut Sy Montgomery ist die Begeisterung der westlichen Wissenschaftler für Birute Galdikas in den letzten Jahren etwas abgekühlt. Sie beklagen sich darüber, daß sie nichts publiziert und nicht über ihre neuesten Arbeiten informiert. Manche Wissenschaftler zweifeln auch an der Stichhaltigkeit von Informationen, die sich auf die Beobachtungen unausgebildeter freiwilliger Helfer stützen; andere sind skeptisch im Hinblick auf den wissenschaftlichen Wert ihrer Auswilderungsarbeit mit verwaisten, aus menschlicher Gefangenschaft stammenden Affenbabys.

«Aber», schreibt Sy Montgomery, «genau wie für Jane und Dian ist die Wissenschaft für Birute Galdikas nicht das Wichtigste. Der Wunsch, wissenschaftlich zu arbeiten, hat ihr zwar den Anstoß gegeben, in den Dschungel zu gehen, aber was sie hier hält, ist etwas anderes.» Am meisten kommt es ihr auf den unmittelbaren Kontakt zu den Tieren an.

Bei der Arbeit von «Penny» Patterson, einer Psychologin aus Kalifornien, die es sich zur Aufgabe machte, dem Schimpansenweibchen Koko eine Zeichensprache beizubringen, hat beides eine Rolle gespielt: wissenschaftliches Interesse und persönliches Engagement. An ihrem zwölften Geburtstag beherrschte Koko bereits über sechshundert Zeichen.

Penny Patterson stellte fest, daß Koko Haustiere mochte und sich liebevoll um diese Tiere kümmerte, die nicht ihre Artgenossen waren. Als Koko zwölf Jahre alt geworden war, fragte Penny Patterson sie, was sie sich denn zum Geburtstag wünsche. Da fuhr die Schimpansin sich in Nachahmung von Schnurrhaaren mit den Fingern über die Wangen: Das war das Zeichen für *Katze.*

Vorher hatte sie zwei Hunden, die in dem Haushalt lebten, die Namen «Apple» und «Smile» gegeben, und auch verschiedene Katzen, die öfters zu Besuch kamen, waren von ihr getauft worden: «Candy», «Golden Visitor», «Surprise» – und «Stink», eine Katze, die einmal in Pattersons Wandschrank uriniert hatte.

Auf ihre Bitte hin schenkte Penny Patterson Koko eine kleine Steinfigur einer Katze. Das Schimpansenweibchen küßte die Figur und rieb ihre Wange daran. Es sorgte mit rührender Liebe für seine Puppe, und als jemand eines Tages drei kleine Mankätzchen brachte, die von ihrer Mutter verstoßen worden waren, da war Koko ganz hingerissen vor Begeisterung. «Ich liebe sie», verkündete sie in ihrer Zeichensprache.

Sie nahm die drei kleinen Kätzchen auf den Arm und blies ihnen sanft ins Gesicht. Nach einer Weile suchte Koko sich einen kleinen grauen Kater aus, wiegte ihn auf ihrem Schoß und sagte: «Koko liebt dieses Weiche.» Zwei Tage später taufte sie die schwanzlose Katze «Kugel».

Ein wunderbares halbes Jahr lang spielten Koko und Kugel miteinander und hatten sich gern. Koko kämmte dem Kätzchen das Haar, und wenn es schnurrte, dann schnurrte das Schimpansenweibchen auch – so gut es das mit seiner tiefen, kehligen Stimme eben konnte.

Doch als Kugel sieben Monate alt war, wurde er von einem Auto überfahren. Koko nahm die Nachricht vom Tod der kleinen Katze schweigend hin. Dann gab sie, wie die Reporterin Anne Fadiman berichtet, das gleiche leise, kummervolle Weinen von sich wie früher als Baby, wenn ihre Besitzerin sie einmal eine Nacht lang allein gelassen hatte. Noch zwei Monate nach dem Tod des Katers weinte die Schimpansin oft leise vor sich hin. Als Koko gefragt wurde, was sie sich zu Weihnachten wünsche, antwortete sie zögernd in ihrer Zeichensprache: «Katze Katze Tigerkatze.» Als Penny Patterson Koko daraufhin ein gelbrot getigertes Kätzchen brachte, war Koko so aufgeregt, «daß sie sich auf den Kopf stellte und auf den Fingerknöcheln um die eigene Achse drehte wie eine Breaktänzerin», berichtet Mrs. Patterson.

Sy Montgomery meint, die Grenze zwischen Menschen und Affen sei vielleicht gar nicht so sehr von objektiven-wissenschaftlichen Untersuchungen definiert als vielmehr durch die mangelnde Phantasie des westlichen Menschen gesetzt. «Womöglich ist es gar keine so scharfe Trennlinie wie zwischen Land und Wasser, sondern entspricht eher den Linien, mit denen wir auf unseren Landkarten die einzelnen Staaten voneinander abgrenzen.»

Wir können Tiere nicht mit unserem Maß messen. Sie sind auf ihre eigene Art und Weise ein Teil dieser Welt.

9.
Wie Pflanzen Musik, Gebete und menschliche Gefühle empfinden

Pflanzen gedeihen hervorragend bei Bach, Jazz und religiöser Musik, aber wenn man ihnen Hard Rock vorspielt, verkümmern sie. Diese Entdeckung machte vor ein paar Jahren eine professionelle Sängerin, die ihren Beruf aufgegeben hatte, um naturwissenschaftliche Forschungen zu betreiben. Sie hat uns den Blick für eine Welt geöffnet, in der *alle* Lebewesen auf die Klänge von Musik reagieren. Mit dieser Entdeckung reihte sie die Pflanzen neben Menschen und Tieren in die Kategorie jener empfindungsfähigen Lebewesen ein, die nicht nur zum physischen, sondern auch zum ästhetischen Ausdruck ihrer Umgebung eine Beziehung haben.

Dorothy Retallack war Sängerin, Arztfrau, Mutter und Stiefmutter von acht Kindern und genau wie ich eine Schülerin meiner Freundin Laurel Chivington. Sie wußte von meinem Interesse an biodynamischem Anbau und an elektromagnetischen Faktoren, die das Pflanzenwachstum beeinflussen, und deshalb konnte sie es kaum erwarten, mir von den Ergebnissen ihrer Forschungsarbeiten zu erzählen. Wie aufgeregt war ich, als ich von diesen vielversprechenden Resultaten hörte! Jetzt, Jahre später, erfuhr ich zu meiner großen Freude, daß sie vorhat, die Auswirkungen von Musik auf Pflanzen weiter zu untersuchen.

Wir diskutierten an einem Sonntag nach einer Zusammenkunft im Colorado Restorium über ihr Projekt. Die anderen Besucher waren bereits die Deer Creek Canyon Road hinuntergegangen.

Die Schatten des Spätnachmittags wurden immer länger. Dorothy Retallack und ich schlenderten bergauf an der Kapelle vorbei und setzten uns auf eine der aus halbierten Baumstämmen bestehenden Bänke am Rande des Franziskus-Gartens.

Der ganze Tag war mit Diskussionen angefüllt gewesen. Es war ein angenehmes Gefühl, nun einfach einmal eine Weile schweigend dasitzen zu dürfen. Keiner von uns beiden verspürte den Drang, mit dem sanften Rauschen des Windes zu konkurrieren, der über die Bergketten strich und in die Schluchten hinunterwehte.

Eine Windbö verfing sich im Wipfel einer großen Schimmelfichte, die in der Nähe stand, und ein paar Sekunden lang zitterte der Baum, als sei er auf irgendein Lied eingestimmt, das die bewegte Luft zu ihm hinübergetragen hatte. Noch immer lag heller Sonnenschein auf seinen Nadeln, obwohl an seinen unteren Zweigen allmählich schon die Schatten der nahenden Abenddämmerung emporkletterten. Ich dachte daran, bei wie vielen unserer Erlebnisse hier im Restorium dieser Baum schon als Katalysator gedient hatte. Er hatte uns zueinandergeführt und oft vor größeren Gefahren beschützt als nur vor dem Regen oder der prallen Augustsonne. Sein Baumgeist war für uns etwas sehr Reales. Er erfüllte den Raum um uns herum mit einer Energie, die es woanders nicht gab, und schenkte uns eine Zufriedenheit, die wir stillschweigend auf uns wirken ließen, aber nie näher zu definieren versuchten.

Ich warf Dorothy Retallack einen Blick zu und stellte fest, daß sie mich beobachtete. «Du warst in Gedanken ganz weit weg», lächelte sie.

«Hmmm, eigentlich nicht», widersprach ich. «Aber Augenblicke der Stille lassen stets alte Erinnerungen in einem wach werden. Übrigens, da fällt mir etwas ein – und mit wem könnte ich das besser besprechen als mit dir, der ‹Pflanzenfrau›? Wir haben doch immer darüber gesprochen, wie wichtig diese Fichten für das Restorium sind. Daß hier früher eine heilige Stätte der Indianer war, wo sie ihre Kranken heilten, und daß der große Baumdeva immer noch da ist, um diesen heiligen Ort zu beschützen.» Dorothy nickte und wartete schweigend meine nächsten Worte ab. «Schon seit vielen Jahren kommen unter diesen Bäumen Menschen zusammen und musizieren und singen; vielleicht haben das vor uns sogar schon die Indianer getan. Und vielleicht war diese Musik nicht nur für uns Menschen, sondern auch für die Bäume wichtig. Könnte es denn nicht sein, daß sie ihnen geholfen hat, zu dem zu werden, was sie heute sind?»

«Ja», stimmte Dorothy zu. «Musik ist der Atem und die Stimme der Natur: die Geräusche der Insekten, die Rufe der Vögel und anderer Lebewesen, der Klang der sich öffnenden Blüten, des flatternden Grases und des Windes in den Bäumen. Wir mit unserer Musik versuchen einen Beitrag zu diesen vielfältigen Stimmen zu leisten. Kannst du dir eine Welt ohne Musik vorstellen?»

«Nein», sagte ich, «aber eigentlich können wir einander doch gar nicht hören. Jeder lebt in seiner eigenen abgeschiedenen Welt.»

«Ich weiß», sagte Dorothy, «und das ist einer der Gründe, warum Musik so wichtig ist. Sie kann das Band sein, das uns ein wenig näher zusammenführt.»

Vor vielen Jahren hatten wir hier im selben Garten gesessen und über ihre faszinierende Entdeckung gesprochen, daß Musik tiefgreifende Auswirkungen auf Pflanzen hat. Zu dieser Erkenntnis war sie durch ihren Beruf gekommen. Dorothy Retallack war Mezzosopranistin, hatte ihre Karriere jedoch aufgegeben, als sie heiratete. Als die Kinder erwachsen waren, begann sie wieder zu singen, aber noch wichtiger war es ihr, einen Universitätsabschluß in Musikwissenschaften zu erwerben. Am Temple Buell College, wo sie sich einschrieb, mußte sie unter anderem auch einen Kurs in Naturwissenschaften belegen. Für ihre Laborarbeit im Fach Biologie beschloß sie, Naturwissenschaft und Musik miteinander zu verbinden, indem sie die Auswirkungen von Musik auf Pflanzen beobachtete.

Zuerst war ihr Biologieprofessor Francis F. Broman nicht sehr begeistert von ihrem Projekt, aber er unterstützte sie trotzdem. Unter seiner Aufsicht und strengen Kontrolle wurden die Experimente durchgeführt. Fünf verschiedene Pflanzenarten – Philodendron, Radieschen, Mais, Geranien und Usambaraveilchen – wurden aus Samen gezogen, in Plastiktöpfe gesetzt und unter genau den gleichen Bedingungen kultiviert. Dorothy Retallack stellte sie in Simulator-Kammern, in denen Licht, Temperatur und Luftzufuhr automatisch geregelt wurden. In jeder dieser Kammern installierte sie einen Lautsprecher.

Sie begann ihr Experiment damit, daß sie den Samen reine Klavierklänge vorspielte. Die eine Gruppe bekam zwölf Stunden pro Tag jeweils fünf Minuten lang die Töne B und D vorgespielt, dann folgte eine fünfminütige Pause, und dann wiederholte sich dasselbe. Der zweiten Gruppe spielte Dorothy Retallack in der gleichen zeitlichen Abfolge zwölf Stunden lang den Ton F vor, und die dritte Gruppe bekam diesen Ton drei Stunden lang immer wieder in kurzen Abständen zu hören.

Die erste und die zweite Gruppe von Sämlingen ging innerhalb von drei Wochen ein. Während ihres kurzen Lebens wandten die Pflanzen sich so weit von den Lautsprechern ab, wie sie konnten. Die dritte Gruppe hingegen überlebte, wuchs und gedieh.

Ihren zweiten Test führte Dorothy Retallack mit Petunien durch. Einer Gruppe von Petunien spielte sie Rockmusik vor, der zweiten leichtere klassische Musik und Hymnen, und zwar in der gleichen Lautstärke. Die Kontrollgruppe trieb Knospen. Nach zwei Wochen zeigte sich, daß die «Rockmusikpflanzen» sehr unregelmäßig wuchsen und sich von den Lautsprechern abwandten. Die zweite Petuniengruppe dagegen blühte und wuchs dem Lautsprecher entgegen. Am Ende des Monats waren die Rockmusikpflanzen eingegangen.

Zwei andere Frauen, die Musik als Hauptfach studierten, Virginia Smith und Marlene Maseberg, beschlossen, Dorothy Retallacks Experimente zu wiederholen. Sie pflanzten Kürbisse in die Simulator-Kammern und spielten der einen Gruppe Rockmusik, der anderen klassische Musik vor. Dieses Experiment führten sie acht Wochen lang durch. Am Ende dieses Zeitraums hatten die Pflanzen in der Rockmusik-Kammer sich vom Lautsprecher abgewandt, während die Pflanzen in der Klassik-Kammer sich um ihn herumwanden. Manche Leute vermuteten, Dorothy Retallack beeinflusse die Resultate ihrer Tests unbewußt, da sie keine Rockmusik möge. Daraufhin bat sie bei ihrem nächsten Experiment einen Lagerarbeiter, der nichts von diesen Forschungsarbeiten wußte, die Pflanzen zu pflegen und die Tonbänder zurückzuspulen. Die Ergebnisse blieben die gleichen.

Da begann die *Denver Post* die Veränderungen der Pflanzen im Zeitrafferverfahren aufzunehmen. Je mehr Presseleute zu den Experimenten eingeladen wurden, um so heftiger brandete natürlich auch die Kritik auf. Als die Kritiker nicht glauben wollten, daß die Pflanzen tatsächlich so weit wie möglich vor der Schlagzeug-Rockmusik von Led Zeppelin, Vanilla Fudge und Jimi Hendrix zu fliehen versuchten, drehte Dorothy Retallack die Töpfe einfach um 180 Grad. Da wuchsen die Pflanzen in die entgegengesetzte Richtung.

Bei den Experimenten, die Dorothy Retallack in ihrem nächsten Studienjahr durchführte, erzielte sie die gleichen Resultate. Bei lauten, disharmonischen Klängen verkümmerten die Pflanzen und gingen ein. Leise Klänge, klassische Musik und Hymnen dagegen förderten ihr Wachstum und ihre Gesundheit. Schlingpflanzen wie die Prunkwinde konnten nicht mehr klettern, nachdem man ihnen Rockmusik vorgespielt hatte, ja, sie sackten sogar in die vom Lautsprecher abgewandte Richtung. Getreidehalme knickten in sich zusammen; Bohnen verkümmerten und neigten sich von den Lautsprechern weg.

Als nächstes versuchte Dorothy Retallack herauszufinden, was ihre Pflanzen an der Rockmusik denn eigentlich so störte. Nach wie vor fragte sie sich, ob es vielleicht das Schlagzeug war. Deshalb spielte sie den Pflanzen das spanische Lied «La Paloma» in zwei Versionen vor: in einer Kammer mit Steelbandtrommeln, in der anderen mit Saiteninstrumenten. Die Pflanzen, die die Schlagzeugversion hörten, neigten sich zwar ein klein wenig vom Lautsprecher weg, aber nicht so stark, wie es die Pflanzen vorher bei der Rockmusik getan hatten. Die Pflanzen, denen die Violinenversion vorgespielt wurde, neigten sich der Klangquelle um fünfzehn Grad zu.

Man sagt, Schweigen sei Gold, aber das war nur bei einem dieser Experimente der Fall. Bei allen anderen Untersuchungen wuchsen die Pflanzen zu angenehmen Klängen und religiöser Musik schneller als die Kontrollgruppe und auch als die Pflanzen, denen Rockmusik vorgespielt wurde. Bei einer Fotoserie, fotografiert von der *Denver Post*, wuchsen Bohnen, denen man angenehme, beruhigende Musik vorspielte, in den Lautsprecher hinein, entwickelten sehr kräftige Triebe und starke, robuste Wurzeln. «Das Faszinierendste daran ist nicht die negative Wirkung von Rockmusik, sondern die positive Wirkung beruhigender Musik», erklärte Dorothy Retallack der *Post*. «Die Pflanzen der Kontrollgruppen, denen gar keine Musik vorgespielt wurde, wuchsen zwar gerade nach oben und waren gesund, aber sie trieben nicht so üppig aus und hatten auch nicht so kräftige Wurzeln wie die Pflanzen, die drei Wochen lang jeden Tag ein bißchen leise, angenehme Musik zu hören bekamen.»

Dorothy Retallack begann sich zu fragen, wie «mathematisch-intellektuelle, anspruchsvolle Musik aus Ost und West» sich wohl auf die Pflanzen auswirken würde. Sie wählte Choralvorspiele aus Johann Sebastian Bachs «Orgelbüchlein» und klassische Sitarklänge von Ravi Shankar, einem bengalischen Musiker.

Die Pflanzen, die der Musik von Bach «lauschten», lehnten sich um erstaunliche 35 Grad der Klangquelle entgegen. Doch selbst dieses beeindruckende Ergebnis wurde durch die Reaktion der Pflanzen auf Ravi Shankar noch in den Schatten gestellt. Sie neigten sich über 45 Grad, um der Quelle dieser indischen Musik näherzukommen.

Auf Bitten vieler junger Leute versuchte Dorothy Retallack es anschließend mit Country-Musik. Aber die Pflanzen, denen diese Musik vorgespielt wurde, reagierten ähnlich wie die Pflanzen in der Kontrollkammer, die gar keine Musik zu hören bekommen hatten. Jazzmusik hingegen beschleunigte das Pflanzenwachstum. Bei den Klängen von Duke Ellington und Louis Armstrong neigten die Pflanzen sich fünfzig bis zwanzig Grad zum Lautsprecher hin und wuchsen auch schneller als die Pflanzen der Kontrollgruppe.

Von da an wurde Dorothy Retallack mit Briefen und Anrufen überschüttet. Viele Wissenschaftler forderten Kopien ihrer Publikationen an. Die Fernsehgesellschaft CBS bat sie, ein Experiment mit Rockmusik und Shankar-Sitarklängen durchzuführen und es in Zeitrafferaufnahme filmen zu dürfen. Dorothy Retallack hatte zwar ein wenig Lampenfieber, war aber überzeugt davon, daß die Ergebnisse ihren Erwartungen gemäß ausfallen würden. «Diesmal reagierten die Pflanzen sogar noch stärker als sonst», berichtet sie in ihrem Buch *The Sound of Music and Plants.* Sie fragte Ravi Shankar, warum seine Musik seiner Meinung nach so einen günstigen Einfluß auf Pflanzen habe. Er erklärte ihr, Bach, Jazz und seine eigene Musik wirkten wohl deshalb so stark auf Pflanzen, weil bei allen drei Musikrichtungen die Improvisation eine wichtige Rolle spiele. Außerdem sei das alles in gewisser Weise religiöse Musik und von Künstlern komponiert, die ihre Arbeit wirklich liebten. «Alle drei musikalischen Formen wurden mit Liebe komponiert. Auch ich empfinde diese große Liebe zu der Musik, die ich spiele.»

Und nun, über zwanzig Jahre später, saßen wir wieder hier im Garten des heiligen Franziskus, und ich fragte sie: «Inzwischen arbeitest du wieder an einem Buch. Warum erst jetzt, nach all den Jahren?»

Sie dachte ein paar Sekunden über meine Frage nach. Dann sagte sie langsam und nachdenklich: «Ich habe das Gefühl, daß es dringend notwendig ist, diese Forschungsarbeiten fortzusetzen.» Sie erklärte mir, nach dem Erscheinen ihres Buches habe sie festgestellt, daß seriöse wissenschaftliche Artikel in der Öffentlichkeit viel weniger Aufmerksamkeit erregten als die sensationsheischenden Meldungen der Boulevardpresse. Sie habe viele Briefe und Anrufe von Leuten erhalten, die ihre Arbeit weiterhin verfolgen wollten. Zum Teil seien es Menschen gewesen, die wirklich ernsthaft forschen wollten, teilweise aber auch «Esoterikfreaks», die überzeugt waren, Dorothy Retallack sei einem sensationellen Geheimnis der

Pflanzenwelt auf die Spur gekommen. Einige Schallplattenfirmen brachten sogar Platten mit «Musik zur Förderung des Pflanzenwachstums» auf den Markt.

«Einige dieser Reaktionen hatte ich ja erwartet, und deshalb beunruhigten sie mich auch nicht weiter. Viel mehr enttäuschte es mich, daß so viele Wissenschaftler meine Entdeckungen als unrealistisch abtaten und glaubten, daß andere Gründe hinter den Reaktionen meiner Pflanzen steckten. Das haben sie einfach behauptet, ohne selbst nachzuforschen», erklärte Dorothy Retallack. «Bei unseren zunehmenden Problemen nicht nur mit der Umwelt, sondern auch mit unserer Jugend, die durch das Fernsehen und durch ihre Musik vielleicht noch in ihrem exzentrischen Verhalten bestärkt wird, halte ich es für wichtig, sich ernsthafter mit den Auswirkungen von Klängen und Musik auf unser Leben zu befassen. Da wir schließlich nicht getrennt von der Welt, in der wir leben, existieren, besteht eine Möglichkeit darin, diese Auswirkungen anhand von Pflanzen zu erforschen. Ich hoffe, die Menschen mit meinen Untersuchungen auf diese Notwendigkeit aufmerksam zu machen.»

Auch die Arbeit von Dr. John Pierrakos, einem Psychotherapeuten aus New York, zeigt, daß eine Wechselbeziehung zwischen Pflanzen und Menschen besteht. Pierrakos besitzt seit seiner Jugend hellseherische Fähigkeiten und kann menschliche Auren wahrnehmen. Das hilft ihm bei seinen Diagnosen.

Er erklärt, daß er normalerweise drei Energieschichten rund um die Gestalt seiner Patienten sieht. Die erste, eine dunkle Schicht, nicht breiter als anderthalb bis drei Millimeter, liegt eng an der Haut an und sieht aus wie ein durchsichtiges Kristallgebilde. Die zweite, eine breitere, dunkelblaue Schicht, die an Eisenspäne erinnert, bildet, von vorn gesehen, eine eiförmige Hülle rund um den menschlichen Körper. Das dritte Band ist ein heller blauer Nebel aus leuchtender Energie, der bei gesunden Menschen über einen Meter mißt. Deshalb sagen wir manchmal von einem fröhlichen Menschen, er «strahle vor Glück».

Dr. Pierrakos hat eine interessante Entdeckung gemacht: Wenn seine Patienten deprimiert, gestreßt, ängstlich oder ganz allgemein schlechter Stimmung sind, spiegeln die Pflanzen in seinem Sprechzimmer diesen negativen Zustand wider. Die Blüten wirken welk, und die Blätter hängen schlaff herab.

Der Erfinder Dan Carlson, der die Forschungsergebnisse von Cleve Backster, Dorothy Retallack und John Pierrakos kannte, nahm die Theorie, daß Klänge und Musik einen Einfluß auf Pflanzen haben, ernst und zeigt inzwischen im Rahmen eines umfassenden Projekts, wie man mit Hilfe von Musik die Nahrungsmittelproduktion steigern kann. Er bedient sich dabei eines Verfahrens, das er «Sonic Bloom» nennt, einer Mischung aus Klängen und Nährstoffen, die angeblich zu einem geradezu phantastischen Pflanzenwachstum führt.

Carlson, der die Dan Carlson Scientific Enterprises in Blaine (Minnesota) leitet, erklärt, er habe fünfzehn Jahre gebraucht, um dieses Klang-Spray-Verfahren zu entwickeln. Laut Carlson liegt das Geheimnis größerer Ernten, rascherer Reife und besseren Geschmacks in einer elektromagnetischen Hochfrequenzwelle, die er auf der Basis von Naturgeräuschen entwickelte. Das Spektrum dieser Welle ähnelt dem Frequenzbereich vieler Vogelrufe, beispielsweise dem von Schwalben und Grasmücken. Diese Klänge öffnen die Stomata, die winzig kleinen Spaltöffnungen an der Blattoberfläche, so daß die Pflanze Nährstoffe besser aufnehmen kann. Carlson besprüht die Pflanzen mit einem organischen Blattspray und spielt ihnen dabei über Lautsprecher die Klänge vor.

Zu den Anwendern von Carlsons Methode gehört Ken Taylor, Besitzer der Windmill Point Farms and Nursery in der Nähe von Montreal. Seine ersten Versuche machte er mit Mohrrüben: Er legte ausgekeimte Mohrrübensamen über Nacht in eine Nährlösung und spielte ihnen dabei eine Musikkassette mit Carlsons Hochfrequenzgeräusch vor. Taylor behauptet, diese Pflanzen hätten die beste Mohrrübenernte ergeben, die er je erlebt habe.

Taylor behandelte auch hundert Zitrusgewächse mit Carlsons Methode. Dabei ließ er sie den Sommer über und bis in den Spätherbst hinein im Freien, wo sie Temperaturen von minus zehn

Grad Celsius überstanden. Als er die Grapefruit-, Orangen- und Zitronenbäume im Dezember untersuchte, wiesen ihre dunklen, glänzenden Blätter keinerlei Frostschäden auf.

Don Jansen aus Fort Myers (Florida) erklärte Reportern der Zeitschrift *Acres,* er habe seine Gurkenernte durch Sonic Bloom um 400 Prozent gesteigert. Roy McClurg in LaBelle (Florida) wandte das Verfahren bei seinen Orangenbäumen an und schätzt, daß seine Ernte sich dadurch um 30 Prozent verbessert hat. Auch viele andere amerikanische Gärtner und Farmer berichten, mit Hilfe dieser Klänge außergewöhnlich hohe Ernten erzielt zu haben.

In Israel wurden 450 vom Aussterben bedrohte nordafrikanische Sträucher, Obst- und Nußbäume erfolgreich nach Carlsons Verfahren behandelt. Inzwischen wird es in allen 50 Staaten der USA und vierzehn anderen Ländern angewandt.

Auch eine bestimmte Qualität der menschlichen Stimme regt Pflanzen zum Wachsen und Gedeihen an, und zwar liegt diese Qualität nicht nur im menschlichen Gesang, sondern auch in der bejahenden und ermutigenden Atmosphäre des Gebets. Das haben ein Geistlicher und über 150 Mitglieder seiner Gemeinde bewiesen.

Loehr, Pastor der First Congregational Church in Los Angeles, machte seine bahnbrechende Entdeckung im Jahr 1952, als er von einem Experiment erfuhr, das Dr. J. B. Rhine an der Duke University durchgeführt hatte, um die Auswirkungen von Gebeten auf das Wachstum von Pflanzen zu untersuchen. Interessanterweise hielt niemand Rhines Forschungsergebnisse für bedeutsam, aber Pastor Loehrs Entdeckung erregte ziemlich großes Aufsehen, sowohl bei den Wissenschaftlern als auch bei religiösen Gruppen. Schließlich schrieb Loehr sogar einen Bestseller: *The Power of Prayer on plants.*

Damals, als Dr. Rhines Arbeit seine Phantasie beflügelte, hatte Loehr bereits die Religious Research Foundation (Religiöse Forschungsstiftung) gegründet und leitete seit über zwei Jahren einen Gebetskreis.

Für ihr erstes Experiment kauften Loehr und seine Forscher sechs Brotbackformen aus Blech, ein paar Limabohnenkerne, Gartenwickensamen und Maiskörner und zwei Flaschen Quellwasser. Die eine Flasche hielten die Mitglieder des Kreises bei ihren Gebeten in den Händen; sie wurde mit dem Etikett «Aquator» versehen. Bei der anderen Flasche wurde nicht gebetet; dieses Wasser war für die Kontrollgruppe bestimmt. Die «Aquator»-Flasche wurde von einem Mitglied des Gebetszirkels zum anderen weitergereicht, und jeder sprach ein Gebet für sie. Dann stellten sie die Flasche in die Mitte der Gruppe und beteten gemeinsam, das Wasser möge den Pflanzen gesundes Gedeihen und ein kräftigeres Wachstum bescheren.

Die Forscher füllten die sechs Backformen mit Erde vom Kirchenvorplatz. In zwei der Formen setzten sie jeweils acht Maiskörner, in die zwei anderen acht Limabohnen, und in die letzten beiden Behälter wurden acht Gartenwickensamen gelegt. Alle sechs Gefäße erhielten die gleiche Menge Wasser, aber nur drei von ihnen wurden mit dem «Aquator»-Wasser gegossen.

Eine Woche später waren in den Brotbackformen mit dem behandelten Wasser bereits drei Maiskörner gekeimt, von den Samen der Kontrollgruppe aber noch keine. In der nächsten Woche sprossen in den Backformen mit dem «Aquator»-Wasser noch drei weitere Sämlinge empor. Jetzt waren es insgesamt schon sieben, in den Behältern der Kontrollgruppe dagegen zeigten sich nur drei Sämlinge. Für die Limabohnenkerne war es schwierig, den harten Lehmboden zu durchdringen, doch in den Formen mit dem «Aquator»-Wasser keimten und wuchsen immerhin vier Bohnenkerne, während sich in den anderen gar nichts tat. Bei den beiden Gefäßen mit Gartenwickensamen stellten die Forscher keine so großen Unterschiede fest, doch in den «Aquator»-Gefäßen keimten immerhin über 30 Prozent mehr Samen.

Wenn positive Gebete Wachstum erzeugen, überlegte Pastor Loehr, dann müßten negative Gebete eigentlich das Wachstum hemmen. Er überlegte sich ein Testverfahren, um seine Theorie zu überprüfen. Ein Mitglied seines Gebetskreises, Erwin Prust, erklärte sich bereit, den «Bösewicht» zu spielen. Loehr schnitt Efeustecklinge und setzte sie in zwei Töpfe. Bei dem einen Topf wurde um Wachstum gebetet, beim anderen betete Prust, die Stecklinge mögen nicht gedeihen. Anfangs konnten die Forscher keinen meßbaren Unterschied zwischen dem Efeuwachstum in den beiden Töpfen feststellen, doch schon zwei Wochen später gediehen die Pflanzen, für deren Wachstum gebetet worden war, prächtig, die anderen hingegen waren eingegangen.

Das nächste Experiment mit Prust wurde unter strenger Kontrolle durchgeführt. Um die Möglichkeit einer bewußten «Wahl» auszuschalten, forderte der Pastor Prust auf, seinen Unterarm auf den Tisch zu stützen und mit dem Finger auf den Rand einer Kuchenform zu zeigen, in die auf jeder Seite einer Trennwand dreiundzwanzig Maiskörner gesät worden waren. Anschließend drehte Loehr die Kuchenform wie einen Kreisel, und als sie wieder zum Stillstand kam, wurde die Seite, auf die Prusts Finger zeigte, markiert: Für die Pflanzen auf dieser Seite sollte gebetet werden. Während der acht Tage, die das Experiment dauerte, hielt Loehr die Kuchenform stets fest verschlossen, während Prust auf der einen Seite für Wachstum und auf der anderen Seite für Nicht-Wachstum betete. Nach Ablauf der acht Tage entfernte Loehr das Papiersiegel und entdeckte auf der Seite, die die positiven Gebete empfangen hatte, sechzehn gesunde Sämlinge, auf der «negativen» Seite dagegen nur einen einzigen.

Daraufhin führten Loehr und seine betenden Experimentatoren Dutzende von Tests und Tausende von Messungen durch, bei denen sie viele Faktoren überprüften. Sie probierten es mit verschiedenen Arten von Gebeten und beteten sowohl einzeln als auch gemeinsam. Die wirkungsvollsten Resultate erzielten sie, wenn die Mitglieder nicht in der Gruppe beteten, sondern jeder für sich. Bei dieser Methode wuchs Mais, für den gebetet wurde, im Durchschnitt um 26 Prozent schneller als «normaler» Mais, und beim Weizen steigerte sich das Wachstum durch diese Gebete sogar um 27 Prozent.

Pastor Loehrs Forscher erhielten ein Stipendium über 1000

Dollar von der Stiftung für Parapsychologie in New York. Mit dieser finanziellen Hilfe riefen sie ein Forschungsprogramm ins Leben, bei dem an alle Mitglieder des Gebetszirkels Experimentierkästen verteilt wurden. Um die «Macht des Gebets» einwandfrei zu bestätigen, wurden die Töpfe in den Kästen nicht mit Erde, sondern mit Watte gefüllt, so daß die Samen praktisch keine Nährstoffzufuhr von außen erhielten.

Die Gebetsgruppe schickte ihre Testergebnisse zur Analyse und Tabellarisierung an Mabel Sones in Cedar Rapids (Iowa), die auch schon an Dr. Rhines Gebetsexperimenten mit Pflanzen mitgearbeitet hatte. Aus Mabel Sones' Bericht über die erste Gruppe von Experimenten ging hervor, daß Pflanzen, für die gebetet wurde, um insgesamt 30,6 Prozent besser wuchsen. Von den insgesamt 28 Gebetsexperimenten ergaben 21, daß Pflanzen, für die man gebetet hatte, besser gediehen.

Die Ergebnisse von Pastor Loehrs Forschungsarbeiten, die er in drei Jahren und über 700 Experimenten mit über 150 Personen, über 27 000 Samen und Sämlingen durchgeführt hatte und die über 100 000 verschiedene Messungen umfaßten, ergaben, daß vier von sechs Leuten durch positive Gebete eine Pflanzenwachstumssteigerung von 15 bis 50 Prozent erzielen konnten. Und ungefähr eine von sechs Personen erzielte beim Wachstum von Sämlingen kein besonderes Resultat. Von den 150 Personen, mit denen die Tests durchgeführt wurden, beteten drei bis vier Mitglieder der Gruppe so intensiv, so zielbewußt und konzentriert, daß sie in der Lage waren, das Pflanzenwachstum zu hemmen. Manchmal konnten sie sogar Sämlinge, die bereits gekeimt hatten, und Pflanzen, die schon wuchsen, abtöten.

Das Wichtigste an den Forschungsergebnissen von Dorothy Retallack, John Pierrakos, Dan Carlson und Franklin Loehr ist der Beweis, daß Pflanzen und Menschen zum beiderseitigen Nutzen miteinander in Beziehung treten können.

Natürlich wußten wir Menschen schon immer, daß unser Leben von Pflanzen abhängt, denn ohne sie hätten wir nichts zu essen. Und seit der Antike befriedigen Pflanzen nahezu alle unsere täglichen Bedürfnisse; sie liefern uns Arzneien, Kleidungsstücke und Baumaterialien. Mit ihrer Schönheit bereichern sie seit jeher unsere Existenz; ohne Pflanzen wäre das Leben, so wie wir es kennen, gar nicht möglich.

Doch die Untersuchungen jener Wegbereiter, über die in den bisherigen Kapiteln dieses Buches berichtet wurde, enthüllen uns eine ganz neue Welt der Kommunikation der Arten, in der wir uns nicht länger damit abzufinden brauchen, daß Pflanze, Tier und Mensch isoliert voneinander existieren. Durch Musik, Klänge, Gedanken und Emotionen wurden neue Kommunikationswege zwischen Mensch und Pflanze eröffnet, und damit ist der Traum von einer Welt, in der wir die Einheit alles Lebendigen begreifen, wieder ein Stück realer geworden.

10.
Die Verbindung von Mensch und Tier über den Tod hinaus

In unserer Kultur wird allgemein angenommen, nur Menschen besäßen eine unsterbliche Seele. Bei Tieren sei das anders: Sobald ihre kurze Lebensspanne auf dieser Erde beendet sei, würden sie für immer verschwinden und nur in der Erinnerung jener Menschen weiterleben, die sie geliebt haben.

Es wurde auch behauptet, nur wir Menschen lebten im Bewußtsein unseres Todes, und dieses Bewußtsein beweise, daß nur wir eine unsterbliche Seele besäßen. Wir bilden uns ein, daß nur *wir* das Leben als etwas Kostbares empfinden und daran hängen. Die meisten Menschen kommen gar nicht auf die Idee, daß auch Tiere Angst vor dem Tod haben könnten. Da diese Kreaturen angeblich keine Vorstellung von ihrem eigenen Tod haben, glauben wir, daß dieser für sie überhaupt keine Bedeutung besitze.

Aber es gibt eine Menge Beweise dafür, daß Tieren – zumindest vielen Tierarten – der Tod sehr wohl ein Begriff ist. Hunde, Schimpansen, Elefanten, Katzen, Wölfe und Delphine, um nur ein paar Arten zu nennen, zeigen beim Tod eines Gefährten oft großen seelischen Streß und unverkennbare Trauer. Und der Kummer, den ein Lebewesen beim Tod eines Gefährten einer *anderen* Art zeigt, ist einer der besten Beweise dafür, daß es tatsächlich so etwas wie Kommunikation der Arten gibt und daß auch Geschöpfe verschiedener Arten eine innige Beziehung zueinander aufbauen können.

Eine Frau schrieb mir, ihr Hund habe das Futter verweigert und sei schließlich vor Kummer gestorben, nachdem sein langjähriger Gefährte, ein Wellensittich, eingegangen sei. Die Katze einer anderen Frau verfiel nach dem Tod des Hundes, der zu der Familie gehörte, in eine tiefe Depression. Ein Skyeterrier namens Greyfriars Bobby ist berühmt dafür, daß er täglich am Grab seines Herrn in Edinburgh Wache hält, und das Affenweibchen Koko trauerte tagelang, nachdem sein Kätzchen «Kugel» von einem Lastwagen überfahren worden war.

Auch die Geschichte von Tom, dem siebenjährigen Collie, von Harold Myers aus Houston (Texas), zeigt, daß Tiere durchaus etwas vom Tod wissen und ihn manchmal sogar aus Kummer und Verzweiflung zu suchen scheinen. Harold und Tom waren unzertrennlich. Kein Wunder, daß der Hund untröstlich war, als Harold während des Vietnamkrieges zum Militärdienst eingezogen wurde. Doch obwohl Tom über Harolds Abwesenheit unglücklich war und oft einsam trauerte, schien er die Trennung mit geduldiger Ergebenheit zu ertragen.

Doch seit dem Tag, an dem Harold fiel (und zwar noch bevor seine Familie die Nachricht von seinem Tod erhielt), schien Tom entschlossen zu sein, seinem Leben ein Ende zu machen. Drei Häuserblocks vom Haus der Myers entfernt führte eine Eisenbahnlinie vorbei. Tom legte sich auf die Schienen. Doch ehe der Zug kam, entdeckten ihn zwei Männer, die oben an der Kreuzung standen, und brachten ihn noch rechtzeitig in Sicherheit. Aber am nächsten Tag legte der Collie sich wieder auf die Gleise, und diesmal blieb er liegen, bis der Zug kam. Hat dieser Hund geglaubt, daß er nach dem Tod irgendwie wieder mit seinem Herrchen vereint werden würde?

Toms offensichtlicher Selbstmord wirft einige interessante Fragen auf. Wenn der Hund bei seinem ersten Versuch umgekommen wäre, könnte man einwenden, daß er eben einfach nur zufällig zur falschen Zeit auf den Schienen gelegen habe. Aber er wurde ja einmal gerettet und tat es trotzdem wieder. Hätte er wirklich nicht sterben wollen, so hätte er dem Zug leicht ausweichen können.

Was für eine Vorstellung hatte Tom vom Leben und vom Tod? Er schien beides gut genug zu begreifen, um sich für eines davon zu entscheiden.

Was bedeutet es, wenn jemand sich des Todes bewußt ist? Wenn ein Lebewesen weiß, daß der Tod uns unseres vergänglichen Lebens beraubt, so bedeutet das, daß dieses Geschöpf sich die nächsten Minuten, Stunden und Tage vorstellen kann und genau weiß, daß der geliebte Mensch, den es verloren hat, nicht mehr wiederkehren wird. Wie auch immer es zu dieser Erkenntnis gelangt sein mag: Ihm ist klar, daß eine unwiderrufliche Veränderung stattgefunden hat.

Als kleiner Junge lebte ich auf einer Farm in Kansas. Einer unserer Nachbarn, T. J. Randle, züchtete Pferde. Er begriff, was in diesen Tieren vorging, so wie manche heutige Menschen sich auf Computer verstehen. Er beherrschte die Kunst, widerspenstige Pferde auf die sanfte Art zur Vernunft zu bringen, so gut wie kein anderer. Alle Leute in der Umgebung wußten, wie gut er das konnte, und sagten: «In dem alten T. J. muß selber ein Stück von 'nem Pferd drinstecken; er versteht diese Tiere, und sie scheinen ihn auch zu verstehen.»

T. J. ließ seine Pferde in der Umgebung seines Hauses weiden. An der Einfahrt zu dem Haus befand sich ein Tor, das man öffnen mußte, wenn man ihn besuchen oder wieder wegfahren wollte. Als er starb und der Krankenwagen kam, um seine Leiche abzuholen, standen alle Pferde ruhig ums Haus herum. Doch als der Krankenwagen mit T. J.'s Leiche durch das Tor fuhr, da gingen die Pferde durch und preschten neben dem Krankenwagen die Straße entlang. Der Fahrer verlangsamte sein Tempo, weil er sie nicht anfahren wollte. Einmal hielt er an und fragte einen Nachbarn, der hinter ihm herfuhr, ob man denn wegen der Pferde nichts unternehmen solle. «Nee», sagte der Nachbar. «Die werden schon wieder müde werden und zurücklaufen.» Aber sie wurden nicht müde. Sie galoppierten die mehr als sieben Kilometer bis zur Stadt neben dem Krankenwagen her und umringten den Wagen, als T. J. in die Leichenhalle getragen wurde.

Schließlich rief jemand den Sheriff an. Der versprach, ein paar Hilfssheriffs vorbeizuschicken, um die Pferde zusammenzutreiben, damit sie keinen Unfall verursachten. Aber das hätte er sich sparen können, denn als sie das nächste Mal gesichtet wurden, waren sie schon wieder auf dem Weg zurück zur Ranch.

Vor ein paar Jahren bewies ein Hund in Ohio, daß er sehr wohl wußte, was Leben und Tod bedeuten und wie man seinen Herrn vor dem Tod bewahrt. Eines Tages im Jahr 1979 machten Rae Anne Knitter und Ray Thomas eine Wanderung in der Nähe von Cleveland (Ohio). Da trat Ray Thomas auf einen Felsvorsprung aus Schiefergestein, um zu fotografieren. Der Felsen bröckelte ab, und Ray stürzte knapp dreißig Meter in die Tiefe und schlug auf dem harten Steinboden auf. Er landete am Ufer eines kleinen Baches, mit dem Gesicht nach unten im Wasser.

Sofort riß Rae Annes Mischlingshündin Woodie sich von der Leine los und eilte an den Rand des Abgrunds. Ein paar Sekunden später hatte auch sie sich in die felsige Tiefe gestürzt. Irgendwie schien sie zu begreifen, daß sie keine andere Wahl hatte, denn die Zeit war knapp. Woodie brach sich bei dem Sturz beide Hüften, konnte sich aber auf den Vorderpfoten zu Ray hinüberschleppen und mit der Schnauze seinen Kopf aus dem Wasser schieben.

Als Rae Anne dazukam, hielt Woodie Rays Kopf immer noch über Wasser. Er kam gerade lange genug zu sich, um seiner Verlobten zuzuflüstern: «Ich glaube, ich hab' mir sämtliche Knochen gebrochen.»

Rae Anne versuchte ihre Hand unter Rays Kopf zu schieben, aber Woodie stieß sie weg. Da holte das Mädchen Hilfe, und die Rettungsmannschaft trug Thomas in den Krankenwagen. Auch Woodie mußte getragen werden, denn sie konnte sich nicht mehr bewegen.

Thomas lag fast drei Monate auf der Intensivstation. Er hatte sich das Rückenmark gequetscht und drei Wirbel, den linken Ellbogen und das rechte Handgelenk gebrochen. Aber er sagte: «Ohne Woodies Hilfe wäre ich jetzt tot.» Woodie hatte sich nicht nur die Hüften, sondern auch sieben Zehen gebrochen, und es dauerte drei Monate, bis sie sich von dem Sprung erholte, der ihrem Herrchen das Leben gerettet hatte. Als Anerkennung für ihre Heldentat verlieh man Woodie den Ehrentitel «Ken-L Ration Dog Hero of the Year 1980» («Ken-L Ration-Hundeheld des Jahres 1980»), eine Goldmedaille, eine vergoldete Leine mit Halsband, einen Pfandbrief über 1000 Dollar und eine mit Hundenahrung gefüllte eßbare Hundehütte.

Wie viele Menschen hätten den Mut, so heldenhaft zu handeln wie Woodie? Sie muß gewußt haben, wie groß das Risiko war. Hunde springen normalerweise nicht aus Höhen, die ihr Körper nicht verkraftet, in die Tiefe; ihr Instinkt, ihr inneres Wissen, mahnt sie zur Vorsicht. Doch Woodie überlegte nur ganz kurz, ehe sie sich in den Abgrund stürzte. Dann schleppte sie sich trotz schlimmer Knochenbrüche noch zu Ray hin und hob seinen Kopf aus dem Wasser.

Es gibt unzählige solcher Geschichten von Tieren, die für ein Mitglied ihrer Familie oder Herde ihr Leben aufs Spiel gesetzt haben. Cynthia Moss, Leiterin des Amboseli-Elefantenforschungsprojekts in Kenia, beobachtet das Verhalten von Elefanten schon seit über zehn Jahren. Sie erzählt, was geschah, als eine der Elefantengruppen, die sie beobachtete, von Jägern angegriffen wurde. Eine junge Elefantenkuh, die Cynthia Moss «Tina» nannte, wurde in die Brust geschossen. Die Kugel durchbohrte ihre Lunge. Sofort ergriff die Herde die Flucht, doch als das junge Elefantenweibchen, dem das Blut aus dem Maul strömte, stöhnend zusammenzubrechen drohte, stellten ihre Mutter Teresia und Trista, ein anderes älteres Weibchen, sich rechts und links neben Tina, um sie zu stützen. Aber es gelang ihnen nicht. Tina stürzte zu Boden und starb.

Da bemühten Teresia und Trista sich, Tina wieder zum Bewußtsein zu erwecken und aufzurichten. Tinas Mutter versuchte den schlaffen Körper mit ihren großen Stoßzähnen vom Boden aufzuheben und brach sich dabei einen Stoßzahn ab. Als die Elefanten sich schließlich mit Tinas Tod abfanden, wollten sie ihre Leiche nicht einfach zurücklassen. Sie gruben mit ihren Rüsseln eine

Grube in den steinigen Boden und streuten Erde über ihre Leiche. Einige schleppten auch Zweige heran und deckten Tina damit zu. Die ganze Nacht über hielten Tinas Familienmitglieder bei ihrer toten Verwandten Wache. Keines verließ den Leichnam vor Morgengrauen. Tinas Mutter hielt am längsten Totenwache.

Man hat auch schon beobachtet, daß Wale und Delphine den Kopf von verletzten Gefährten über Wasser halten, damit sie Luft holen können; und Wölfe bringen verwundeten Rudelmitgliedern Futter. Der Tierarzt Michael W. Fox schreibt, daß er in Indien einmal beobachtete, wie ein Rüde einer kranken Hündin liebevoll die Wunden im Gesicht leckte und nach den Fliegen schnappte, die um sie herumschwirrten, um sie zu vertreiben. «Als ich den beiden Brot gab», erzählt er, «weil sie offensichtlich am Verhungern waren, ließ der Rüde seine Gefährtin zuerst fressen.»

Wenn Liebe der höchste Ausdruck unserer Seele ist, wie alle Religionen betonen, dann erscheint es wenig sinnvoll, dem Menschen aufgrund dieser Eigenschaften eine Seele zuzuschreiben, nicht aber den Tieren, die doch genauso aufopfernde Liebe zu einem anderen Lebewesen zeigen. «Solcher Altruismus kann nur aus Einfühlungsvermögen entspringen – der Fähigkeit, sich in ein anderes Wesen hineinzuversetzen –, und das ist sicherlich ein Zeichen dafür, daß auch Tiere eine Seele haben.»

Tiere haben ein Gefühlsleben. Sie empfinden Liebe, Kummer, Angst und Freude. Wenn man diese Gefühle nicht der Seele zuschreiben kann, wo entspringen sie dann? Tiere lieben nicht nur ihre eigenen Artgenossen, sondern auch Geschöpfe anderer Arten. Solche Empfindungen sind nicht dem Menschen vorbehalten. Warum also bilden wir uns ein, daß die Seele und die spirituellen Dimensionen des Lebens ausschließlich ein Privileg der Spezies Mensch sein sollen? Gary Kowalski, Studienabsolvent der Harvard Divinity School, Geistlicher der Unitarier und Universalisten und Autor des Buches *Dein Tier – eine empfindsame Seele,* sagt: «Für mich besitzen Tiere alle Merkmale und Charakterzüge, die auf das Vorhandensein einer Seele hindeuten. Denn eine Seele kann man nicht sehen oder messen. Wir können nur ihre äußeren Manifestationen beobachten: Tränen und Gelächter, Mut und Heroismus, Großzügigkeit und die Bereitschaft zu verzeihen ...»

Die Existenz einer Seele setzt eine Seinsqualität voraus, die nicht zu den physischen Eigenschaften eines individuellen Lebens gehört und beim Tod der physischen Hülle auch nicht aufhört zu existieren. Nach allgemein verbreiteter Auffassung impliziert die Seele das Fortbestehen des Bewußtseins nach dem physischen Tod.

Für die Unsterblichkeit von Tieren sprechen auch die Erlebnisse jener Menschen, deren verstorbene Haustiere in lebensgefährlichen Situationen zu ihnen zurückkehrten und ihnen halfen. Solche Erlebnisse lassen sich kaum als bloße Halluzinationen oder Höhenflüge der Phantasie abtun. So wäre es beispielsweise schwierig, Robin Deland davon zu überzeugen, daß sein verstorbener Hund nicht auf die Erde zurückgekommen sein könne, um ihm das Leben zu retten.

Vor einigen Jahren fuhr Deland in der Nähe von Gunnison in den Bergen von Colorado nachts eine schmale, unbefestigte, kurvenreiche Straße entlang. Er fuhr gerade einen steilen Hang hinauf, da erschien plötzlich ein paar Meter vor ihm auf der Straße ein Hund im Scheinwerferlicht. Das Tier stand einfach nur da und rührte sich nicht. Deland trat auf die Bremse. Er war wie erstarrt, denn der Hund, der jetzt nur noch etwa einen Meter entfernt und im Scheinwerferlicht ganz deutlich zu erkennen war, war sein Collie Jeff. Woher er das so genau wußte? Das kann vielleicht nur jemand verstehen, der selber zwölf Jahre lang einen Hund als ständigen Begleiter hatte. Deland hatte den Collie als jungen Hund am Straßenrand gefunden. Er war von einem Auto angefahren worden und lag im Sterben. Rasch brachte Deland den Hund in ein Tierhospital, wo er mehrmals operiert werden mußte. Dann pflegte er das Tier wieder gesund. Die beiden hatten eine sehr enge Beziehung zueinander. Deland kannte jedes Haar an seinem Hund. Und Jeff war für einen Collie außergewöhnlich groß, hatte einen wuchtigen Schädel und eine etwas zu kurze Schnauze. Deland ist ganz sicher, daß er damals am Rande dieses Felsabhangs tatsächlich seinem Jeff begegnete, obwohl der Hund ein halbes Jahr zuvor gestorben war.

Das plötzliche Auftauchen seines Hundes erstaunte und verwirrte Deland so sehr, daß er sich gar nicht mehr daran erinnern kann, wie er aus seinem Auto stieg. Er weiß nur noch, daß er auf den Hund zuging und dann wohl die Hand ausstreckte und «Jeff» rief. Doch als das Tier schon fast in Reichweite war, machte es plötzlich jäh kehrt und trottete langsam die Straße hoch bis zum Gipfel des Berges. Deland folgte ihm, versuchte ihn einzuholen und ihm so nahe zu kommen, daß er ihn berühren konnte. Da sah er, wie sich ein paar Meter hinter dem Gipfel im Mondlicht ein riesiger Haufen aus Erde und Geröll abzeichnete. Ein gewaltiger Erdrutsch hatte die Straße unter sich begraben. Wenn Deland mit dem Auto diesen Punkt erreicht hätte, wäre das sein sicherer Tod gewesen. Er wäre ein- bis zweihundert Meter in die Tiefe gestürzt.

Deland erzählte mir, daß er gar nicht mehr wisse, wie lange er am Rand dieses Abgrunds gestanden und die Erd- und Geröllmassen und die gähnende Tiefe angestarrt habe. Vielleicht befand er sich in einer Art Trance und war ein paar Minuten lang gar nicht in der Lage, die Tragweite des Geschehens zu begreifen. Als er den Bann von sich abgeschüttelt hatte, schaute er sich sofort nach Jeff um und rief ihn. Aber der Hund war auf ebenso geheimnisvolle Weise verschwunden, wie er vorher plötzlich wieder in Delands Leben getreten war.

Deland hat zwar keine Zeugen, die seine Geschichte bestätigen können. Aber für ihn sind auch keine Zeugen notwendig. Die Ereignisse, durch die Raymond Peters' Familie in einer Dezembernacht aus einer sicheren Todesfalle befreit wurde, haben hingegen mehrere Leute miterlebt.

Raymond und seine Frau Suzanne waren zeitig nach Hause gekommen, denn sie waren sehr müde. Eines ihrer Kinder hatte sich den Magen verdorben und sie die ganze vorige Nacht wachgehalten. In der Nacht davor hatten sie bis in die frühen Morgenstunden hinein an ihrer Steuererklärung gearbeitet. Deshalb sehnten sie sich beide nach einer ruhigen Nacht, und kaum hatten sie sich hingelegt, da schliefen sie auch schon. Sie ahnten nicht, daß diese Nacht noch kürzer für sie werden sollte als die beiden vorigen.

Ungefähr vier Stunden nach dem Schlafengehen wurden Raymond und Suzanne von Hundegebell geweckt. Raymond erinnert sich noch, daß er seinem Scotchterrier Mac im Halbschlaf zurief, er solle still sein, und daß seine Frau murmelte: «Was hat er denn nur?» Aber Mac gab keine Ruhe. Sie konnten nicht wieder einschlafen, denn im nächsten Augenblick bellte Mac schon wieder wie verrückt. Es klang so nah, als belle er Raymond direkt ins Ohr. Raymond setzte sich auf und sagte «Verdammt nochmal, Mac!» Er glaubte, der Hund müsse hinaus. Aber dann roch er den Rauch und war mit einem Schlag hellwach. Er sprang aus dem Bett. Die Schlafzimmertür des Ehepaares war geschlossen, und als sie sie öffneten, war der Korridor schon von einer dicken Rauchwolke erfüllt, in der sie beinahe erstickt wären. Sie spürten die Hitze des Feuers an der Zimmerdecke, und auch das hintere Ende des Korridors stand schon in Flammen. Aber wenigstens hatte das Feuer das Schlafzimmer der Kinder noch nicht erreicht.

Sie nahmen die immer noch schlafenden Kleinen auf den Arm und flohen aus dem Haus. Ein paar Minuten später hatten die Flammen das alte Gebäude auch schon verschlungen. Ein Nachbar hatte bereits die Feuerwehr gerufen. Nicht der Anblick oder der Geruch des Feuers hatte ihn geweckt, sondern das Hundegebell. Es klang so nah, erzählte er, daß er zuerst dachte, der Hund befinde sich in seinem eigenen Haus. Als die Feuerwehr kam, war von dem Haus nichts mehr zu retten, und so konzentrierten die Feuerwehrleute sich darauf, die weitere Ausbreitung des Feuers zu verhindern. Raymond und Suzanne Peters verloren ihren ganzen Besitz, aber wenigstens hatten sie und ihre Kinder überlebt.

Da sagte ihr Nachbar zu ihnen: «Mein Gott, wenn euer Hund nicht gewesen wäre, wärt ihr nie rechtzeitig aus dem Haus gekommen. Ich wußte gar nicht, daß ihr euch nach Macs Tod wieder einen Hund angeschafft habt. Wo ist er denn, Ray? Hat er sich auch aus den Flammen retten können?»

Da blickten die Petersons sich ein paar Sekunden lang sprachlos an. Raymond weiß heute nicht mehr, was er seinem Nachbarn geantwortet hat, aber er hatte damals das Gefühl, als bleibe ihm das Herz stehen, und ihm wurde ganz schwindelig. «Raymond, oh, Raymond», hörte er Suzanne erschrocken sagen. «Es war Mac», erklärte er dann. «Ich kenne Macs Bellen. Wir hatten nie einen anderen Hund.» Er brauchte nicht nach dem Scotchterrier zu suchen, denn der Hund war schon vor drei Monaten gestorben.

Ich habe einmal eine ähnliche Erfahrung mit einem Dackel gemacht, den wir als Welpen bekamen und dreizehn Jahre lang hatten. Viele Tiere haben mein Leben bereichert, aber ich glaube nicht, daß ich dieses Kapitel schreiben würde, wenn ich nicht jenes Erlebnis mit meinem Dackel Phagen gehabt hätte. Es hat mich damals sehr betroffen gemacht, und ich bin dankbar dafür, daß ich das erleben durfte.

Eines Nachts wurde ich durch Phagens anhaltendes Gebell aus dem Schlaf gerissen. Zuerst hoffte ich, er werde schon von allein wieder aufhören, so daß ich nicht hinausgehen und ihn ausschimpfen mußte. Doch der Hund bellte weiter, schrill und ununterbrochen. Also zog ich mir etwas über und ging zu seinem Zwinger. Da er leer war, leuchtete ich mit der Taschenlampe in seine Hundehütte hinein. Da lag Phagen. Er mußte schon seit mehreren Stunden tot sein, denn sein Körper war steifgefroren. Hinterher lag ich noch einige Zeit wach und rätselte darüber, wie es sein konnte, daß ich Phagen so laut und deutlich bellen gehört hatte, obwohl er zu diesem Zeitpunkt doch schon seit mehreren Stunden tot gewesen war.

Aber das sollte nicht das letzte Mal gewesen sein, daß Phagen bellte. Ich hörte sein Gebell noch in zwei Nächten danach genau um die gleiche Zeit. Beide Male ging ich nach draußen. In der ersten Nacht sah ich nichts außer einem leeren Zwinger und einer leeren Hundehütte. Aber als ich mich in der zweiten Nacht im Halbdunkel des abnehmenden Mondes seinem Verschlag näherte, sah ich ihn im Schatten dastehen und warten, und als ich näherkam, wedelte er mit dem Schwanz. Verwirrt, in ehrfürchtiger Scheu streckte ich die Hand nach ihm aus. Doch da war er verschwunden. Seitdem hat er nie wieder gebellt. Ich habe mich oft gefragt, ob Phagen wohl wiedergekehrt war, um mir ein letztes Mal Lebewohl zu sagen. Natürlich könnte man auch annehmen, daß ich in jener Nacht einen besonders lebhaften Traum oder Halluzinationen hatte. Das wäre eine durchaus plausible Erklärung, wenn mich mein Nachbar, der nichts von Phagens Tod wußte, nicht am Morgen nach meiner letzten Begegnung mit dem Hund gefragt hätte, ob Phagen irgend etwas fehle. Er habe in den vergangenen zwei Nächten so viel gebellt.

In seinem Buch *The Evidence for Life after Death (Erfahrungen mit dem Leben nach dem Tod)* erzählt Martin Ebon die Geschichte von einem Cockerspaniel namens Ronnie, der bei einer Operation starb. Ronnies Herrin saß zu Hause neben dem Telefonapparat und wartete auf die Nachricht von dem Ausgang der Operation. Da hörte sie das Klimpern seiner Hundemarke und das Tappen seiner Pfoten auf der Veranda. Aber als sie die Tür aufmachte, sah sie niemanden. «Da wußte sie, daß ihr alter Freund gestorben und zum letztenmal nach Hause zurückgekommen war», schreibt Ebon.

Die amerikanischen Ureinwohner glauben, daß der Geist nach dem Tode des Körpers weiterlebt. «Alle Lebensformen sind heilig. Alles, was lebt, ist ein Ausdruck des Großen Geistes», sagte O-She-Na, eine indianische Medizinfrau, nach einem Treffen im Indianerzentrum in Wichita (Kansas) zu mir. «Alle Formen der Existenz sind ein Teil von Allem-was-Ist. Sie existieren für immer und ewig – nach meinem Zeitverständnis – und kommen der Lebenskraft, dem Großen Geist, allmählich immer näher.»

Diese Philosophie entspricht den Lehren des Sokrates, der behauptete, daß alle Tiere unsterblich seien und daß die Seele beim Tod des Körpers nicht untergehe. Schon die Platoniker waren der Ansicht, die Seelen aller Lebewesen gehörten zur universalen Weltseele, und wenn der Körper sterbe, gehe die Seele in einen anderen Zustand über.

Andere Philosophen hatten ähnliche Ideen. Salomon stellte in einem seiner mutlosesten Augenblicke die Frage: «Wer weiß, ob der Geist des Menschen wirklich nach oben schwebt und der Geist des Tiers zur Erde hinabsteigt?» Und er stellte fest: «Das, was den Söhnen des Menschen widerfährt, das widerfährt auch den Tieren; beide sterben. Ja, sie haben alle ein und denselben Atem; also nimmt der Mensch keine bedeutendere Stellung ein als das Tier. Alle gehen an denselben Ort.»

Der Theologe John Wesley, der im siebzehnten Jahrhundert lebte und die Methodistenkirche gründete, sprach von einer allgemeinen Wiederherstellung des tierischen Lebens: «Die Tiere werden sich vom Joch der Verwesung zu herrlicher Freiheit aufschwingen, ja, ihnen wird sogar ein Bruchteil der Freiheit der Kinder Gottes zuteil werden, je nachdem, inwieweit sie dazu fähig sind.» Dann stellte er die Frage: «Und was wäre, wenn es dem allweisen und allgütigen Schöpfer dann gefallen sollte, diese Geschöpfe, die wir jetzt als niedrige Tiere bezeichnen, in der Rangordnung der Schöpfung auf eine höhere Stufe emporzuheben? Was wäre, wenn er uns bei der großen Wiedergeburt den Engeln gleichmachte und die Tiere zu dem werden ließe, was wir heute sind?» Eine Idee, die uns nachdenklich machen sollte.

Manchmal kehren verstorbene Tiere auch aus anderen Anlässen zu ihren früheren Besitzern zurück und nicht nur, um ihnen das Leben zu retten. Zum Beispiel Bobby, ein schwarzer Mischlingshund, der aufgeregt wedelnd auf seinen Nachbarn, den heimkehrenden Soldaten, zusprang und ihm freudig das Gesicht ableckte. An dieser typischen Begrüßung zwischen Mensch und Hund nach einer langen Trennung war an sich nichts Ungewöhnliches – außer der Tatsache, daß der Hund zu diesem Zeitpunkt schon seit neun Monaten tot war.

Bobby hatte den jungen Mann, der im Nachbarhaus lebte, sehr gemocht, und sie hatten oft zusammen gespielt und viele Spaziergänge miteinander gemacht. Dann ging der Mann zur Armee, und während seiner Abwesenheit starb Bobby.

Der Parapsychologe Ian Currie, der diese Geschichte erzählt, schreibt, der Mann habe nichts vom Tod des Hundes gewußt und sich bei seiner Heimkehr sehr gefreut, als Bobby so aufgeregt auf ihn zugelaufen kam.

«Ein paar Minuten lang veranstaltete Bobby einen wilden Freudentanz. Dann verschwand er in einem Dahlienbeet», berichtet Currie.

Erst am nächsten Tag erfuhr der Mann vom Tod des Hundes – und daß man seine Leiche im Dahlienbeet begraben hatte.

«Für mich besteht kein Zweifel daran, daß ich an jenem Tag tatsächlich mit Bobby gespielt habe», sagte der ehemalige Soldat zu Currie. «Ich kannte ihn so gut, daß ich ihn unmöglich mit einem anderen Hund verwechselt haben kann.»

Frank Talbert wurde von einem Nachbarhund das Leben gerettet. An jenem Abend war er sehr müde, aber es war eine wohlige, angenehme Müdigkeit. Er blickte aus seinem großen Wohnzimmerfenster zu den Gewitterwolken hinüber, die sich über den Bergen im Norden zusammenballten. Das würde eine geruhsame Nacht werden, dachte er. Ein Feuer im Kamin, um die Kälte des beginnenden Oktobers zu vertreiben, Regen, den das Land schon lange dringend brauchte, Friede und Einsamkeit – was wollte er mehr? fragte er sich.

An diesem Tag hatte er den dichten Wald auf seinem Grundstück in der Nähe von Breckenridge (Colorado) gelichtet. Talbert, ein erfolgreicher Immobilienmakler aus Denver, hatte sich hier auf seinem großen Stück Land in den Bergen ein Holzhaus mit drei Zimmern gebaut und hielt sich gern in diesem einsamen Wochenendhäuschen auf. Manchmal fuhr er mit seiner Familie hin, doch am glücklichsten war er, wenn er sich für ein paar Tage ganz allein dorthin zurückziehen konnte. Diesmal wollte er anderthalb Wochen allein dort verbringen und viele Arbeiten erledigen.

Er legte für die Nacht noch ein paar Holzscheite ins Kaminfeuer und ging ins Bett. Da kam ein heftiger Wind auf, Regen prasselte auf das Zedernholzdach, und hin und wieder erhellten Blitze die Felswand im Osten des Hauses. Aber Talbert dämmerte rasch in einen tiefen Schlaf hinüber. Er weiß nicht mehr genau, wie lange er schon geschlafen hatte, als er von einem Geräusch erwachte. Es regnete immer noch, die Blitze zuckten in immer kürzeren Abständen auf, und die Donnerschläge folgten so rasch aufeinander, daß gar keine Pause mehr zwischen ihnen zu hören war. Es war ein einziges auf- und abschwellendes, drohendes Grollen. Aber das war nicht das Geräusch, das ihn geweckt hatte. Irgendwo da draußen bellte ein Hund. Talbert setzte sich in seinem Bett auf und lauschte. Wieder ertönte das Bellen, diesmal weiter weg. Talbert wollte sich schon wieder in den Schlaf zurücksinken lassen, da hörte er das Geräusch – halb Bellen, halb Heulen – von neuem, und zwar so nah, als sei der Hund nur ein paar Meter von seiner Tür entfernt. Talbert vermutete, daß der Hund in Not war oder vielleicht einfach nur Schutz vor dem Gewitter suchte.

Er öffnete die Tür, konnte aber in dem strömenden Regen nicht weit sehen. Er rief nach dem Hund, doch es kam keine Antwort. Talbert wollte die Tür schon wieder schließen, da fiel der Schein seiner Taschenlampe auf einen Hund, der nur etwa zehn Meter entfernt vor ihm stand. Er rief dem Tier etwas zu, doch statt näherzukommen, wich der Hund langsam zurück und gab ein klagendes, flehendes Heulen von sich. Offensichtlich wollte der Hund Talbert dazu bewegen, ihm zu folgen. Talbert fragte sich, ob es vielleicht eine Hündin war, die ihre Welpen vor dem Gewitter in Sicherheit bringen wollte. Rasch zog er seine Stiefel über und schlüpfte in einen Anorak mit Kapuze. Der Hund wartete auf ihn. Aber Talbert konnte sich dem Tier nur auf ein bis zwei Meter nähern, dann lief es schon wieder weiter. Im Licht der Taschenlampe hatte Talbert gesehen, daß es ein roter Setter mit weißer Halskrause und weißer Brust war.

Kaum war Talbert dem Hund ein paar Meter weit gefolgt, da färbte sich alles um ihn herum glühend rot, und es ertönte eine gewaltige Explosion, so laut, daß er das Gefühl hatte, taub zu werden. In sein Holzhaus war der Blitz eingeschlagen, und in seinem Schlafzimmer brach Feuer aus. Es gelang ihm gerade noch, ein paar seiner Habseligkeiten in Sicherheit zu bringen, doch in dem Regen und der Dunkelheit, die nur von einem schmalen Lichtkegel der Scheinwerfer seines Lieferwagens erhellt wurde, war das ziemlich schwierig. Der größte Teil seines Hauses fiel dem Feuer zum Opfer, und ihm blieb nichts anderes übrig, als von seinem Wagen aus tatenlos den züngelnden Flammen zuzusehen.

Erst als Talbert wegfahren wollte, um bei seinem Nachbarn Hilfe zu holen, fiel ihm der Hund wieder ein. Es hatte schon aufgehört zu regnen, der Himmel hatte sich wieder etwas aufgehellt, und der Mond spendete ein wenig Licht. Talbert sah sich nach dem Setter um, aber er war nirgends zu sehen. Während Talbert nach dem Tier suchte, wurde ihm bewußt, daß der Blitz in seinem Schlafzimmer eingeschlagen hatte und daß die Flammen sicherlich deshalb so heftig aufgelodert waren, weil seine Matratze und seine Bettdecke sofort Feuer gefangen hatten. Wenn der Hund ihn nicht hinausgelockt hätte, wäre er höchstwahrscheinlich in diesem Bett gestorben.

Als er seinem Nachbarn die Geschichte erzählte, war der Mann sehr verblüfft. «Die Beschreibung klingt nach Sandy», sagte er und schüttelte langsam und ungläubig den Kopf. «Eine Setterhündin mit einer sehr ungewöhnlichen weißen Zeichnung auf Brust und Hals...»

«Ja, das muß sie gewesen sein. Mein Gott, wo ist sie? Ich muß mich doch bei ihr dafür bedanken, daß sie mir das Leben gerettet hat!» rief Talbert.

Der Nachbar schwieg eine Weile. Er starrte Talbert an und ließ sich dann schwer in einen Sessel fallen. Mit kaum hörbarer Stimme flüsterte er: «Das wird nicht möglich sein, Frank. Sie ist nämlich schon seit über zwei Monaten tot.»

War Sandy vielleicht doch noch in physischer Gestalt am Leben gewesen, als sie Frank Talbert vom Ort der Gefahr weglockte? Nein, das kann nicht sein; man hatte sie neben dem Haus ihres Besitzers begraben. Oder war es vielleicht ein anderer Setter gewesen? Das ist natürlich möglich, aber warum soll es ausgerechnet in dieser Gegend noch einen zweiten Setter mit der gleichen ungewöhnlichen Zeichnung gegeben haben wie die Sandys? Diese Vorstellung ist ziemlich abwegig. Vielleicht ein Hund aus demselben Wurf wie Sandy? Unwahrscheinlich, denn sie stammte aus Texas und war erst mit acht Jahren nach Colorado gekommen. Oder vielleicht hatte einer von Sandys Welpen die gleiche weiße Zeichnung wie sie? Auch das konnte nicht sein, denn Sandy hatte wegen einer Unterleibsoperation niemals Junge haben können. Also werden Talbert – und wir – niemals wissen, was in jener Nacht wirklich geschah. Aber Talbert wird sich trotzdem noch lange an seinen vierbeinigen Besucher erinnern. Sein Nachbar hat ihm ein Foto von Sandy geschenkt. Er hat es rahmen lassen und auf seinen Schreibtisch gestellt.

Auch bei Out-of-body-Erlebnissen haben schon manche Menschen die Erfahrung gemacht, daß Tiere nach ihrem Tod weiterexistieren. Als ich als Trainer am Monroe-Institut für Angewandte Wissenschaften in der Nähe von Faber (Virginia) arbeitete, nahm ich eine Zeitlang jedes Jahr an fünf- bis sechswöchigen Seminaren zum Thema «Veränderte Bewußtseinszustände» teil. Das Hauptziel dieser Sitzungen bestand darin, den Teilnehmern zu helfen, mit den verborgenen Dimensionen in ihrem Inneren in Kontakt zu treten. Doch manchmal führte diese veränderte Wahrnehmung auch zu Out-of-body-Erlebnissen. Eine junge Psychologin aus einer Klinik in Cincinnati hatte ein sehr lebhaftes, ergreifendes Erlebnis, bei dem sie mit ihrer verstorbenen Mutter Kontakt aufnahm. Dadurch erfuhr sie einiges über ihre frühe Jugend, was ihr vorher nicht bewußt gewesen war. Das physische Überleben von Tieren spielte bei diesem emotionalen Drama nur eine untergeordnete Rolle, und wir wären gar nicht weiter darauf eingegangen, wenn nicht ein Mitglied der Gruppe die Frage gestellt hätte: «Hattest du den Eindruck, daß deine Mutter sich auf dieser Ebene wohlfühlt?»

«Oh, ja», antwortete die Frau. «Sie war glücklich und zufrieden, beinahe von einer heiteren Gelassenheit. Sie ist dort mit ihren Eltern, einer ihrer Schwestern und ein paar Freunden zusammen. Und außerdem saß Penny die ganze Zeit über an ihrer Seite. Sie liebte diesen kleinen Hund.» Dann erzählte die Psychologin weiter, worüber sie mit ihrer Mutter gesprochen hatte, und der Hund wurde nicht mehr erwähnt. Penny schien ihr erst nachträglich eingefallen zu sein, aber das Interessante daran war für mich, daß sie die Gegenwart dieses Tiers als etwas völlig Selbstverständliches hinnahm. An dem Kurs nahmen noch mehrere andere Leute teil, die angeblich schon Erfahrungen auf der Astralebene gemacht hatten, und keiner zeigte eine Spur von Erstaunen darüber, daß das Haustier der Mutter auf dieser Ebene existieren konnte.

Bei einem anderen Seminar am Monroe-Institut erzählte ein junger Elektrotechniker aus Duluth (Minnesota) der Gruppe von seinem Out-of-body-Erlebnis und erwähnte dabei ebenfalls zufällig ein verstorbenes Haustier. «Als ich den Tunnel durchschritt und in dieses sehr helle Licht trat», sagte er, «hatte ich das Gefühl, daß ich gleich meinen Bruder wiedersehen würde, der vor fünf Jahren gestorben war. Ich spürte seine Gegenwart, und ein Gefühl der Erregung durchströmte mich. Doch da kam plötzlich voller Freude Racer auf mich zugesprungen, der Collie meines Bruders, der kurz nach ihm gestorben war. Ich liebte diesen Hund genauso wie mein Bruder, aber ich hatte weiß Gott nicht damit gerechnet, ihn hier wiederzutreffen. Aber er war da, sprang ausgelassen an mir hoch und bellte, wie er es immer getan hatte, wenn er mich nach längerer Zeit wiedersah. Dann lief er davon, und ich folgte ihm ... Und tatsächlich, vor uns stand mein Bruder!»

Viele Menschen, die klinisch tot waren und ihren Körper verließen, erzählen, daß sie ihren kranken oder verletzten Körper dabei ganz aus der Nähe von oben sahen. Oft beobachteten sie auch, wie die Ärzte um ihr physisches Überleben kämpften. Manchmal sprechen die Menschen in dieser Übergangszeit, wenn sie von ihrem Körper getrennt sind, mit bekannten oder unbekannten Wesen in ihrer Nähe. Eine Frau – nennen wir sie Barbara – erzählte mir, sie sei nach ihrem klinischen Tod einen Weg entlanggegangen, der durch eine Wiese führte, und ihre Katze Lilly, die vor zwei Jahren gestorben war, sei neben ihr hergelaufen. Da hatte sie plötzlich das Gefühl, in ihren Körper zurückgerufen zu werden, und eilte zurück. Lilly rannte neben ihr her. Doch dann blieb die Katze plötzlich stehen, als wisse sie, daß sie sie nicht weiter begleiten könne, und setzte sich hin, als wolle sie dort auf sie warten.

Unsterblichkeit ohne Individualität hat keinen Sinn außer der Aufrechterhaltung der Art. So intelligent oder dumm ein menschliches Wesen auch sein mag, wir gehen meist davon aus, daß diese Eigenschaften wenig Einfluß auf seine oder ihre Unsterblichkeit haben. Wir akzeptieren zwar ohne weiteres, daß manche Tiere mehr Intelligenz, Sensibilität, Güte und ein geschärfteres Bewußtsein an den Tag legen als manche Menschen, aber wir sprechen ihnen trotzdem die Unsterblichkeit ab, und zwar einzig und allein aus dem Grund, weil sie einer anderen Art angehören als wir – und das, obwohl wir überzeugt davon sind, daß die Seele nicht aus einer materiellen Substanz besteht. Wir nehmen offenbar an, daß die Eigenschaft des «Seelenvollen» etwas mit der Form, Gestalt und Funktion eines physischen Körpers zu tun hat.

In diesem Kapitel habe ich Tiere von erstaunlicher Intelligenz, Intuition und scharfsichtiger Wahrnehmung geschildert, deren liebevolle Fürsorge sich keineswegs auf ihre Artgenossen beschränkte, sondern auch Angehörige anderer Arten mit einschloß und bis zur Selbstaufopferung ging. Das waren ganz individuelle Eigenschaften, die durchaus nicht immer dem entsprachen, was wir von einem Tier dieser Art erwarten. Sind diese außergewöhnlichen Verhaltensweisen Ausdrucksformen von Tieren, deren Bewußtsein über das ihrer Artgenossen hinausgewachsen ist? Dazu gibt es durchaus Parallelen bei uns Menschen: Wie läßt sich beispielsweise die Geistesschärfe eines Albert Einstein oder Leonardo da Vinci mit der eines Durchschnittsmenschen vergleichen? Wieviel eigene Persönlichkeit legen wir an den Tag, wenn wir nur ein winzig kleiner Bestandteil einer kollektiven Aktion sind? Ist das etwas anderes als Herdeninstinkt?

Wir müssen uns also die Frage stellen: Wenn wir nicht allen Lebensformen individuelle Unsterblichkeit zugestehen wollen, obwohl sie eindeutig eine individuelle Persönlichkeit besitzen, welche Kriterien sollen wir dann anlegen? Warum halten wir manche Lebensformen für unsterblich und andere nicht? Welchen Punkt muß man erreicht haben, um unsterblich zu sein? Muß man dazu der menschlichen Sprache mächtig sein? Ob die Delphine uns wohl auch des Segens der Unsterblichkeit für unwürdig halten, weil wir die Delphinsprache noch nicht erlernt haben?

Charles Darwin, dem die Schuld und das Verdienst zukommt, die Evolutionstheorie entwickelt zu haben, sagte in *Die Abstammung des Menschen:* «Wir haben festgestellt, daß die Sinne und Intuitionen, die verschiedenen Empfindungen und Fähigkeiten wie Liebe, Erinnerungsvermögen, Aufmerksamkeit, Neugier, Nachahmung, Vernunft usw., deren sich der Mensch rühmt, in Ansätzen, ja manchmal sogar in wohlausgebildeter Form auch in den niedrigen Tieren vorkommen.» Nach dem, was wir heute wissen, ist das vielleicht sogar noch untertrieben.

Es gibt keinen Grund mehr anzunehmen, daß nur eine einzige Art – der Mensch – in der Lage ist, von den Kämpfen und Mühen des Lebens auf diesem Planeten zu profitieren, daß nur er etwas aus dieser Erfahrung lernen und sich dabei immer weiter und immer höher entwickeln kann, während alle anderen Arten lediglich Kulissen in diesem menschlichen Drama sind. In Anbetracht des vorliegenden Forschungsmaterials scheint es wohl eher, wie Tennyson einmal gesagt hat, ein noch in weiter Ferne liegendes göttliches Ereignis zu geben, auf das die gesamte Schöpfung zusteuert.

11.
Dialog zwischen Mensch und Geschöpf ohne Grenzen

Wer wirklich einmal eine enge Beziehung zu einem Lebewesen einer anderen Art erlebt hat, der wird wohl nie wieder die gleiche Einstellung zum Leben haben wie früher. Die Grenzen zwischen einem selbst und dem anderen Lebewesen sind diffuser geworden, weniger scharf abgegrenzt; diese Verbundenheit läßt sich nicht ignorieren. Anfangs ist es vielleicht nur ein kaum spürbares Gefühl der Gemeinsamkeit, doch der alte Zustand des Getrenntseins läßt sich nicht mehr wiederherstellen. Man ist unversehens über die Grenzen der Isolation hinausgewachsen, und was anderen Lebewesen widerfährt, das geschieht – zumindest bis zu einem gewissen Grad – auch einem selbst.

Sich eine Beziehung zwischen Menschen und Hunden, Katzen, Pferden und vielleicht auch noch ein paar anderen Tierarten vorzustellen, die für uns vertraute Lebensgefährten geworden sind, ist nicht so schwierig, auch wenn wir selbst vielleicht noch keine Erfahrung dieser Art gemacht haben. Eine enge Beziehung zu solchen Tieren halten wir mittlerweile für selbstverständlich, und wir glauben den Besitzern auch, daß sie sich gut mit ihren Tieren verständigen können. Auch wenn wir von Kommunikation zwischen Menschen und Delphinen, Gorillas oder Schimpansen hören, überrascht uns das nicht, denn wir wissen nun schon seit geraumer Zeit, daß diese Tiere sehr intelligent sind.

Aber wenn wir erfahren, daß wir offenbar auch mit allen anderen Lebensformen kommunizieren und sogar eine enge Beziehung zu ihnen aufbauen können, vom Bergschaf bis hin zur Stubenfliege, vom Gerstenhalm bis zur Klapperschlange, kommt das ziemlich unerwartet für uns. Wenn wir uns ausmalen, eines Tages eine Ebene der Sensibilität und Bewußtheit zu erreichen, die uns den Durchbruch zum Einssein mit allem Leben ermöglicht, stellen wir uns gern als Partner aus der Tierwelt einen majestätischen Adler oder einen kraftstrotzenden wilden Hengst vor. Als Kulisse dazu sehen wir vielleicht ein atemberaubendes Gebirgspanorama oder einen friedlichen, stillen See vor uns, wie Henry David Thoreau ihn in seinem Buch *Walden* beschrieben hat. Aber unsere neue Beziehung zur Natur kann ebenso leicht auf einem staubigen Feldweg entstehen, und zwar in Gemeinschaft mit einem Lebewesen einer Art, die wir gerade eben noch als Beute gejagt haben.

Mein Leben veränderte sich an einem Spätherbsttag in einem Hirsefeld im Westen von Kansas, als ich einen Ringfasan tötete. Ich war gleich am ersten Tag der Fasanenjagdsaison mit meinem Sohn auf die Jagd gegangen. Wir hatten jeder ein paar Vögel erbeutet, und ich war zufrieden mit meiner Treffsicherheit.

Da, nicht einmal zehn Meter vor mir, flog ein Fasanenhahn auf und flatterte zwischen den Hirsehalmreihen dahin. Mein Zwölfkalibergewehr detonierte, und der Vogel stürzte zu Boden. Als ich zu ihm hinüberlief, lebte er noch. Seine Flügel machten noch einen letzten Versuch, ihn über den Schmerz hinwegzutragen, aber es half ihm nichts. Ein paar Sekunden lang hob er den Kopf, und unsere Augen trafen sich. Ich werde immer glauben, daß diese Augen mich fragten: «Warum?» In diesem Augenblick fühlte ich den Schmerz des Fasans, und die völlige Sinnlosigkeit meines Tuns kam mir quälend zum Bewußtsein. Ich brauchte dieses Tier nicht zu töten, um zu überleben; ich hatte es nur zum Vergnügen umgebracht. Nach diesem Erlebnis empfand ich noch tagelang tiefe Trauer, und ich ging nie wieder auf die Jagd.

Auch Michael J. Roads tötete Känguruhs im australischen Busch und machte anschließend die Erfahrung der Kommunikation mit seiner Beute, wie er in *Mit der Natur reden* (Ansata-Verlag), beschreibt. Roads und seine Frau Treenie hielten eine Herde Schafe auf ihrem Weideland, mußten aber leider feststellen, daß das organisch gedüngte Gras auch für die Känguruhs sehr verlockend war: diese kamen aus den umliegenden Wäldern herbei und weideten dort.

Roads beschloß, seine Weiden gegen die Eindringlinge zu verteidigen. Jede Woche hielt er zwei Nächte lang Wache und schoß auf die Känguruhs. Aber die vielen Tierleichen, die dann auf seinen Weiden herumlagen, waren ihm widerwärtig, und so stellte er sein Weideland den Jägern zur Verfügung. Doch auch das schien am Zustand seiner Weiden nicht viel zu ändern, und daher ging er wieder dazu über, die Känguruhs selber zu schießen.

Eines Nachts sichtete er im Scheinwerferlicht seines Lieferwagens ein großes Känguruh. Er ergriff sein Gewehr und sprang aus dem Wagen. Doch als er auf das Tier zielen wollte, wandte es ihm den Kopf zu, und ein Lichtstrahl traf seine Augen. «In rot schimmernde Edelsteine verwandelt, blickten die Augen des Känguruhs mich an. Wie gebannt schaute ich in die Seele einer wilden, herrlichen Natur», erzählt Roads. «Eine lange Zeit sahen wir uns einfach nur stumm und unverwandt in die Augen. Dann wandte das Tier langsam den Kopf ab und begann seelenruhig zu weiden.»

Da wurde Roads klar, daß das Problem sich nicht mit Gewalttätigkeit lösen ließ. Er besprach die Angelegenheit mit Treenie. Früher hatten die beiden geglaubt, erfolgreich mit ihrem Vieh kommunizieren zu können, indem sie ihm einfach auf telepathischem Wege ihre Gedanken übermittelten. Sie beschlossen, es auch bei den Känguruhs mit dieser Gedankenübertragung zu versuchen.

Eines Morgens fuhr Roads ins Hügelland hinein. Er parkte mitten auf dem umzäunten Teil der Weide in der Nähe eines kleinen Waldes, um sich auf seinen Kommunikationsversuch vorzubereiten. Eigentlich hatte er vorgehabt, den Tieren seine Gedanken zu senden, aber dann fiel es ihm doch leichter, sein Anliegen in Worte zu fassen. «Ich weiß zwar nicht, ob ihr mich hören könnt», schrie er den Känguruhs zu, «aber ich möchte ein Abkommen mit euch treffen, das mir und euch weiterhilft. Ich bitte euch, unsere Weiden nicht mehr abzufressen; dann werde ich dafür sorgen, daß niemand mehr auf euch schießt. Doch da mir klar ist, daß ich dieses Land mit euch teilen muß, will ich euch erlauben, außerhalb des umzäunten Weidestücks zu grasen. Aber bitte beschränkt euch auf einen Wiesenstreifen von zwanzig Metern.»

Natürlich hatte Roads keine Ahnung, ob das etwas nützen würde, aber um sein Versprechen einzuhalten, brachte er an dem Tor zu seinem Grundstück ein Vorhängeschloß an und bat die Jäger, nicht mehr auf die Känguruhs zu schießen.

Schon nach ein paar Wochen war das Gras auf seiner Weide so rasch gewachsen und so viel dichter geworden, daß er noch mehr Vieh dort weiden lassen konnte als bisher. Die Känguruhs überquerten seine Weide zwar, grasten aber nur außerhalb der Umzäunung.

Drei Jahre lang wurde das Abkommen zwischen Roads und den Känguruhs eingehalten, und das Gras auf der Weide wuchs dicht und üppig. Doch er erzählt in seinem Buch, daß die Geschichte ein trauriges Ende nahm. Er verkaufte nämlich sein Land, ohne dem neuen Besitzer etwas von seiner Abmachung mit den Känguruhs zu erzählen … «Denn wer hätte schon so etwas geglaubt?»

Als Roads das Grundstück drei Jahre später wieder besuchte, waren das Gras und der Klee fast völlig abgefressen. Der Besitzer hatte wieder angefangen, auf die Känguruhs zu schießen. «Kaum hatte er damit begonnen», erzählt Roads, «fielen die Känguruhs wieder über die Weide her, und obwohl er sechstausend von ihnen erschoß, fraßen sie das Land praktisch völlig kahl.»

Auch von anderen Tieren ist bekannt, daß sie sich an Übereinkünfte mit Menschen halten. Nach dem Motto «Leben und leben lassen» haben einige nordamerikanische Indianerstämme eine Art Nichtangriffspakt mit Klapperschlangen geschlossen. Die Navajos zum Beispiel behaupten, daß sie in Frieden mit den Schlangen leben und daß ihre Stammesangehörigen nie von den giftigen Reptilien gebissen werden. Ich habe schon Indianer ganz nah an einer Klapperschlange vorbeigehen sehen. Die Schlange rollte sich nicht einmal zusammen. Aber wenn ein Weißer in ihre Nähe kommt, nimmt sie sofort eine Drohhaltung ein.

Schlangen gehören vielleicht zu den Tieren, die am meisten unterschätzt werden. Obwohl sie keine Flossen haben, können sie genauso schnell schwimmen wie viele Fische, und obwohl sie keine Beine besitzen, können sie sich so schnell fortbewegen wie der Mensch. Manche Schlangen können ebenso flink auf einen Baum klettern wie ein Affe, obwohl sie weder Hände noch Füße haben. Sie schlafen mit offenen Augen und hören Geräusche, obwohl sie keine vollständig ausgebildeten Ohren besitzen. Schlangen kriechen auf dem Boden, und doch gehören sie zu den saubersten Tieren, die es gibt.

«Wenn du eine Schlange anschaust und sie als abstoßend empfindest, sprichst du dann nicht von einer Eigenschaft in dir selbst?» fragte mich ein indianischer Freund. «Schau dir die armselige Ausrüstung der Schlange an: keine Hände, keine Füße, und doch kommt sie sehr gut durchs Leben. Beneidest du sie vielleicht darum?»

Warum erschrecken so viele Menschen, wenn sie eine Schlange sehen? Laut der Schöpfungsgeschichte wurde der Mensch von einer Schlange überlistet, und seitdem verabscheut er dieses Tier. Aber das ist keine sehr plausible Erklärung für das Verhalten der meisten Menschen gegenüber Schlangen. Es weist eher umgekehrt auf die Einstellung der Verfasser des ersten Buches der Bibel zu Schlangen hin, doch in anderen Kulturen als der jüdisch-christlichen wurden Schlangen nicht immer so schlecht behandelt.

Die amerikanischen Ureinwohner reagieren anders auf Schlangen als die meisten Angehörigen westlicher Kulturen. Die Menschen im Osten Indiens verehren die übernatürliche Weisheit der Schlange; die zusammengerollte Schlange ist für sie ein Symbol universaler Energie. Auch die alten Ägypter hatten große Hochachtung vor Schlangen und schrieben ihnen übersinnliche Fähigkeiten zu. Sie glaubten, daß Schlangen solchen Menschen Glück brächten, die sich liebevoll um sie kümmerten. Die Pharaonen hielten viele Schlangen, fütterten und verwöhnten sie. Für sie war die

Schlange ein Symbol des Schutzes, und die Schlange, die ihren Schwanz im Mund hält, symbolisierte Unendlichkeit und die Einheit allen Lebens.

In den alljährlich stattfindenden religiösen Zeremonien der Hopi-Indianer in New Mexiko und Arizona spielt die Schlange nach wie vor eine wichtige Rolle. Die Hopi verehren die Schlangen nicht, sondern halten sie für die Überbringer von Botschaften an die höheren Geister. Hopi-Männer und -Jungen sammeln Schlangen und legen sie in irdene Krüge. Während der Zeremonie tanzen die indianischen Priester dann mit den Schlangen in den Händen, ja, sie halten sie sogar im Mund. Wenn die Schlangen gut und respektvoll behandelt werden, greifen sie die Indianer niemals an.

Für die Schlangenfreundin Grace Wiley und ihre Pfleglinge war es nie ein Problem, miteinander zu kommunizieren und sich an die Abmachungen zu halten, die sie getroffen hatten. Als Herpetologin am Zoo for Happiness in der Nähe von Long Beach (Kalifornien) galt sie als eine der geübtesten Dompteusen solcher giftiger Schlangen, die in dem Ruf stehen, besonders angriffslustig zu sein: Klapperschlangen, Vipern, grüne Mambas, Lanzenschlangen, australische Schwarzottern. Sie redete ganz sanft auf diese gefährlichen Mitgeschöpfe ein und übermittelte ihnen liebevolle Gedanken, und innerhalb von ein paar Stunden ließen die Schlangen sich von ihr auf den Arm nehmen und streicheln.

Aus aller Welt strömten die Menschen herbei, um bei der Zähmung dieser gefürchteten Reptilien zuzusehen. Sobald Grace Wiley und die Schlange vollkommen aufeinander eingestimmt waren und das Tier sich zärtlich in ihre Arme schmiegte, erzählte sie ihrem Publikum, Schlangen seien eigentlich gar keine Übeltäter, sondern ganz liebe Tiere. Sie bissen nur, wenn jemand in böser Absicht in ihr Revier eindringe. Denn dann bekämen sie Angst und fühlten sich in die Enge getrieben.

Wenn Grace Wiley mit einer Schlange in Kommunikation treten will, fängt sie das Reptil erst einmal ein und bringt es in ein Zimmer, in dem keine Möbel stehen außer einem schweren, ovalen Tisch in der Mitte. J. Allen Boone war bei einer dieser Begegnungen dabei und bezeichnet sie als «atemberaubend». Ehe die Schlange ins Zimmer gebracht wurde, trat Grace Wiley herein und lehnte sich ruhig und regungslos an eine der Wände. In der einen Hand hielt sie einen etwa einen Meter langen, gepolsterten Stock, mit dem sie das Tier streicheln würde, in der anderen einen ebenso langen Stab mit einem Netz an der Spitze. Damit würde sie den Kopf der Schlange zurückschieben, wenn sie beißen wollte.

Boone sah, wie eine große Kiste auf Rädern ins Zimmer gefahren wurde. Auf ein Kopfnicken Grace Wileys wurde die hintere Wand der Kiste hochgehoben und die vordere Wand mit einem Ruck entfernt. Heraus kam eine mächtige, fast zwei Meter lange Diamantklapperschlange aus Texas. Blitzschnell rollte die große Klapperschlange sich zur Angriffsstellung zusammen, bereit, es mit allem und jedem aufzunehmen, das eine Bedrohung für sie darstellen könnte. Doch es gab nichts, wogegen sie hätte kämpfen können, außer den kahlen Wänden und der Frau, die ihr regungslos gegenüberstand und sie ansah. Der Kopf der Schlange schnellte in alle Richtungen, um festzustellen, woher die Gefahr kommen könnte. Sie klapperte heftig mit ihren Schwanzrasseln, aber es geschah nichts.

Doch Grace Wiley stand nicht einfach nur tatenlos da. Von der Sekunde an, als die tödlich giftige Klapperschlange aus der Kiste gekrochen war, wurde sie von der Gestalt, die starr wie eine Statue an der Wand stand, mit ausdrucksstarken Botschaften förmlich überschüttet. Grace Wiley übermittelte der Schlange Bilder der Hochachtung, Anerkennung, Bewunderung, Zuneigung und Freundlichkeit. «Wären unsere Ohren auf die stumme, allgemein verständliche Sprache des Herzens eingestimmt gewesen, so hätte man genau hören können, wie Miss Wiley der Schlange gut zuredete, und zwar nicht von oben herab, wie man mit einer ‹niedrigeren Lebensform› spricht, sondern auf gleicher Ebene wie zu einem Mitgeschöpf», erklärt Boone.

Nach einer Weile zeigte sich eine deutliche Veränderung in der Haltung der Schlange. Sie klapperte nicht mehr, und statt den Kopf drohend in alle Himmelsrichtungen schnellen zu lassen, richtete sie ihren Blick nun auf die Frau. Es sah ganz so aus, als reagiere die giftige Schlange tatsächlich auf die Gefühle und Gedanken, die ihr übermittelt wurden.

Grace Wiley sprach weiterhin liebevoll und beruhigend auf die Schlange ein, jetzt mit sehr leiser, aber hörbarer Stimme. Da rollte sich die große Schlange langsam auseinander und streckte sich vorsichtig in voller Länge auf dem Tisch aus. Und schließlich legte sie den Kopf nur etwa zehn Zentimeter von der Dresseurin entfernt auf die Tischplatte. Da bewegte Grace Wiley sich zum erstenmal. Sanft streichelte sie den Rücken der Klapperschlange mit dem gepolsterten Stock. Als die Schlange sich nicht dagegen wehrte, begann sie sie mit bloßen Händen zu streicheln. «Wer bei dieser fast unglaublichen Vorführung zusah», erzählte Boone, «der konnte beobachten, wie die Schlange ihren langen Rücken nach oben krümmte wie eine Katze, um die zärtlichen Berührungen noch besser spüren zu können.»

Diese Art von Kommunikation und liebevoller Beziehung bestand offensichtlich auch zwischen John Solomon Rorey und seinen wilden Pferden, die andere für zu bösartig und unberechenbar hielten, um sie zu zähmen. Um die Mitte des neunzehnten Jahrhunderts wurden Pferde zugeritten, indem man sie einschüchterte. Damals beruhte die gesamte Tierdressur auf Angst. Doch Rorey, den die Presse als den besten Pferdedresseur der Welt bezeichnete, kam selbst mit ungebärdigen Pferden zurecht, und zwar einzig und allein durch Liebe, Güte und ein erstaunliches Verständnis für die Gedanken und Gefühle seiner Pfleglinge. Ralph Waldo Emerson sagte über ihn: «John Rorey hat eine neue Ära der Zivilisation eingeläutet.»

Niemand erfuhr je Roreys Geheimnis, denn er bestand immer darauf, allein gelassen zu werden, wenn er ein wildes Pferd zähmte. Zum erstenmal zeigte sich sein Talent im Alter von zwölf Jahren. Sein Vater, Adam Rorey, hatte ein unzähmbares Fohlen mit auf ihre Farm in der Nähe von Columbus (Ohio) gebracht. Es stammte aus guter Zucht, war aber billig gewesen, denn sein früherer Besitzer hatte die Hoffnung aufgegeben, nachdem ein Dutzend professioneller Zureiter es nicht geschafft hatten, das Tier zu zähmen. Um dem Fohlen zu zeigen, wer der Herr sei, schlug Adam es mit einer Peitsche. Da riß das Pferd sich von seinem Halfterseil los und schleuderte den Mann mit solcher Gewalt gegen den Zaun, daß er sich das Bein brach.

Überzeugt davon, daß das Pferd verrückt sei, gab Adam einem seiner Farmarbeiter die Anweisung, es zu erschießen. Zusammen mit ein paar Nachbarn ging der Arbeiter auf die Scheune zu. Doch noch ehe sie dort angelangt waren, kam der junge Rorey auf dem Rücken des Pferdes, das bis dahin niemanden an sich herangelassen hatte, aus der Scheune geritten.

Nach diesem Vorfall verbreitete Roreys Ruhm sich sehr rasch. Von überall her wurden ihm Pferde zum Zureiten gebracht. Wenn er sie ein paar Tage lang behielt, brachte er ihnen auch gleich bei, wie man sich verneigt, hinkniet und im kurzen Galopp geht. Im Alter von neunzehn Jahren erhielt Rorey eine Anfrage aus Texas, ob er es sich zutraue, fünf der bösartigsten Pferde zu bezwingen, die die Texaner auftreiben konnten. Vier dieser Pferde hatten schon je einen Mann getötet, und das fünfte hatte zwei Männer so übel zugerichtet, daß sie jetzt Krüppel waren.

Tausende von Menschen versammelten sich, um zuzusehen, wie der sagenumwobene Rorey in den sicheren Tod ging. Ohne sich um die Wetten zu kümmern, die gegen ihn abgeschlossen wurden, betrat er die Box, in der das erste «Killerpferd» stand. Die Zuschauer hielten den Atem an. Minute um Minute verging, und die Wetten zugunsten der Pferde stiegen in immer astronomischere Höhen. Doch nach vierzig Minuten ritt Rorey aus der Box und in die Mitte des Geheges. Unter dem Johlen der überraschten Menschenmenge stieg er ab und befahl dem Pferd, niederzuknien und sich anschließend auf die Seite zu legen. Die anderen Pferde ließ er ähnliche Kunststückchen vorführen.

Bald war Rorey eine internationale Berühmtheit. Er reiste durch ganz Amerika, zeigte den Leuten, daß man auch das gefährlichste Pferd zähmen konnte, und hielt Vorträge darüber, wie wichtig es ist, gut zu Tieren zu sein. Auch Europa bereiste er und zähmte die ungebärdigsten Pferde in Frankreich, Deutschland, Schweden, England, Spanien und sogar Ägypten.

In England erhielt Rorey im Jahr 1868 den Auftrag, Lord Dorchesters ehemaliges Rennpferd Cruiser zu zähmen, das seit vier Jahren als vollkommen verrückt galt. Manchmal geriet das Pferd in eine solche Raserei, daß es sich sogar selbst biß und seine hölzerne Box auseinanderriß. Deshalb wurde Cruiser in einer eigens für ihn angefertigten Box aus Stahl und Backstein gehalten.

Als die Adligen, Reiter und Zeitungsreporter mit Rorey zu Cruisers Box hinübergingen, schlug das Pferd mit den Hufen so wild gegen die Tür, daß die ganze Box erzitterte. Lord Dorchester wurde plötzlich klar, daß er vielleicht im Begriff war, die Schuld an Roreys Tod auf sich zu laden, und erbot sich, seinen Auftrag zurückzuziehen und Rorey das Geld für seine Reise und seinen Zeitaufwand zu bezahlen.

Aber Rorey erklärte Dorchester, er solle sich keine Sorgen machen. Er brauche nur ein Halfter und einen Bauchgurt. Als das Pferd einmal für einen Moment außer Gefecht war, weil es seinen Kopf gegen die Wand der Box geschlagen hatte, schlich Rorey sich hinein, legte dem Pferd das Halfter an und glitt dann ebenso unbemerkt wieder hinaus. Daraufhin ließ das rasende Tier seine ganze Wut an dem Halfter aus, das an einem Ring an der Wand befestigt war. Schließlich fiel es vor Erschöpfung um. Wieder schlich Rorey sich in die Box und legte dem Tier den Gurt an. Der Gurt hatte zwei Riemen und war so konstruiert, daß Rorey dem Pferd die Vorderbeine fesseln konnte, indem er an den Riemen zog.

Drei Stunden lang saß Rorey neben dem Pferd, liebkoste es, kraulte ihm den Nacken und sprach sanft und liebevoll zu ihm. Immer wenn Cruiser sich wehrte, zog Rorey behutsam an den Riemen. Am nächsten Tag ritt Rorey auf Cruiser durch die Straßen von London.

John Solomon Rorey starb im Alter von achtunddreißig Jahren, doch seine Legende und – was noch wichtiger ist – seine Botschaft lebt in den Herzen jener Menschen weiter, die glauben, daß wahre

Hochachtung und Liebe zum Leben, in welcher Form es sich auch manifestieren mag, das Tor zu einem besseren Verständnis und zur Kommunikation zwischen verschiedenen Arten öffnen kann.

John Gambill baute einzig und allein durch seine liebevolle Fürsorge eine enge Beziehung und Kommunikation mit Kanadagänsen auf. In seinem Gambill-Wildgansreservat in der Nähe von Paris (Texas) pflegte er einen verletzten Ganter wieder gesund. Im nächsten Herbst kehrte der Ganter mit zwölf Gänsen zurück, die ganz zahm wurden.

Im darauffolgenden Jahr waren es schon über hundert Gänse, und als Gambill im Jahr 1962 starb, überwinterten über dreihundert Gänse in der sicheren Zuflucht seines Reservats. Als Gambill in einem Krankenhaus in Paris seine letzten Atemzüge tat, kamen Hunderte von Gänsen aus dem Reservat herbeigeflogen, umkreisten das Krankenhaus und riefen auf Gänseart ihre Totenklage.

Durch Liebe entstand auch ein enges Band zwischen einem Arzt und einem weiblichen Dickhornschaf, das im Sommer des Jahres 1962 aus den Bergen in die Kleinstadt Mt. Baldy (Kalifornien) hinunterkam. Das Mutterschaf war sehr krank, der Arzt fand es und pflegte es wieder gesund. Als es genesen war, kehrte es in die Berge zurück, doch zehn Monate später brachte es dem Arzt sein krankes neugeborenes Lamm. Da es das Tier nicht selbst gesundpflegen konnte, war es zu dem Mann zurückgekehrt, der ihm helfen konnte.

Eldon Bisbee aus New York ist überzeugt, daß der Geist eines verstorbenen Hundes seinem Pudel das Leben gerettet hat, indem er sich mit einem Taxifahrer verständigte. Eines Nachts hatte ein Taxi Bisbee seinen verletzten Pudel nach Hause gebracht. Der Fahrer erzählte ihm, daß er durch einen Schneesturm fuhr und plötzlich von einem Deutschen Schäferhund angehalten worden sei, der ihm den Weg versperrte. Der Taxifahrer schrie dem Tier zu, es solle aus dem Weg gehen, aber der Hund kam an sein Autofenster, winselte und lief dann zu einer Schneeverwehung hinüber. Also stieg der Taxifahrer aus und entdeckte den verletzten Pudel. Der Schäferhund stand über der Pudelhündin und wedelte mit dem Schwanz. Da hob der Mann die Hündin auf und trug sie in sein Auto. Der Schäferhund lief immer vor seinem Auto her, führte ihn die Straße hinunter und sprang schließlich auf den Gehsteig, der zu Bisbees Haus führte. Als der Taxifahrer anhielt und auf das Haus zuging, schien der Schäferhund plötzlich wie vom Erdboden verschwunden zu sein.

Ein anderer Hund wurde durch seine liebevolle Beziehung zu einem befreundeten Hund geheilt, der großes Vertrauen zu einem mitleidigen Arzt hatte. Dr. W. F. Sturgill, Vertrauensarzt der Norfolk and Western Railroad, behandelte einmal den Hund eines Freundes, der sich an einem Stacheldraht verletzt hatte. Ungefähr ein Jahr später hörte er eines Tages ein Kratzen an seiner Tür. Als er sie öffnete, stand der Hund seines Freundes vor ihm, aber er hatte noch einen anderen Hund mit verletzten, blutenden Pfoten bei sich. Der Arzt versorgte die Wunden, und die beiden Hunde trotteten in friedlicher Eintracht davon.

Rags war die einzige Bewohnerin des Gefängnisses Sing Sing, die freiwillig dort lebte. Die kleine Mischlingshündin, halb Scotch-, halb Drahthaarterrier, fand sich eines kalten Herbsttages im Jahr 1929 plötzlich in dem grauen, düsteren Gemäuer ein, blieb die nächsten zwölf Jahre dort und kommunizierte mit den Häftlingen. Rags hellte die triste Atmosphäre des Gefängnisses auf. Sie lernte eine Reihe von Kunststückchen, Imitationen und akrobatischen Übungen, um den Männern die Zeit zu vertreiben. Einen großen Teil des Tages brachte sie damit zu, in den Geschäften, dem Gefängnistrakt und dem Krankenhaus ihre Runde zu machen.

Rags freundete sich mit allen Häftlingen an, achtete aber darauf, nie einen von ihnen zu bevorzugen. Die Wärter und Besucher ignorierte sie völlig. Jeden Tag nahm sie ihre Mahlzeit an einem anderen Tisch des Speisesaals ein und ließ nie einen aus. Am Ende des Tages verließ sie das Gefängnisgelände, um im Haus des Inspektors zu schlafen, doch wenn abends eine Veranstaltung oder Aufführung stattfand, kam sie wieder, und sie wußte immer, wann solche Veranstaltungen geplant waren. Frank Lawes, der Gefängnisinspektor, gab den Wärtern die Anweisung, sie herein- und wieder herauszulassen, wann immer sie wollte.

Besonders einfühlsam zeigte Rags sich gegenüber einem sehr niedergeschlagenen Häftling, der immer allein dasaß und vor sich hinbrütete. Sie rieb ihren Kopf an seinem Knie, vollführte alle möglichen Kunststückchen, um ihn aufzuheitern, und führte ihn stets zu anderen Häftlingen hin, damit er nicht allein war.

Eines Nachts wollte Rags den Gefängnistrakt nicht verlassen. Sie folgte einem der Häftlinge bis zu seiner Zelle und hielt bis zum nächsten Morgen davor Wache. Dem Häftling war die Begnadigung verweigert worden. Entmutigt sagte er sich, daß es ja doch allen Menschen gleichgültig sei, was mit ihm geschehe. Er war entschlossen, allem ein Ende zu machen und sich in dieser Nacht mit Hilfe seines Bettlakens zu erhängen.

Aber Rags gab ihm keine Chance dazu. Jedesmal, wenn er leise aus seinem Bett steigen wollte, begann der Hund zu knurren. Der Häftling wußte, wenn er sich weiter vorwagte, würde Rags bellen und den Wärter alarmieren. Da wurde ihm klar, daß er wenigstens dem Hund nicht gleichgültig war, und er beschloß, es doch noch einmal mit dem Leben zu versuchen.

Ein besonders verblüffendes Beispiel für die Kommunikation der Arten und für tierische Intelligenz ist die Geschichte von Missie, einem Boston-Terrier. Sie zwingt uns, unsere Vorstellung von den Bewußtseinsebenen, auf denen bestimmte Arten existieren, zu revidieren, denn Missie paßt in keines dieser allgemein anerkannten Konzepte.

Es ist nicht ganz richtig, Missie als Haustier von Mildred Probert zu bezeichnen. Eher könnte man sagen, daß die beiden enge Freunde und Gefährten waren. Mildred Probert erhielt den Hund kurz nach dessen Geburt. Da der Welpe so winzig klein war, hatte man ihn aus dem Wurf entfernt. Mildred Probert, die früher als Floristin gearbeitet hatte, inzwischen aber pensioniert war und Tiere versorgte, die besondere Pflege brauchten, bekam den kleinen Hund gebracht. Sie erzählt, daß Missie nie gelernt habe, mit anderen Tieren umzugehen oder eine freundschaftliche Beziehung zu ihnen aufzubauen. Der Terrier blieb klein und hatte dunkle, kobaltblaue Augen, was für seine Rasse sehr ungewöhnlich war.

Als Mildred Probert Missies besondere Fähigkeiten entdeckte, war die Hündin schon vier Jahre alt. Eines Tages, als sie mit ihrer Mutter und dem Hund spazierenging, trafen sie eine Bekannte mit einem kleinen Kind. Sie fragten das Kind nach seinem Namen. Der kleine Junge schwieg, und seine Mutter erklärte, er sei drei Jahre alt, aber zu schüchtern, um selbst zu antworten. Mildred Probert beugte sich über das Kind und sagte: «Drei. Sag ‹drei›!» Das Kind blieb stumm, aber Missie bellte dreimal. Alle lachten, und Mildred Probert sagte zu dem Hund: «Na gut, meine Neunmalkluge, wie alt bist denn du?» Da bellte die Hündin viermal. Ziemlich überrascht fragte Mildred Probert: «Und wie alt wirst du nächste Woche?» Laut und deutlich bellte Missie fünfmal – genau die richtige Zahl.

«So fing es an», erzählte Mildred Probert mir. «Man kann eigentlich nicht sagen, daß ich sie dressiert hätte, denn sie wußte Dinge, von denen ich keine Ahnung hatte.» Missie schien über ein unerschöpfliches Wissen zu verfügen. Durch Experimente fand Mildred Probert heraus, daß der Terrier addieren konnte. Sie hatte keine Ahnung, wie die Hündin den Umgang mit Zahlen gelernt hatte; sie hatte ein ganz eigenes System entwickelt. Wenn es um eine Reihe von Straßennummern ging, bellte sie zuerst die erste Nummer, dann machte sie eine Pause, bellte die zweite Nummer, und so weiter.

Missies erstaunliche rechnerische Fähigkeiten umfaßten nicht nur Addition und Subtraktion; sie wußte auch die Anzahl von Buchstaben in einem Wort oder einem Namen. Dieses außergewöhnliche Talent zeigte sich, als ein Mann, den weder Missie noch ihre Besitzerin kannte, den Hund aufforderte, ihm seine Adresse zu verraten. Ohne zu zögern, bellte Missie die Nummern. Mildred Probert stellte fest, daß sie Missie sogar fragen konnte, wie viele Buchstaben der Vorname eines Menschen enthielt, den sie selbst nicht kannte. Missie bellte die richtige Zahl und dann die Anzahl von Buchstaben im Nachnamen der Person. Sie wurde ständig getestet und wußte immer die richtige Antwort, gleichgültig, ob Mildred Probert im Zimmer war oder nicht.

Auf Partys konnte Missie den Gästen mit hundertprozentiger Treffsicherheit sagen, wie viele Münzen in ihrem Geldbeutel waren oder wie viele Bohnen ein Sack enthielt. Oft wußten die Anwesenden die Zahl vorher selbst nicht. Missie bellte auch die Nummern von Spielkarten, ohne die Vorderseite der Karte gesehen zu haben.

Missie dachte sich Bellsignale für «Ja» und «Nein» aus. Wenn sie nein sagen wollte, bellte sie zweimal und schüttelte den Kopf; für «Ja» bellte sie dreimal und nickte.

Einem Arzt, der mit Mildred Probert befreundet war, fiel es schwer, an Missies außergewöhnliche Fähigkeiten zu glauben. «Tja, Doktor, es gibt eine Zahl, die weder Missie noch ich wissen kann, und zwar Ihre private Hausnummer», erklärte Mildred Probert ihm daraufhin. Als Missie die richtige Nummer bellte, lehnte der Arzt sich verblüfft in seinem Sessel zurück. Ein anderes Mal fragte Mildred Probert einen skeptischen Zeitungsreporter: «Wie lautet Ihre Sozialversicherungsnummer?» Als ihm die Zahl nicht gleich einfiel, bellte Missie die richtige Nummer.

Eines Herbsttages im Jahre 1964 trat dann zusätzlich die hellseherische Fähigkeit des Hundes zutage. Missie und ihre Besitzerin gingen in ein Geschäft, dessen Kunden dem Hund immer Fragen stellten. Als Missie den Ausgang des Wettstreits von Lyndon Johnson und Barry Goldwater um die Präsidentschaft voraussagte und ihre Prophezeiung tatsächlich zutraf, erschien die Geschichte in den *Rocky Mountain News*. Das war der Anfang vieler Voraussagen regionaler und weltpolitischer Ereignisse.

Der Hund sagte die Anzahl der Verzögerungen beim Start von Gemini 12, Raumsonden und Mondlandungen exakt voraus. Am Silvesterabend des Jahres 1965 fragte ein Interviewer der KTLN-Rundfunkstation in Denver Missie, wann denn der New Yorker Transportstreik zu Ende sein würde, und sie bellte «13. Januar». Später stellte sich heraus, daß sie recht gehabt hatte. In einem anderen Rundfunksender prophezeite der Hund mit den durchdringenden blauen Augen neun Monate im voraus das Ergebnis der World Series, den exakten Spielstand und den Tag, an dem sie enden würde.

Missies Wissen über die Zukunft schien ebenso unerschöpflich zu sein wie die Phantasie der Menschen, die ihr Fragen stellten. Mit unfehlbarer Sicherheit sagte sie das Scheitern des Plans, in Denver eine Teilchenbeschleunigungsanlage zu erbauen, voraus, den Beginn und das Ergebnis der Friedensgespräche in Paris und den Tag, an dem die Reservetruppe aus Colorado vom Vietnamkrieg zurückkehren würde. Sie war regelmäßig zu Gast bei verschiedenen Talkshows im Rundfunk. Der London Daily Call bezeichnete sie als «das beste Medium von Amerika».

Zumindest für einen Handelsvertreter war Missie tatsächlich so etwas wie eine wandelnde Bibliothek. Er klopfte eines Tages an Mildred Proberts Tür und wollte ihr eine Enzyklopädie verkaufen. «Ich habe eine Enzyklopädie auf vier Beinen im Hause», erklärte sie ihm. «Was möchten Sie wissen?» Nachdem der Vertreter seine anfängliche Verblüffung überwunden hatte, beschloß er, seiner potentiellen Kundin den Gefallen zu tun. Er stellte ein paar Fragen über den amerikanischen Bürgerkrieg. Wie aus der Pistole geschossen kamen die Antworten von dem winzig kleinen Genie, das vor ihm saß. «Ich fürchte, Sie haben recht», sagte er zu Mildred Probert und packte die Musterexemplare seiner Enzyklopädien kopfschüttelnd wieder ein.

Als wir im Wohnzimmer von Mildred Proberts altem, im viktorianischen Stil erbauten Haus in Denver saßen, erzählte sie uns von ihrem Leben mit Missie. Doch damals war der Hund schon seit mehreren Jahren tot, und eine andere Boston-Terrierhündin, Sissy, forderte mich hartnäckig immer wieder zum Spielen auf. Mildred Probert erklärte mir, Sissy habe keine übersinnlichen Fähigkeiten.

Als wir über die Zeit seit Missies Tod sprachen, erzählte Mildred Probert uns, Missie habe die Stunde ihres Todes genau vorausgesagt. Missie wußte immer, wie spät es war. Sie bellte die Stunden, ja sogar die Minuten. Eine Freundin hatte eine Spielzeuguhr mit Zeigern für sie angefertigt, die der kleine Hund selbst bewegen konnte. Wenn sie die Uhr stellte, drehte sie die Zeiger immer im Uhrzeigersinn. Am Tag ihres Todes im Mai 1966, ein paar Tage vor ihrem elften Geburtstag, machte Missie ihre Besitzerin immer wieder auf die Uhrzeit aufmerksam. Aber sie bellte ständig «acht Uhr», obwohl das gar nicht die richtige Zeit war. Mildred Probert fragte sie, wie spät es denn auf der Uhr sei. Da bellte Missie die richtige Zeit, aber anschließend beharrte sie wieder auf ihrem «Acht Uhr». Und um Punkt acht Uhr abends starb Missie. Sie erstickte an einem Bissen Futter. Alle Versuche, sie zu retten, waren vergebens. Später entdeckte ihre Besitzerin in einer Zimmerecke die Spielzeuguhr des Hundes. Die Zeiger waren auf acht Uhr gestellt.

Seitdem denke ich oft über Missie nach – zum Beispiel, wenn ich einen Hund beobachte, der geduldig mit einem kleinen Kind in einem Park spielt, oder wenn ich aufblicke und sehe, wie mein eigener Hund mir aufmerksam ins Gesicht schaut, oder vielleicht auch, wenn ich spät nachts in meinem Arbeitszimmer ins Philosophieren gerate. Natürlich wird diese Terrierhündin uns für immer ein Rätsel bleiben, denn wie können wir plausible Gründe für ihr Verhalten und ihre Leistungen finden? Wir sind auf Spekulationen angewiesen.

Es scheint zwei Möglichkeiten zu geben. Entweder wir haben die Intelligenz und die medialen Fähigkeiten von Hunden bisher völlig unterschätzt, oder Missie war in Wirklichkeit gar kein Hund, sondern eine höhere Intelligenz in Hundegestalt.

Im ersteren Fall werden weitere Entdeckungen auf dem Gebiet tierischen Verhaltens – vor allem solche, die aus einer immer häufigeren Kommunikation der Arten erwachsen und nicht aus Laborexperimenten – uns ganz neue Dimensionen eröffnen. Im letzteren Fall müssen wir uns fragen: Warum sollte eine höhere Intelligenz sich ausgerechnet in einem Hundekörper inkarnieren? Um uns Menschen klarzumachen, daß auch andere Lebensformen auf diesem Planeten einen Wert besitzen? Oder um uns zu demütigen und uns zu zwingen, einmal kritisch darüber nachzudenken, wie wir andere Geschöpfe behandeln? Vielleicht werden wir die Antwort irgendwann erfahren.

Und doch führen eigentlich beide Thesen zur selben Schlußfolgerung. Ganz gleich, für welche von beiden wir uns entscheiden, sie bringen uns dem Standpunkt näher, daß Geist mehr ist als unser organisches Gehirn. Außerdem hängen die Fähigkeiten unseres Geistes nicht allein von unserem Gehirn, unserem Nervensystem und unserem Körperbau ab. Zwar können der Mangel an komplexer verbaler Kommunikationsfähigkeit, das Fehlen eines Daumens und andere äußere Merkmale die Ausdrucksmöglichkeiten eines Lebewesens beeinträchtigen. Trotzdem kann hinter dem tierischen System eine Intelligenz stecken, die weit über jene Ebenen hinausgeht, die wir ihm bisher zugetraut haben.

Ich danke Gott dafür, daß es Visionäre wie Michael Roads, Grace Wiley, John Solomon Rorey, John Gambill und Mildred Probert gab und gibt, die uns den Blick für diese Möglichkeiten geöffnet haben.

12.

Zwiesprache mit den kleinsten Erdenbewohnern

Wenn wir an die Kommunikation der Arten denken, stellen wir uns in der Regel Interaktionen zwischen Mensch und Tier vor, bei denen eine Art Beziehung aufgebaut wird. Doch häufig kommunizieren Menschen auch mit Angehörigen des Pflanzenreichs. Manchmal dehnen wir unsere Definition von Kommunikation auch auf die Zwiesprache mit anderen Ausdrucksformen des Lebens oder mit Naturgewalten aus, zum Beispiel mit dem Wind, dem Regen oder den Wellen, die sich donnernd am Strand brechen.

Doch nur wenige Menschen kommen auf die Idee, Insekten als Gesprächspartner zu betrachten, als Bewohner dieses Planeten, denen sie gern zuhören oder mit denen sie gern reden würden. Abgesehen von Bienen, Regenwürmern, Marienkäfern, Gottesanbeterinnen und noch ein paar anderen Arten, die uns akzeptabel erscheinen, ignorieren wir Insekten in der Regel oder töten sie sogar. Die meisten Menschen würden den Insekten das Wohnrecht auf diesem Planeten verweigern, wenn sie könnten.

Doch letzten Endes wäre das Leben auf der Erde ohne Insekten unmöglich; auch sie sind wichtige Glieder in der ökologischen Kette. Zwar akzeptieren wir Menschen diese Tatsache widerstrebend, aber ansonsten wollen wir nicht viel von Insekten wissen. Die wenigen Menschen, die jedoch gelernt haben, irgendwie mit diesen kleinen Erdenbewohnern in Kontakt zu treten, sind erstaunt über ihre Intelligenz.

Eine der faszinierendsten Geschichten über ein enges Verhältnis zwischen Mensch und Insekt ist die von J. Allen Boones Beziehung zu einer Stubenfliege namens Freddie. Boone freundete sich mit der Fliege an, und sie setzte sich jeden Morgen um sieben Uhr auf seinen Rasierspiegel. Dann forderte Boone die Fliege auf, auf seinen Finger zu klettern, und streichelte ihr behutsam über die Flügel. Freddie krabbelte an seinem Finger auf und ab, und sie spielten gemeinsam ein Spiel, bei dem Boone die Fliege in die Luft warf und mit der Fingerspitze wieder auffing.

Dieses frühmorgendliche Rendezvous zwischen Fliege und Mensch wiederholte sich eine Zeitlang jeden Morgen. Die kleine Stubenfliege kam auch, wenn Boone sie beim Namen rief. Er erinnerte sich daran, was er von dem klugen Deutschen Schäferhund Strongheart gelernt hatte: Von Natur aus waren die Fliege Freddie und er als Lebewesen untrennbare Teile einer großen Gesamtheit, die alles umfaßte, in der alles miteinander verbunden war und in Wechselbeziehung zueinander stand. Zweitens verursachte weder er noch die Fliege irgend etwas, sondern sie waren beide ein individueller, lebendiger Ausdruck einer allumfassenden göttlichen Ursache oder eines allumfassenden göttlichen Geistes, der ständig durch sie wie auch durch alle anderen Dinge und Geschöpfe sprach und lebte. Wie bei seinem Kontakt mit anderen Lebewesen entdeckte Boone auch hier, daß er viel dabei lernen konnte, wenn er «einfach stumm mit ihm redete. Und zwar nicht wie mit ‹einer Fliege›, mit all den einschränkenden und abwertenden Vorurteilen, die wir Menschen normalerweise über Fliegen haben, sondern wie mit einem intelligenten Mitgeschöpf.»

Um Boones Erlebnis mit Freddie wirklich richtig würdigen zu können, müssen wir offenbar in einem anderen Bewußtsein damit umgehen. Man kann diese Erfahrung auf zwei verschiedene Arten sehen: als einmaliges, seltsames Erlebnis mit einem Insekt, aber auch als Kommunikation zwischen zwei Ausdrucksformen Gottes. Meister Eckhart hätte höchstwahrscheinlich die letztere Sichtweise vorgezogen, denn er hat einmal gesagt:

«Als ich in Paris predigte, erklärte ich meinen Zuhörern (und ich halte das für ein wahres Wort), daß kein Mensch in Paris, so gelehrt er auch sein mag, sich vorstellen kann, daß Gott auch in der niedrigsten Kreatur existiert – selbst in einer Fliege.»

Die Kommunikation zwischen Imkern und ihren Bienen hat in Europa eine lange Tradition. Wenn ein Imker starb, war es üblich, den Bienen das mitzuteilen. Man nannte diese Zeremonie «Es den Bienen sagen». Manchmal verhüllte man den Bienenkorb auch mit schwarzem Krepp. Als Sam Rogers, Schuster und Briefträger aus dem Dorf Myddle in Shropshire (England), starb, gingen seine Kinder, der alten Sitte folgend, zu seinen vierzehn Bienenkörben und meldeten den Bienen seinen Tod. Kurz nachdem Rogers' Verwandte sich an seinem Grab versammelt hatten, so schrieben die Zeitungen, kamen Tausende von Bienen aus Rogers' Körben aus einer Entfernung von fast zwei Kilometern herbeigeflogen und setzten sich auf und um seinen Sarg. Die blühenden Bäume in der Umgebung beachteten sie gar nicht. Sie blieben etwa eine halbe Stunde, dann kehrten sie zu ihren Stöcken zurück.

Wenn das Bewußtsein eines Lebewesens, unabhängig von seiner Größe und Gestalt, ein Ausdruck des allumfassenden Bewußtseins ist, dann sollte es uns vielleicht auch nicht überraschen, wenn ein Chemiker seinen Erfolg bei Forschungsarbeiten im Labor seiner Fähigkeit zuschreibt, eine Beziehung zu den Bakterien und anderen Mikroorganismen aufzubauen, mit denen er arbeitet.

Das war zum Beispiel bei J. William Jean der Fall, der sich mit den vielen ungewöhnlichen, nützlichen Produkten, die er in seinem Labor in Pasadena (Kalifornien) entwickelte, beachtlichen Ruhm erwarb. Sein Erfolg entsprang seiner festen Überzeugung, daß alle Lebewesen, gleichgültig, wie die Menschen sie definieren und klassifizieren, ein aktiver Ausdruck der Absicht Gottes sind. Die zweite Voraussetzung für seinen Erfolg war seine geistige Einstellung zu seinen winzigen «Geschäftspartnern»: eine Haltung der Freundlichkeit, Bewunderung, Hochachtung, Ermutigung und unbegrenzten Erwartung. Er konnte sie verstehen und mit ihnen kooperieren, und deshalb reagierten die Bakterien und anderen Partner aus dem Reich der Mikroorganismen positiv auf seine

Experimente. Offensichtlich war Jean durch seinen großen Innovationsgeist und seine freundschaftliche Identifikation mit allem, was lebt, in der Lage, die unsichtbaren Brücken des Gedankenaustauschs zwischen ihm und seinen winzigen Mitarbeitern praktisch und erfolgreich zu nutzen. Das waren sowohl mentale Brücken zwischen Intelligenzen als auch intuitive Verbindungen. Der Sprache bedurfte es nicht.

Schon seit Jahren berichten die Zeitungen über einen jungen Brasilianer, Francisco Duarte, der angeblich allen möglichen Tieren und Insekten Anweisungen geben kann. Duarte ist für sein Alter sehr klein und gilt als geistig zurückgeblieben. Aber er kann Spinnen, Wespen, Bienen, Schlangen, Frösche, Ratten und Alligatoren anfassen, ohne von ihnen angegriffen zu werden. Und laut Alvaro Fernandes, einem brasilianischen Parapsychologen, befolgen die Tiere auch alle Befehle, die der junge Mann ihnen gibt.

Nach Berichten von Francisco Duarte und der Forscherin Martha Barros setzen Bienen sich zum Beispiel genau dorthin, wohin Duarte es ihnen befiehlt, und wenn er sie alle – mit Ausnahme von sechs Bienen – auffordert, in ihren Korb zurückzukehren, führen sie seine Anweisung genau aus. Giftschlangen rollen sich zusammen und wieder auseinander und kriechen dorthin, wohin er sie haben will, und Fische schwimmen im Wasser zu seiner Hand, wenn er sie dazu auffordert. «Ich spreche mit den Tieren und sie mit mir», erklärte er dem Reporter Michael Joy. «Ich verstehe alles, was sie sagen. Mein Talent ist eine Gabe Gottes.»

Das Geheimnis des Lebens besteht in der ständigen Kommunikation nicht nur zwischen Lebewesen und ihrer Umwelt, sondern auch zwischen allen Geschöpfen, die in dieser Umwelt leben, untereinander. Ein dicht verschlungenes Interaktionsnetz verbindet alle Lebensformen zu einem einzigen riesigen System, das sich selbst erhält. «Es gibt Leben auf der Erde», schreibt der Biologe Lyall Watson in *Supernature (Geheimes Wissen. Das Natürliche des Übernatürlichen)*, «und zwar ein Leben, das alle Tiere und Pflanzen auf diesem Planeten umschließt. Die Zeit hat es in Millionen Teile aufgesplittert, aber trotzdem sind sie alle immer noch Bestandteile eines Ganzen. Eine Rose ist eine Rose, aber gleichzeitig auch ein Rotkehlchen und ein Kaninchen. Wir alle sind Teil desselben Fleisches, aus ein und demselben Schmelztiegel entstanden.»

Es deutet alles darauf hin, daß es ein Bewußtsein gibt, das über unsere sogenannten normalen «fünf Sinne» hinausreicht. Dieses Bewußtsein bringt uns nicht nur in Kontakt mit unserer unmittelbaren Umgebung, sondern auch mit weiter entfernten Dingen und Ereignissen. Wenn das der Fall ist, dann ist alles Leben in allen Formen Bestandteil eines allumfassenden, einenden Bewußtseins. Alles ist mit allem verbunden, und jede Lebensform kann alles, was im Universum existiert, mehr oder weniger stark beeinflussen oder selbst von allem beeinflußt werden.

13.
Der ewige Gesang des Lebens

Die Kommunikation mit Geschöpfen anderer Arten ist nicht nur wichtig, sondern vielleicht sogar von entscheidender Bedeutung für unser Überleben. Wenn die Kommunikation der Arten eines Tages allgemein anerkannt sein sollte, weil die Menschen vielleicht einen höheren, umfassenderen Erkenntnisstand erreicht haben, dann haben wir allen Grund, an die Zukunft dieses Planeten zu glauben. Doch wenn diese Kommunikation in der Vorstellung der meisten Leute ein Einzelphänomen bleibt, das nur einigen wenigen ungewöhnlichen Menschen aus unbekannten Gründen widerfährt, dann besteht Anlaß zur Sorge um die Erde und ihre Bewohner.

Ich glaube, uns ist deshalb nicht bewußt, daß alle Arten außer uns Menschen von Natur aus miteinander kommunizieren, weil wir die Wahrheit von der Verbundenheit allen Lebens noch nicht begriffen haben – die Tatsache, daß in dieser unserer Existenz alles mit allem in Verbindung steht. Was eine Lebensform beeinflußt, wirkt sich auch auf alle anderen aus. Wer das nicht begreift, der hat, so scheint mir, nicht nur die Verbindung zur Natur, sondern auch den Kontakt zu sich selbst und zu Gott verloren. Und das ist sehr schlimm.

Bei der Kommunikation der Arten geht es darum, die Verwandtschaft einzelner Elemente der Schöpfung mit den anderen Elementen und dem Ganzen zu erkennen. Doch letzten Endes ist es vielleicht gar nicht so wichtig zu beweisen, daß Tiere und Pflanzen intelligente, kommunikationsfähige Wesen sind. Viel entscheidender ist die Erkenntnis, daß alles Leben eine Schöpfung von und in Gott, dem Allbewußtsein, ist. Oder um es noch genauer auszudrücken: Kommunikation der Arten geht weit darüber hinaus, mit den Pflanzen zu sprechen oder den Delphinen zuzuhören. Es geht um die Kommunikation der Menschheit mit Gott, um unsere Fähigkeit oder Unfähigkeit, zur Quelle sämtlicher Informationen zu gelangen. Ein Naturgeist ist eine Ausdrucksform Gottes; ein Mensch, ein Baum, der Wind, ein Wolf, ein Adler sind andere Ausdrucksformen des Schöpfers. Wenn wir das nicht verstehen, dann haben wir uns von den anderen Lebensformen und von Gott isoliert und sind eine große Gefahr für uns selbst und alle anderen Manifestationen des Lebens geworden.

Wenn wir mit einem Schwertwal kommunizieren oder Kontakt mit dem Geist eines Baums aufnehmen, dann sprechen wir mit Gott und hören ihm zu. Gary Kowalski ist sich dessen bewußt: «... weil alle Lebensformen Teil Eines Geistes sind, können wir diese Schönheit erkennen, die anderen Geschöpfen innewohnt», vermutet er. «Die Tiere sind Mikrokosmen, genau wie wir. Auch sie können lieben und Gefühle haben; auch sie träumen und sind schöpferisch; auch sie sind abenteuerlustig und neugierig auf ihre Welt. Auch in ihnen spiegelt sich die Herrlichkeit des Ganzen wider.»

Es ist gar nicht so abwegig, daß alle Lebewesen genau wie wir Menschen nicht nur eine äußere, physische Gestalt besitzen, sondern auch eine innere, spirituelle Komponente. Frank Waters, einer der führenden Autoren zum Thema «Indianer», hat vor ein paar Jahren in einem Interview gesagt, die Menschen müßten allmählich zu dieser Überzeugung gelangen, «denn um die wachsende Kluft zwischen unserem Verstand und unserem Herzen überbrücken zu können, müssen wir uns nicht nur auf die äußeren, sondern auch auf die inneren Realitäten des Lebens einstimmen». Mit «Kluft» meint Waters, daß die Menschen mit ihrer Zerstörung der Natur gleichzeitig auch sich selbst zerstören. Er weist darauf hin, daß unser Unbewußtes in der Natur wurzelt und auf der gleichen Stufe steht wie sie und daß wir mit unserem destruktiven, materialistischen Rationalismus unser bewußtes Ich vom Urgrund unseres eigentlichen Seins entfremdet haben.

Das unvergeßlich Schöne an der Erzählung *Die Möwe Jonathan* ist nicht nur die Tatsache, daß dieses Buch ein moderner Mythos ist, der verborgene Wahrheiten in allegorischer Form darstellt. Den Lesern wird klar, daß es in diesem Buch um den Aufenthalt des Menschen in dieser Welt und anderen Welten geht, aber gleichzeitig ist es auch eine Geschichte über Möwen. Wir reden uns zwar immer wieder ein, daß es darin eigentlich nicht um Möwen geht, sondern um den Menschen, denn schließlich sind wir ja in dem jüdisch-christlichen Glauben verwurzelt, daß die Unsterblichkeit ein Privileg der menschlichen Rasse sei; und doch flüstert eine Stimme aus unserem Unbewußten oder aus dem intuitiven Bereich unseres Herzens uns zu, daß dieser große weiße Vogel und wir ein und dasselbe Schicksal haben. Die optimistische Begeisterung, die dieses Buch uns einflößt – dessen Worte Richard Bach, wie er behauptet, aus einer anderen Dimension zugeflossen sind –, trotzt aller logisch begründeten Skepsis, und wir schwelgen zumindest für einen Augenblick in der Gewißheit von der Einheit allen Lebens.

Der Hiob der Bibel sagt: «Frage doch das Vieh, das wird dich's lehren, und die Vögel unter dem Himmel, die werden dir's sagen …» Doch wir neigen dazu, Kommunikation mit Worten gleichzusetzen. Sogar für Musikstücke und Kunstwerke haben wir verbale Beschreibungen und vergessen darüber ganz, daß diese Ausdrucksformen eine eigene Sprache sind. Ein angemessener Kommentar zu einem Musikstück müßte in der Sprache der Musik formuliert sein, und auf ein Gemälde kann man eigentlich nur mit einem anderen Gemälde reagieren. Die Worte haben uns unsere Ursprünge vergessen lassen. Wir haben sie über Jahrhunderte hinweg benutzt, um unsere Erlebnisse und Erfahrungen aufzuzeichnen. Sie waren die Bausteine, auf denen ganze Kulturen errichtet wurden. Aber sie haben uns unserem eigenen Wesen entfremdet. Wir bildeten uns ein, etwas begreifen zu können, indem wir es bezeichnen. Worte haben unseren Weg aus dem Paradies gepflastert, und nun haben sie uns auch noch den anderen Bewohnern dieses Planeten entfremdet.

Vielleicht haben wir die Intelligenz von Tieren und Naturgeistern deshalb so sehr unterschätzt, weil wir uns einbildeten, unsere Vorstellung von Leistung und Fortschritt sei die einzig richtige, und die Entstehung einer Technologie und einer komplexen Zivilisation seien die Beweise für eine höhere Entwicklungsstufe. Wir glaubten, unsere Art von Intelligenz sei die einzige, die es gibt – Gott besitze unendlich viel davon und die Tiere nur ein klein wenig, aber das sei nur ein gradueller und kein qualitativer Unterschied. Da wir davon ausgingen, daß wir von den sogenannten niederen Lebewesen sowieso nichts lernen könnten, hörten wir ihnen gar nicht erst zu. Wir lebten zwar in dieser Welt, doch durch unsere Kurzsichtigkeit und Unzulänglichkeit haben wir vieles von dem, was sich hier abspielt, gar nicht mitbekommen.

Mein Deutscher Schäferhund Baron hat seine eigene Methode, meine Aufmerksamkeit zu wecken und dafür zu sorgen, daß ich nicht mit geschlossenen Augen an der Welt vorübergehe. Bei einem abendlichen Spaziergang durch eine Wiese blieb Baron plötzlich stehen und setzte sich vor mich hin. Ich versuchte an ihm vorbeizugehen, aber da setzte er sich wieder vor mich. Ich begriff, daß er mir etwas sagen wollte. Er schaute mich so lange auffordernd an, bis ich mich ebenfalls ins Gras setzte. Da wandte er sich ab und betrachtete den Sonnenuntergang. Den Blick nach Westen gerichtet, saß er noch eine Zeitlang regungslos da, nachdem die Sonne untergegangen war. Als er wieder aus seiner Träumerei erwachte, stieß er mich mit der Schnauze an, und wir gingen weiter über die Wiese, er in spielerischen Sprüngen, ich in ehrfürchtigem, gedankenverlorenem Schweigen.

Mit etwa zehn Jahren hatte ich ein ähnliches Erlebnis mit einem anderen Kameraden aus dem Tierreich, einer großen Ohreule, die ich Yahoote nannte. Sie hatte sich in einer der Pelztierfallen gefangen, die ich ausgelegt hatte. Nachdem sie ein paar Tage lang recht aggressiv gegen mich gewesen war, verflog ihre Feindseligkeit plötzlich wie durch ein Wunder, und wir wurden gute Freunde. Tagsüber, wenn sie nicht auf Beutefang ging, saß sie immer auf meiner Schulter oder ganz in meiner Nähe.

Eines Abends wanderte ich einen Viehpfad entlang in Richtung Osten. Yahoote saß auf meiner Schulter. Obwohl die Eule sonst immer in dieselbe Richtung schaute wie ich, drehte sie ihren Kopf diesmal nach Westen und gab einen leisen, kehligen Laut von sich. Als ich nicht darauf achtete, bewegte Yahoote die Füße auf meinen Schultern hin und her und achtete darauf, daß ich die Schärfe ihrer Krallen spürte. Wieder stieß sie diesen seltsamen, kehligen Laut aus. Vielleicht hat sie hinter uns irgend etwas gesehen, dachte ich und drehte mich um. Die Eule tat das gleiche. Da sah ich einen der schönsten Sonnenuntergänge, die ich je erlebt hatte. Ich setzte mich ins Präriegras, um das Schauspiel zu bewundern, und Yahoote war zufrieden. Wir saßen beide still da und warteten, bis die letzten Rosa- und Lavendeltöne des Abendrots verblichen waren.

Manchmal entsteht eine besonders enge Kommunikation zwischen Menschen und ihren Gefährten aus dem Tierreich. Das ist ein Erlebnis, das sich nicht so leicht in Worte fassen läßt; man könnte sagen, daß die beiden Geschöpfe einander an ihrem innersten Wesen teilhaben lassen. Wenn man dieses Gefühl einmal erlebt hat, ist sein Verlust nur schwer zu ertragen. Wenn wir seinem Biographen, M. Friedman, Glauben schenken wollen, hat Martin Buber einmal eine solche Erfahrung gemacht. Als kleiner Junge hatte Buber ein besonders inniges Verhältnis zu einer Apfelschimmelstute. Doch eines Tages, als er das Pferd streichelte, wurde er sich seiner eigenen Hand bewußt. Erschrocken stellte er fest, daß das Band zwischen ihm und dem Pferd zerrissen war. Bubers Aufmerksamkeit war von dem Pferd abgeschweift und hatte sich auf seine eigenen Gedanken über das Pferd konzentriert. In diesem Augenblick hatte er keine Beziehung mehr zu dem Pferd als Freund, sondern dachte über das Tier nach wie über ein Objekt, ein Ding. Auch die Stute spürte die Veränderung. Als Buber am nächsten Tag wieder zu ihrer Box kam, hob sie nicht mehr den

Kopf zur Begrüßung wie früher. Zwar streichelte er sie weiterhin, aber ihre Beziehung hatte sich verändert.

Wir behandeln Tiere schon seit langem wie Dinge oder Gegenstände. Sie sind zu einer Ware für uns geworden. Sie dienen unseren Zwecken oder befriedigen unser Bedürfnis nach Nahrung, Kleidung, Experimentierobjekten und so weiter. Selbst als Haustiere sind sie nur dazu da, uns die Zeit zu vertreiben, und Zootiere existieren lediglich, um unsere Neugier zu befriedigen. Kowalski weist darauf hin, daß wir die Tiere «ent-sakralisiert» haben, daß wir sie «ihrer Heiligkeit berauben – und dabei gleichzeitig uns selbst entmenschlichen. Denn man kann Tiere nicht zu Objekten degradieren. Wenn wir sie behandeln, als seien sie lediglich biologische Maschinen oder Bündel konditionierter Reflexe, verstoßen wir nicht nur gegen ihre Natur, sondern auch gegen unsere eigene.»

Wenn wir uns die Erlebnisse von Menschen vergegenwärtigen, denen es gelang, eine innige Beziehung zu einem Lebewesen einer anderen Art aufzubauen, haben wir den Eindruck, als sei alles Leben einziger Ausdruck einer alles durchdringenden Intelligenz. Nichts anderes könnte die Liebe der Colliehündin Bobbie zu ihrer Menschenfamilie erklären. Als ihre Besitzer auf der Fahrt von Ohio zu ihrem neuen Zuhause in Oregon unterwegs in Indiana Rast machten, lief Bobbie fort und verirrte sich. Drei Monate später stand die Hündin vor dem neuen Haus der Familie in Oregon. Sie war nur noch Haut und Knochen, aber sie hatte das Haus gefunden, obwohl sie vorher noch nie dort gewesen war. Bobbies Odyssee erinnert uns an viele ähnliche Geschichten, die wir in der Zeitung gelesen haben, aber das macht sie nicht weniger eindrucksvoll. Es scheint alles darauf hinzudeuten, daß es einen Universalen Geist gibt, der alles umfaßt, was lebt. Könnte das eine Erklärung dafür sein, daß Missie die Zukunft voraussehen konnte oder daß Rags wußte, wenn sie nicht die ganze Nacht Wache hielt, würde der verzweifelte Häftling sich das Leben nehmen? Oder erklärt es vielleicht sogar, wie Hunde aus der Welt der Toten zurückkehren konnten, um ihre früheren Besitzer vor einer Gefahr zu warnen?

Der Deutsche Schäferhund Strongheart hat einen so tiefen Eindruck bei dem Filmregisseur und -produzenten J. Allen Boone hinterlassen, daß sein Leben sich dadurch von Grund auf veränderte. Boone versucht sich die Tatsache, daß sie beide so gut miteinander kommunizieren konnten, folgendermaßen zu erklären: «Ehe Strongheart und ich uns zu materiellen Ausdrucksformen des Lebens konkretisieren konnten, waren wir geistige Wesenheiten. Also mußten der Hund und ich erst einmal als geistige Wesen zueinander in Beziehung treten, ehe auch die anderen Teile unserer Persönlichkeit den richtigen Kontakt zueinander finden konnten. Immer wenn ich die Sache von diesem Blickwinkel aus anging, existierten Strongheart und ich in vollkommenem Einklang miteinander.»

Wenn alle Geschöpfe ein Ausdruck Gottes sind, was für Schlußfolgerungen ergeben sich daraus im Hinblick auf die Rechte der Tiere? Haben Tiere überhaupt so etwas wie Rechte? Oren Long, der sich mit diesem Thema beschäftigt hat, ist der Meinung, daß Tiere nur so viele Rechte besitzen, wie wir ihnen einräumen. Angeborene Rechte will er den Tieren nicht zugestehen, und er behauptet, auch wir hätten keine. «Wir Amerikaner haben nur deshalb von Natur aus angestammte Rechte, weil wir uns diese Rechte zugestehen und sie in einem unserer wichtigsten politischen Dokumente festgeschrieben haben. Als nächstes erließen wir Gesetze und gründeten Institutionen, um uns diese Rechte zu sichern. Mit anderen Worten: Wir Menschen besitzen nur jene ‹Rechte›, die wir uns selbst sichern können.»

Tiere dagegen haben nicht die Möglichkeit, irgendwelche Rechte geltend zu machen. Also erhebt sich die Frage: Was für Rechte sollten wir den Tieren zugestehen? Das hält Long für ein sehr wichtiges Thema, denn «es gibt keinen besseren Maßstab für den Charakter eines Menschen als die Rechte oder die Behandlung, die er seinen Tieren angedeihen läßt».

Wenn wir die Macht haben, unseren Mitmenschen und anderen Lebewesen Rechte einzuräumen oder zu verweigern, wie sollen wir dann entscheiden, welchem Lebewesen oder Objekt wir Rechte zugestehen wollen und welchem nicht? Wird unsere Entscheidung – und unsere Macht, sie in die Tat umzusetzen – sich nicht letzten Endes auch auf unsere eigenen Rechte auswirken?

Viele engagierte, aufrichtige Menschen sind der Meinung, daß es uns am wichtigsten sein sollte, der Menschheit zu helfen. Mit anderen Worten: Kinder sind wichtiger als Haustiere, Menschen sind wichtiger als Tiere, menschlichen Bedürfnissen kommt ein höherer Stellenwert zu als dem Naturschutz. Doch wie Dr. Michael Fox in seinem Buch *One Earth, One Mind* darlegt, spiegelt sich in solchen Prioritäten eine sehr begrenzte Weltsicht wider, die keinen alle Lebensformen umfassenden ethischen Rahmen besitzt und nicht begreift, daß alle Geschöpfe voneinander abhängig sind.

Wenn wir uns nur um die Menschheit oder um ein paar vom Aussterben bedrohte Arten kümmern, fällen wir damit Werturteile. Und Dr. Fox betont: «Eine transpersonale Ethik der Achtung vor allem Leben wertet nicht.» Wenn wir den Menschen für wichtiger halten als andere Erdenbewohner, dann müßten wir eigentlich auch festlegen, welche Menschen denn nun wertvoller sind und welche weniger wertvoll. «Das Ergebnis wäre eine künstliche, hierarchische Weltsicht», erklärt Dr. Fox. «Die Ehrfurcht vor allem Leben überwindet diese falsche ethische Sichtweise, die ein grundlegender Irrtum vieler heutiger Religionen und Philosophien ist ... Manche Leute glauben, nur menschliches Leiden müsse gelindert werden. Aber ich glaube, daß alle Formen des Leidens und der Zerstörung eng miteinander zusammenhängen. Denn die Probleme der Menschheit wirken sich auch auf alle anderen Lebensformen aus.»

Der Psychiater Rollo May ist ähnlicher Meinung: «Der Verlust unserer Beziehung zur Natur geht mit dem Verlust unseres eigenen Ichgefühls einher. Die Entfremdung vieler moderner Menschen von der Natur ist ein Symptom einer geschwächten, innerlich verarmten Persönlichkeit.»

In früheren Jahrhunderten wurden natürlich nur manchen Menschen Rechte zugestanden. Das Recht der Bestimmung über andere blieb häufig Staatsoberhäuptern und Diktatoren vorbehalten. Sie allein durften entscheiden, welche Rechte anderen Menschen zukamen. Noch heute liegt die Herrschaft in den meisten Ländern in den Händen einer kleinen Minderheit. Bis vor kurzem durften nur volljährige Männer wählen, und noch vor einiger Zeit mußte man Grundbesitzer sein und einer bestimmten Rasse angehören, um in den Genuß des Wahlrechts zu kommen. Jahrhundertelang waren Sklaven, Frauen und bis zu einem gewissen Grad auch Kinder nichts weiter als Leibeigene oder Besitztum, das man nach Lust und Laune veräußern konnte. In dieser Situation befinden sich heute die meisten Tiere. Werden die Rechte der Tiere jemals ein wichtiges Thema für uns sein? Das hängt davon ab, wieviel wir in Zukunft über unsere Mitgeschöpfe aus dem Tierreich und über ihre – und zugleich unsere – Stellung im Universum lernen werden.

Wenn wir uns in unserer Einstellung zu Tieren nur vom Wohl der Menschheit leiten ließen, dann nähmen sie einen ziemlich hohen Stellenwert für uns ein, und zwar nicht nur wegen des ökologischen Gleichgewichts oder der wichtigen Rolle, die Tiere als Nahrung für uns spielen, sondern weil die Art, wie wir mit Tieren umgehen, sich auf unsere eigene seelische Verfassung auswirkt. Wenn wir unseren Horizont erweitern und begreifen wollen, was die moderne Physik meint, wenn sie von der engen Verbundenheit aller Lebensformen spricht, dann ist es wichtig für uns, allen Lebewesen Liebe und Wertschätzung entgegenzubringen. In einer Welt, in der Gefühle geringgeschätzt werden, muß unser Respekt und unsere Hochachtung vor allem Leben sich in unserem Handeln zeigen.

Und was ist, wenn ein Tier tatsächlich lernen kann, in menschlichen Worten oder Zeichen mit uns zu kommunizieren und uns seine Wünsche, Hoffnungen, Ängste, Gedanken und sein Identitätsgefühl zu vermitteln? Können wir es dann trotzdem immer noch als «Tier» betrachten und in Gefangenschaft halten oder für wissenschaftliche Experimente benutzen? Das ist längst keine rein theoretische Frage mehr; für Wissenschaftler, die Tieren das Sprechen beibringen, ist es sowohl ein praktisches als auch ein ethisches Problem.

Bei einer wissenschaftlichen Studie benutzten Schimpansen zum Beispiel «Wenn … dann …»-Sätze, überredeten Menschen, ihnen neue Wörter für bestimmte Gegenstände beizubringen, brachten sie dazu, ihre Wünsche zu erfüllen, sahen künftige Ereignisse voraus, machten Witze, spielten Streiche, sprachen über ihre Gefühle und erfanden Schimpfworte, ja, sie logen sogar. Ein Schimpanse benutzte innerhalb eines einstündigen «Gesprächs» 251 verschiedene Wortzeichen.

Solche Experimente zeigen, daß zumindest Menschenaffen wie Schimpansen und Gorillas, aber auch Wale, Delphine und vielleicht auch noch andere Tierarten intelligenter sind und ein «menschlicheres» Gehirn besitzen, als wir bisher annahmen. Wie verändert sich unsere Beziehung zu diesen Tieren, wenn wir ihnen beibringen, direkt in Worten mit uns zu kommunizieren, und wenn wir lernen, ihren Kommunikationsversuchen zuzuhören? Was für eine Verantwortung laden wir damit auf uns?

Die Feuilletonistin Joan Beck schreibt über solche erfolgreichen Forschungsprojekte auf dem Gebiet der Kommunikation der Arten: «Es zeigt sich immer deutlicher, daß diese Tiere die intelligentesten nicht-menschlichen Lebensformen sind, die wir in unserem Sonnensystem je entdecken werden. Sicherlich sind wir es uns – und ihnen – schuldig, so viel wie möglich über die Kommunikation mit ihnen zu lernen und dafür zu sorgen, daß sie in einer neuen Beziehung zu uns Menschen auf diesem Planeten überleben können. Der Mensch braucht Freunde.»

Trotz ihrer Felle, Hufe, Schnäbel, Flossen und Klauen müssen wir in unseren Mitgeschöpfen auf diesem Planeten mehr als bloße Requisiten sehen. Was wäre, wenn wir erführen, daß andere Lebewesen uns nützliche Informationen liefern können, über die wir bis jetzt noch nicht verfügen? Wenn sie plötzlich einen Weg fänden, uns ihre Sprache beizubringen, und wenn uns aufgrund dieses Durchbruchs in der Kommunikation zwischen Mensch und

Tier klar würde, daß diese anderen Lebewesen uns ebenbürtig oder gar überlegen sind?

Die Vorstellung, daß Raumschiffe von einem fernen Planeten auf unserer Erde landen und daß diese Außerirdischen uns im Vergleich zu sich selbst ziemlich primitiv finden, ist gar nicht so abwegig. Vielleicht sagen diese Menschen von einem fernen Stern dann zueinander: «Diese Erdenbewohner scheinen gar keine Gefühle zu haben und keine wirkliche Intelligenz zu besitzen.» Für diese Außerirdischen wären wir dann Geschöpfe zweiter Klasse. Und vielleicht kämen sie auch auf die Idee, uns keinerlei Rechte zuzugestehen. Diese Vorstellung mag ein bißchen weit hergeholt sein, und doch entspricht das genau der Art, wie wir unsere Mitgeschöpfe auf diesem Planeten bisher behandelt haben.

Werden die wachsenden Informationen, die wir aus unseren Arten-Kommunikationsprojekten gewinnen, endlich unser Gewissen wachrütteln? Werden wir uns schuldig fühlen, weil wir den Tieren immer noch sämtliche Rechte verweigern und sie töten? Werden wir künftig darauf verzichten, sie zu schlachten und ihr Fleisch zu essen? Wird es der Menschheit aufgrund dieser neuen Erkenntnisse besser oder schlechter gehen? Und was wäre, wenn wir erführen, daß alle Lebensformen auf ein spirituelles Erwachen zusteuern und daß die Tiere genau wie wir im Lauf der Jahrhunderte immer wieder neue physische Gestalt annehmen, um schließlich einen Zustand göttlicher Vollkommenheit zu erreichen?

Nicht unser Bewußtsein altert, verfällt und stirbt, sondern nur unser physischer Körper, der diesem Bewußtsein als Gefäß dient. Vom physischen Standpunkt aus betrachtet, scheint das Leben sich zu immer weiteren Formen zu entfalten, doch in Wirklichkeit wird es vergeistigt, indem es die Grenzen der physischen Gestalt überwindet, die es bewohnt. Die Evolution ermöglicht die Entstehung physischer Formen, die den Bedürfnissen ihrer Bewohner entsprechen.

Alle Dinge offenbaren das Leben, weil das Leben in ihnen wohnt, und alle Dinge steuern auf die Erfüllung ihrer eigenen Ewigkeit zu, weil die Ewigkeit in ihnen ist, sagt Manly Palmer Hall, und er fragt: «Kann Gott etwas zerstören, was Er selbst geschaffen hat? Ist das Leben entbehrlich oder ewig? Wer Leben, Bewußtsein und Realität für ein und dasselbe hält, der kann keinen Tod akzeptieren, ohne die Existenz Gottes zu verraten.» Hall fügt hinzu, wenn es keinen Tod gäbe, dann gelte das nicht nur für uns Menschen, sondern für alle Lebewesen.

Was auch immer den Tieren auf diesem Planeten widerfährt, der Geist des Wolfs, des Adlers, des Baumes wird überleben und seine Suche nach göttlicher Vollkommenheit irgendwoanders fortsetzen. Wir Menschen werden vielleicht die Ausrottung vieler Tiere und Pflanzen dieser Erde überstehen; doch wenn sie fort sind, wird auch ein Teil unseres Planeten für immer verschwunden sein. Die Lebensweise dieser Tiere, ihre Art, zu leiden, zu lieben, zu spielen und sich des Lebens zu freuen, wird auch in unserem eigenen Inneren untergehen. Ihre Vitalität und ihr Beitrag zur Substanz unserer natürlichen Umwelt wird für immer verloren sein, nicht nur für sie selbst, sondern auch für uns. Auf wie viele Teile unserer selbst können wir verzichten? Der künstliche Ersatz, den wir für diese Arten finden, füllt vielleicht die Lücke im ökologischen System, aber kann er den Schaden wiedergutmachen, der der schöpferischen Vielfalt unserer Erde zugefügt wurde, und die Ausdrucksformen ersetzen, die unserer Seele fehlen?

Während ich die letzten Zeilen dieses Buches schreibe, springt meine schwarze Katze Sara auf meinen Schoß und blickt mich mit ihren großen gelben Augen forschend an. Versucht sie mir Gedanken zu übermitteln, die ihrer Meinung nach in dieses Buch hineingehören, oder will sie mich nur daran erinnern, daß ihr Futternapf leer ist? Unsere Kommunikation bedarf ganz offensichtlich einer Verbesserung! Aber Sara gibt nicht auf, und irgendwie wird es ihr schon noch gelingen, mir klarzumachen, was sie von mir will.

Draußen laufen Marley und Mindy jaulend durch den Garten. Wahrscheinlich jagen sie gerade einem Eichhörnchen hinterher, das schon Übung darin hat, ihre und seine eigene Geschwindigkeit richtig einzuschätzen und auch noch die sichere Entfernung zu den nächsten Ahornbäumen mit einzukalkulieren. Am Schluß stehen die beiden Hunde unter dem Baum und veranstalten ein Riesenspektakel, während das Eichhörnchen ihnen aus einer Höhe von sieben Metern mit schnatternder Stimme antwortet. Sie verstehen sich gegenseitig. Nach zehn Minuten wird das Spielchen den Hunden langweilig werden, und sie werden sich einem anderen Zeitvertreib zuwenden – vielleicht die Wiese oder den alten Schuppen erforschen –, und das Eichhörnchen wird weiter nach Walnüssen suchen.

Hin und wieder fliegt ein Kardinal an meinem Fenster vorbei und schaut nach, ob ich Futter für ihn ausgestreut habe, und die Spatzen streiten sich um ihre abendlichen Ruheplätze in den Zweigen der Zedern. In der Ferne heulen die Kojoten, aber ich höre sie kaum, weil anderthalb Kilometer von meinem Haus entfernt gerade ein Zug vorüberfährt. Ihnen macht der Lärm anscheinend nichts aus. Oder schmerzt das Geräusch sie vielleicht doch in den Ohren? Sicherlich werden Marley und Mindy ihnen bald antworten. Wahrscheinlich warten die Kojoten schon auf diese Antwort.

Ich blicke zu Sara hinunter, und sie schaut mich an. Wer von uns beiden könnte je daran zweifeln, daß wir einander brauchen?

Was die Natur über sich und uns zu sagen hat!

Michael J. Roads
MIT DER NATUR REDEN
Bäume, Pflanzen, Tiere, Steine, Wasser und Wind offenbaren das verborgene Wissen der Schöpfung
188 Seiten, mit schönen Illustrationen
ISBN 3-7157-0117-X

Das Buch erzählt die Geschichte eines Mannes, der seine Verbindung zur Natur wiederentdeckt hat und mit der innersten Essenz von Pflanzen und Tieren, ja sogar Steinen und Flüssen auf tatsächlich erfahrbare Weise kommunizieren kann. Anfangs war Michael Roads über seine seltsame, an die Kindheitszeit erinnernde Fähigkeit bestürzt und hinterfragte sie ständig analysierend. Als er seine wunderbaren Erfahrungen nicht mehr vor sich selbst leugnen konnte, ließ er sich von ihnen leiten und heilen.

Die Natur erzählt vom Erwachen der Erde und des Menschen an der Schwelle zur Geburt in ein erweitertes Bewußtsein, in das Wissen um die Einheit allen Lebens. Sie erzählt aber auch von ihrer tiefen Besorgnis über die bestimmende Rolle, die der Mensch für das weitere Schicksal des Planeten spielt. Sie klärt ihn über das wahre Wesen des Menschen auf. Sie lädt alle, die an den Wunden der Entfremdung ihr und sich gegenüber leiden, zu ihrer ewigen Quelle der Kraft, der Gesundheit und des Wissens ein.

Die Botschaft dieses Buches an uns ist: Die Kraft der Natur, die den Autor an Körper, Seele und Geist geheilt hat, ist uns allen zugänglich. Sie wird auch uns mit einer freudigen Versöhnung beschenken. Die Natur muß nicht unser Gegenspieler, sie kann unser Freund sein und uns dazu verhelfen, wieder auf den rechten Weg zu kommen. Die Vögel, Pflanzen, Flüsse und Winde beten für uns. Werden wir auf sie hören, bevor es zu spät ist? Können wir rechtzeitig hinhören lernen?